U0024152

# 從渺小到被絆倒

## ——雪堂讀書筆記

雪堂・著

# 代 序

2006年，我還沒到廈門大學教書前，廈大中文系有兩個研究生就和我聯繫過，一個是林建剛，一個是龔元，他們都是看過我的書後與我聯繫的。我到廈大後，他們先後來聽過我兩門課，課後也多有交流，兩人的作業，經過修改都在專業雜誌和相關學術會議上發表了，反映很不錯。剛到廈大，就遇到這樣的學生，使我對教書的信心大增，多少體會到了一些得英才而教之的愉悅。我感覺他們對學術都有熱情、有興趣，也有才能，見識和文筆都不弱。龔元和建剛今年夏天就要畢業了，我非常希望他們以後能在學界有所作為。

雪堂雖在太原，不過我們至今沒有見過面，我只在天涯讀書網上經常看他的文章，雖然不是專業研究人員，但見識和判斷很敏銳，後來讀到他文章的結集，更對他的讀書習慣有瞭解。我知道雪堂的情況，還是從建剛處聽來，感覺一個職業與學術距離很遠的人而喜歡讀書，在當今時代很難得，所以我也極願意結交這樣的朋友。去年我在臺灣印了兩本小書，後來送給雪堂，他非常客氣，還回贈我幾本他認為我用得著的舊書，令我非常感動。雪堂讀書的興趣很高，文字也相當老道，每讀新書，都要有感想寫出來，在一個業餘的讀書人來說，有這樣的毅力和信心，日久天長，總會有收穫，這個收穫來之不易。

職業的讀書和業餘讀書比起來，最少的就是讀書的樂趣，因為職業讀書多少都有些功利目的，比如寫論文或者找材料，而業餘讀書是最輕鬆的，也是讀書的最高境界。雪堂是業餘讀書，想他從讀書中得到的樂趣要遠勝於我這樣有點職業讀書的人。我從眼前這本新書，慢慢體會雪堂讀書的情景，很生出一些羨慕來，希望以後也能天天這樣讀書，有感想就寫下來，沒有感想，就合上書做其他事情，或者尋找下一本感興趣的書。想到有雪堂這樣的讀者，我們寫作的人真不敢馬虎了。

謝泳 2009年1月18日於廈門

# 目次



## 輯一 書間清客

## 輯二 筆底波瀾

# 輯一

## 書間清客

# 對胡適需要多一點感性理解

## ——讀《微笑的異端——影像中的胡適》

世間，今天，已經有太多的胡適傳記了。這是我在訪書過程中很深切的一點感受。我感覺，現在我們已經叫世人想起了胡適，——這主要靠傳記類著作；接下來應該是復活他思想歷程和思想精髓的時代了。也就是說，純粹的傳記，那些耳熟能詳的一點材料，確實已經在書市重複了太多。但是，現在這本孫郁先生的胡傳，而且是一本畫傳，卻有一些趣味。

當然，熟悉情況的人都應該知道，這本書最大的有趣之處，在於由魯迅博物館館長來作胡適的傳記。這在無形之中互成了一種意識上的殊途同歸的感覺，這種感覺不但有趣，而且有意義。何以如此？全拜意識形態這頭怪獸。魯大先生當年因為領袖的一句話成為主流，而且是摒棄其他潮流的主流，或者，用本書的書名來說就是主流的、得到官方首肯的「思想異端」代表。現在很多學人，不僅僅是魯研專家，都在討論這件事。大先生若知道後來的情形是這樣，必定是不悅的。因為，中國傳統知識份子，哪怕是異端，往往最忌被人利用，特別是被政治利用。大先生如果生活在49年以後，你以為如何？必定還是一個猛烈批評當局的標準異端。這才是大先生。同時，胡適因為49年的一貫言論和政治取向，在五十年代遠走海外之後遭到了盛況空前的批判，多少同事、學生和故交反戈一擊，寫出了熱情洋溢的批胡材料。從個人人格到政治觀點再到學術血脈，似乎被清洗乾淨了。於是，在客觀上來看，胡魯之間，無論是觀點、思想還是歷史都存在著對峙和絕然的分歧。我想，這種分歧似乎也被人利用，成為工具。因為當年「魯迅就寫雜文批評過胡適」。

現在，本土意識形態干擾民眾這種事情雖依然如故，但其最荒誕的階段被我們熬過了。胡適復活，他的幽靈重回大陸。學界，整個知識界，都開始注意到這個把大悲苦藏在心裏的樂天派老頭在當年做了些什麼。我並無意做任何誇張孫郁先生來作「胡傳」有何等象徵意義的想法。胡魯殊途同歸，而且這現實被人們認可和廣泛接受，卻是我真心希望的。首先，我們先把歷史上的分歧當作學術討論和文人性格使然，然後一腳把政治宣傳踢出門去，最後，我們珍視這兩大師留下的思想上的無價之寶，把這無價之寶和時代結合起來，再後來要看清楚我們要向何處去。

回到這本書本身，作為一個讀者而言，我覺得自己和別人一樣，都感覺這本傳記的作者，已經在材料和文字中和胡適對晤良久了。否則，他的一些感覺甚至是直覺，就不會如談老友。這本傳記篇幅不大，也不是按照一般傳記以傳主生平時間順序嚴格來介紹的，而是一個一個的專題來寫。而且同嚴格意義上的傳記作品不同的是其中作者表現出來的豐富的感情。以至於書中經常出現這樣的句子：

> 在胡適那裏，未來的路，好似已面目清晰了，不過喚起人們，一同走就是了。……而胡適的周身，籠罩著光

明，他將灰色的、絕望的影子，趕出自己的世界。在他的燦爛的朗照裏，你可以嗅出太陽的氣息。日光底下無新事。對於一個自信而曠達的學人而言，人類要做的事情，十分簡單。

因此，他拒絕浪漫。

讀他的文章，感情都隱到了文字的背後，從來沒有「子虛烏有」之類的詠歎。即使是寫詩，也平靜得很，好像那顆心，不會燃燒一般。他也有激動的時候，但大多是學理式的激動，言談之中，有邏輯的東西。他永遠把你的目光引向此岸，因為他知道，人性的昇華，來自於腳下。（均見本書）

這樣的表述出現在傳記作品中，不禁使人想起了林賢治的《人間魯迅》，往往已經把個人的感性理解和同先賢的感情溝通放在書中了。你可能會覺得這樣的寫法不夠確實，有些抽象，甚至是虛無縹緲。但不能不承認這是用感情寫就的東西，也不能不承認是看到了證據。這證據證明作者在潛意識裏曾長期和傳主作過隔世的感情交流。看了太多嚴謹甚或刻板的「胡傳」和相關材料，使人反而對這樣顯得不夠冷靜的寫法和感受心中一動。

我特別感受深的，是如何寫人。因為讀了太多寫人的著作，當那些史料不再陌生，對傳記作品本身自己心中也漸漸有了辨別。比如寫魯迅。魯迅往往多數時候，無論從人還是思想觀點來看都是冷峻的，那來寫他的傳記就不能過於冷峻，那樣就會顯著地誇張他性格裏「冷」的一面，給人以誤導。在魯迅生活的時代裏，已經有了大量這樣的誤會，當年蘇雪林的批評可能就是來自這樣的誤解。更無論後世。所以，應該反其道而行之，那種奔放、熱情似火直面剖析真性情的筆法才能更好地還原一個鮮活真實的大先生。

胡適也是這樣，他太理性，而且一以貫之地堅守自己由理性得來的觀念。所以，你用同樣理性的筆法來寫胡適，就會抵消掉他人性中最閃耀、最動人的部分，使不瞭解他的讀者以為這是一個刻板的中古知識份子，老朽。本來，這種誤解已經在歷史中留下了長長的影子，今人不可再如此。現在很多年輕一輩一提起胡適還是一種老朽的錯誤印象，某人如果喜歡談論胡適也會被誤認為陳腐，說明這個錯誤印象可謂根深蒂固。今天我們普及胡適，要說明一個人的性格，在強調他的堅持之外，不應該繼續叫後人繼續認為胡適是一個老夫子。這是我比較喜歡這本傳記之表達的地方。

由此，我感到，今天我們應該比較感性地來看待胡適，胡適也需要多一點感性理解。我這種「感性理解」，更多地指的是以常人常識、以普通人共有的喜怒哀樂來理解胡適。中國知識份子往往是含蓄內斂，不容易過分把自己的感受表現出來，胡適可謂一個典型。這本書是畫傳，你看那些胡適當年的照片，看他的眼睛，看他在照相時目光的投向，就能很明顯地看出來。不管他心中有多少事，他始終是看著前方，看著遠處，眼睛裏閃著積極的光。你再看他的日記，那些記錄夜裏趕寫文章的文字，也每每能透出深刻的疲勞，那些評論時政的記錄，也每每能看出深刻的失望。那麼，這就還原出來一個活生生的胡適。今天，我們如果能感性多一點來看待胡適，不把他從叛徒一下拔高到聖徒——這是國人一貫的思維方式，——那麼，一定會更多一點理解他。

還有，長久以來我們對「感性表達」這樣方式多數人是持否定態度的。因為這樣的邏輯：如果作者自己都把持不住，怎麼可能讓他能客觀、真實地反映別人的生涯呢？會不會出於感情而為尊者、為賢者諱？這說的是有道理的。這個邏輯我一直認可，但是我不盡信服。試想，在一個價值觀念完全變換的時代裏，一個現代的學人，沒有太大的功利回報，而能常年躬身研究一個先賢，為什麼？怎麼解釋這個事情？我想，只有出於真摯的感情，有時甚至是出於父一輩、子一輩這樣類似的感情，才能使他孜孜不倦做這個事。那麼，他給人作傳時有一些自己的感情湧動不是很自然的事情嗎？也就是說，不是因為感情，就不會有這樣的先賢行述寫成、流傳，不會有知識份子研究，也不會有一代代知識份子思想和性格的傳承。

我們不是純粹的考古者，而且，我們也是活生生的人。

2008-3-16 於核桃書屋

# 發明「收銀機」的笨伯們
## ——讀林達《總統是靠不住的》

在學院討生活的時候，很多門課的教材都是程序化的，也是三段論：首先開宗明義，明確概念，然後逐章節介紹，最後是學科的外延。照這個標準來看，林達的這本《總統是靠不住的》就比其他幾本書更像是教科書了。我很理解，因為要講述的問題比較複雜。有時候感到，對美國建國史的認識過程，或許也是一個對固有意識的洗滌過程。對於這本書，特別是那些權力欲望比較大的人來讀，這種情形可能就比較顯著一些，至於他讀了之後到底有沒有覺悟，就不好說了，說不定會勃然大怒，質疑要他看這本書的人——「你究竟是什麼意思！？」。百姓看來就沒有這麼大肝火，只不過有不少感慨罷了。要不怎麼說，林達的書基本上是平民寫給平民看的關於美國政體的常識類書籍呢。

林達在一開始就用英語不同的詞把我們容易混淆的「總統」與「行政分支主管」給搞清楚了，這大概就是一種態度，我國人愛混淆概念，林達這麼清晰地在一開始就甄別，表現出解決問題的態度。你從他們的這個選題能看到，他們是決心要把很多人長年以來混淆的事情解釋清楚了。講美國，我覺得關鍵是要講清楚這一點，美國人怎麼思考和辦事，和我們有什麼不同，這個解釋清楚了，其他事情和我們這裏的迥異就迎刃而解。在這本書裏，林達顯然意識到了這一點，他用了一個道具來說明問題，這就是一隻小小的收銀機。

收銀機這個東西本來世界上沒有，據林達介紹：南北戰爭結束不久，俄亥俄州一個雜貨店老闆的兒子在經營過程中，深感小小一個雜貨店也有一個機制的問題，於是想方設法發明了一台笨重的能把即時交易結果顯示出來的機器，這樣店員和顧客都能看到交易結果，從而使店員中慣有的小偷小摸之類事情明顯減少。這台機器大概就是現代收銀機的雛形。後來又改進，增加了一個自動收放的存放現金的抽屜，還加了一個鈴。後來這種由於收銀機開合而頻頻響起的「叮」的鈴聲簡直成為現代超市最有代表性的氣氛之一。

收銀機這個東西為什麼會被發明出來，它被發明出來深刻的內涵，上面這樣簡單說來可能還是說不清楚。但是我作為一個做財務的人，就很清楚，這「收銀機」其實就是內控，內控就是牽制原則，是一套與其所在實體相適應的機制，它是用來預防的，而不是事後用來處理結果的。那麼預防什麼呢？就是舞弊和濫用職權。收銀機這種東西試圖作兩件事，一，把事情發生的過程和結果放在透明玻璃櫃裏，任何人只要想看都能看到；二，只有特定條件才能觸發下一個環節的開始，沒有許可權，絕難獨擅。

收銀機可以小博大，大到一個國家。林達解釋地已經很清楚：在美國，由於行政代言人的特殊性，在公眾面前曝光過度，以及長期以來在專制國家生活的人們心中那種根深蒂固的觀念影響，美國總統總是會被誤以為是國家元首。——雖然不會被認為是封建社會的皇帝，但是卻會被認為是「形式民主」

下一權獨大的權力核心。這是我們可以確定的。但是，情況恰恰不是這樣。美國總統不僅僅受到國會和最高法院這兩大政體分支機構的時時壓制，還受到自由輿論的新聞媒體更加無孔不入的輿論監督。而且，針對不斷出現的新情況和歷史事件，美國人似乎隨時都在修正著自己政體對總統許可權的制衡機制。這會不會是有些美化？任何別國民粹主義者或者是愛國者可能都會冷酷地質疑這一點，懷疑林達是否誇大了事實，是否誇張了事實反應出來的性質。我覺得，這樣的懷疑，和美國人懷疑自己的總統隨時都在做越權的事，是異曲同工。懷疑精神萬歲。於是，我們盡可以細細來讀這本講美國總統的書，研究它，仔細地透過史料本身來體察作者的態度。

尼克森「水門事件」發生在我輩尚未出生的年代，但是這個字眼多少年來頻頻出現在人們視野中，很多年的淺薄認識也就這樣流傳下來。尼克森因為在任美國總統時促成了中美正式建交，一直以來為國人所另眼相看。在我們的視線下，當然只有中美建交才是大事，而導致他最後政治結局的「水門事件」，多數人都把它看作是政客選舉中的互相拆臺，停留在隔山相望的位置。美國人當然不能這麼看了。林達為了說明美國政體的「收銀機」機制，沒有舉正面的例子，而是恰恰舉了當年「水門事件」這樣一個觸發機制的案例，把一個美國總統受到機制處理的故事拿給人們看。在真實的各國歷史上，小人物某一時點的作為，卻可以改變歷史進程的例子數不勝數，「水門事件」也是如此。在競選對手的辦公室裏找到了總統班底放置的竊聽器，連人帶白宮的電話本這樣的鐵證事後也被找到。

在美國當年的內控機制下，或許結果就已經註定。值得注意的是，在「水門事件」爆出之後尚未定論之時，尼克森居然沒有受其影響，而是順利贏得當年大選連任總統了。我比較看重這一點，這說明，這樣的選舉不是選某個人，而是選某個人代表的政治觀點是否贏得民心。因為如果是像選偶像一樣選舉某個人，當醜聞爆發的時候對其影響是可想而知的。那麼這說明什麼呢？說明選舉的確是體制、機制在運轉，而且是正常運轉，而不是我們都熟悉的那種墮落於形式的選舉。正因為處於非常的時刻，才更能看清楚這一點。

雖然連任，尼克森後來一步步在「水門事件」上越陷越深的時候，開始漸漸意識到他所觸及的這個「收銀機」不但有那些不應該打開的抽屜，而且還發現同時觸發的監察機制正在以一種不可逆轉的態勢高效運轉開來。「水門事件」在林達的書中要比新聞史料上複雜多了，各種因素，一個扣一個的環節，背景，更多的是當事人的思考過程和心態，他們不厭其煩地複述著這個故事。一個反證，一個闖紅燈的例子，一個無法更改的史實，負面的歷史現在看起來似乎比正面宣傳要更能攫取人心。我覺得林達們這種舉例已經是美國人辦事的方式了，而這也正好使我們能比較一下自己和別人的不同。我們要說明問題，一貫以來就喜歡用正面事例來說事，而且是一發不可收拾，往往要大宣傳，動用大量的社會資源，消耗巨量的時間，動用御用媒體工具，總之是雞犬升天。這其實往往一腳正踩在人們自然而然的逆反心理上，一切看起來純粹美好的事物都容易使人產生疑惑。這種情況一再重複，如果有些失實再被爆出，很容易就在受眾之中喪失了公信力。這麼多年，這種思路就沒有變過。而舉出反例，甚至是惡性的反例，有時卻有說服力，因為反例，——比如說講規則，那麼違反規則的情況如何？這就首先就把物件還原到現實之中，因為在現實中違反規則的情況很可能發生。人，都可能有越軌的想法和僥倖心理，也不乏去實施的衝動——這很可信；而且，一種機制出來之所以叫人看到，感覺到它真實存在，恰恰是在它啟動、作為以維護自己不受逾越、破壞之時。因此林達在這本書中的說理方式很值得學習，這個「水門事件」的例子也的確非常恰如其分。

「水門事件」之後，美國人的政體對總統許可權的警惕性更高了，對付這類麻煩的經驗和體制支持也更多了。

我很奇怪，美國是一個經常為自己的歷史長度而王顧左右的國家，沒有過長年的獨裁專制歷史，為什麼它從一開始就走在對的路上，一開始就對可能形成的獨裁專制有這麼清醒的認識和高度的提防呢？這是我們要思考的。極權者的陰影看起來在這片大陸上無法張揚，而我們所受到的「極權者教育」卻也深刻。美國人的「收銀機」要正常運轉，其實不在於有多麼完美的體制，而是在於執行它的人在忠誠於憲法核心精神之下不折不扣地履行自己的責權，有效地去執行它。基於千年的歷史，我們這塊廣袤的土地沒有這種執著的傳統，有的只是在紙面之外的迂迴和小聰明，有的只是隔代數不盡的雞肋一樣的結果，這是我們的悲哀。

2008-3-10 於核桃書屋

# 知識份子研究這種苦力活

## ——讀《大時代中的知識人》

知識份子研究的最大困境在於：閱讀這些研究著作的人都是被研究者思想血脈的後人。於是，專業研究者可能只會無感情色彩地佔有史料（也就是所謂的客觀和理性），而那些讀者卻是長年沉浸在同樣材料和著作中、時不時對前輩學人有思慕之情的人。也就是說，由材料形成的直接判斷，可能和讀者的心理體驗相差甚遠，那些把很多時間投入進去期望走進一代知識份子心靈和那個時代的讀者，必定會對這種判斷大不以為然。他們要質疑，要反駁，甚至會全面否定你研究的價值。那麼，作為一個作知識份子研究的人，他如何應對這個困境？在讀這本《大時代中的知識人》的時候，很不幸，作為一個普通讀者，我不禁看到了這種困境，而且也不時地參與了對這種困境的製造過程。

許紀霖的知識份子研究，要超越其他一些觀點和觀念平平、只知道堆砌史料的知識份子研究遠矣。雖然這本書是不同時期寫人的文章的結集，但是它所使用的研究方法卻有一脈相承之處，可以很明確地看出作者的研究理路。研究一個人，或者直白來說，寫一個人，寫同樣一個歷史人物，就好像和別人站在同一個起跑線上，因為大家佔有的資料大致是相同的。即使是稀見史料，以今天的條件，體制內的專業研究者要獲取它們也不是非常困難。即便是對自己要求較高，非一手材料和原著不取，也並非難事。這樣一條起跑線，大家都這樣出發，——怎麼走，走向哪裡，各自卻有不同。我理解中的好的知識份子研究，一是竭力去發掘稀見史料，像謝泳這樣的專業研究，經常是沒有新材料便不動筆，就是這個道理。這是功德無量的事情；二是「凡論一人，總需持平」，如何持平？就是把這個歷史人物放置到他的時代來看，時代變遷，價值觀有天壤之別。後人隨便評價前人，即便是佔有足夠的材料，也必須有足夠清醒和謹慎的思考，否則就變成了一件很可笑的事情。許紀霖的研究，最大的好處在於對歷史人物的言行，要結合時代和社會的深刻背景來談，而且運用史料比較經典，在一個場合裏能使讀者在最短時間裏看出其中端倪。這是功底的體現，不是朝夕之間可成之事。另一個顯著的特點是，研究的目的是企圖走進所研究的歷史人物的內心，對那些人物當年的言行，有自己的觀察和判斷，也就是在史料鋪陳、演進過程中始終能看到作者自己的思考歷程和態度，這很不容易。一些堆砌史料的同類「研究」著作之中，你很少看到作者自己的身影，這是作者對所談論的人物沒有把握，所以選擇了審慎的態度。

知識份子研究難，身為後世知識份子要作這種研究，要去追尋先賢的思想歷程，則尤其難。知識份子對自身的價值思考以及由此產生的迷惑是有歷史的，知識份子研究的發端，你有時可以顯著地看出來：那就是他們希圖通過從前代知識份子的身世言行中追尋各種價值，以對自己的思考和存在價值進行認定，一旦認定，也就坦然自言「繼承」二字了。

有了好的方法，並未見的一定能獲得較為確實的價值發掘。在相同的材料之下，人們解讀產生的觀點卻有可能大相徑庭。許紀霖的這本書中，部分章節中的觀點，平心而論，確有值得商榷的地方。比如談胡適、傅斯年在當年「好人政府」故事中的作為。作者對「好人政府」論之不切實際進行了毫不留情的嘲諷，這便不是立足時代的「持平之論」；對「好人政府」實質未獲得國家授權、未改變軍閥獨裁的政體、最後走向解體的結局，作者的態度使人覺得他並未獲得對歷史價值的反思。我作為一個從個人歷史作為上對胡適予以認定的「胡派」，以及視胡氏為中國現代自由主義本源和正流的自由主義者，並定對此有大的異議。後人如不比前人強，便使人有歷史倒退之感。前人當年不惜沾濕羽毛、入萬劫不復，所為何來？不正是為後人的思考借鑒和作為可以站在他們肩頭嗎？別說現今不是文明盛極的社會，即便已到達人間天堂，以今人之昭昭，奢談前人之不智與幼稚，也是有欠公道的。

再如談知堂。魯迅、胡適和知堂被後世追認為中國現代知識份子的三種經典造型。知堂能在其中佔有一席，很說明問題。知堂這樣一位思想家，要解讀他，走進他，何其難也。世人皆以他文章中對自己的概括來看待他，即「流氓鬼」和「紳士鬼」在他思想上反覆爭奪。「流氓鬼」大概指入世的一面，強調戰鬥性和個性；「紳士鬼」大概指出世、隱逸、追求生活本源之藝術的一面。許紀霖更是把知堂的思想歷程和言行概括為從「流氓鬼」到「紳士鬼」，強調了這個轉變過程。但是，書中關於知堂性格做進一步探求時，過度地強調和提升了知堂對「老莊」思想的歸屬即「遊世」的特點，並由此進而批判他這種遊世的結果：「既然自己的精神是如此的脫俗，那麼任何行為的庸俗也就無傷大雅，甚至可以化俗為雅。即令日後屈辱附逆，幹了為國人所不齒之事，他也要拼命維護自我的良好感覺。……遊世的境界高則高矣，美則美矣，然而一旦在現實中遭際那種非此即彼的境遇，就會依照其自身的邏輯毫不容情地跌落，徑直跌進地面上那最骯髒、最醜陋的泥坑中去。」（參見本書〈周作人：現代隱士的一幕悲劇〉章節，以下引述均見本書各相關章節）用「遊世」滑向沉淪來解釋知堂的落水，這是在深入體察歷史人物的時候「隔」的表現。從思想開始出現傾向、留京不走到接任偽職這之間有一個時間跨度，在這期間，各方的輿論關注其實給了周作人極大的道德壓力，從而引起了他的反激。如果不結合浙東人的執拗和反激性格來思考，就簡化了這個歷史人物當年曾經遇到的思想困境，使人看不到這種思想困境之深刻困苦，簡化了歷史，丟掉了他戰鬥性的一面和思想歷程的價值。這是知堂研究的挫折。

還有就是書中的觀點顯然誇大了知堂對其生活趣味的理解：

> 周氏的苦茶主義不是儒家那種隨時準備應召出山的獨善其身，也不僅是遊戲人生的處世態度，它已經昇華為一種至上至善至美的理想境界。
>
> ……在那樣一種生存環境的長久刺激下，周作人身上那原本存在的「紳士鬼」漸漸得志，主宰了他的全部生命。他企及了老莊的高層意境。而對世道的黑暗、混

濁，他不再那麼「浮躁凌厲」而日益顯得平心靜氣，他似乎已沉浸於「忘」的世界。

這似乎有極端化知堂的意思，事實果然如此？我們誰也無法下定論。知堂老人對於苦茶之苦的獨自品味，是一種享受還是一種吞咽痛苦的表現？他是否真的在「忘」的境界之中落水？我想，凡是熟諳「中國傳統文人如何應對現實的巨大不平和失落」的後世讀者，都能得出自己確實的經驗判斷。

再如談葉公超：「然而，官場真的是那般好混，真的如像清華北大一般是名士的伊甸園？葉公超未免太天真了。」

……

「葉公超風度翩翩，少年得志，又迅速打入了北京自由知識份子的核心圈子——新月社，前途可謂光芒萬丈，不可限量。不過，一個人不怕聰明，怕的是太聰明。智慧超人的天生才子，興趣太廣，什麼都行，最後往往因為小貓釣魚，缺乏深入和韌勁，落得個一事無成。葉公超後來的發展，不幸也驗證了這條鐵律。」

「他還是個八面玲瓏之人，朋友多得不計其數，三教九流無不交納。在這一點上他很像胡適，胡適靠的是修養，葉公超則完全出自天性。不過，胡適是老派紳士，待人接物，一以貫之，以誠相待。葉公超卻人小鬼大，很有點小魔頭的本領，可以『見人說人話，見鬼說鬼話』，優雅粗俗，易如翻掌。……」

這樣的話語如在坊間茶肆，隨口侃侃而談，比較合適，在正規的寫作中就顯得過於隨意，對體察歷史的態度可見一斑。我是極不贊成這樣寫法的，它太輕薄，讀後就像飄過了一片雲彩，缺乏材料的佐證和互相遞進，觀點也不是知人之語。葉公超這樣一個歷史人物，以我很少的資料來看，以上特點並未見得很顯著。葉公超這一代人，雖然外語比母語還要好，受過完整的西方觀念教育和學術養成，但他們大多骨子裏仍然是古典的中國知識份子，小事風流不羈，大事不糊塗。作為一個傳統的知識份子來說，文人從政，必有他的大犧牲，不是學術專業成就，就是名節。他們對國家的那種感情，不是我們今人可以隨便體察得到的。說他轉向是八面玲瓏，表現出對歷史的陌生，是對個人生命歷程的錯誤解讀，也是對歷史價值的否認。現在歷史解讀中流行評書式的語言，其實我是不認同的，語言的「輕」可能給讀者的感覺很好，可以在第一時間裏得到對材料的認識，但事後留給人的東西卻很少。樸實可讀與藝術化的表達還是有區別。

也有很好的部分。比如寫從政之後的陳布雷。以一個人物作支點，對知識份子的現代特徵和我國知識份子與政治的獨特關係有歸納性的總結，把知識份子那種在時代複雜的變局之下做出的選擇之艱難，以及與自己理想之間深刻的矛盾之情寫的淋漓盡致。對於陳由報人向政府高級幕僚的轉變，書中分析說：

> 陳布雷是一個愛國至深的知識份子，他有自己的政治理想，有自己的救世之道。原本 他確實想以一支直筆報效國家，在天下興亡之際盡匹夫之責。但他漸漸地對自己的

> 選擇失望了。顯然，在那樣一個社會環境下，唯有投身于現實政治，直接從政，彷彿才能切實起點作用。近代知識份子縱然在主觀上欲以輿論實現「道」，但客觀情形卻逼迫著他們不得不將「道」轉化為「勢」，移情於「勢」。中國知識份子入政的關鍵取決於是否遇上了明君。明君的標準有兩條：一是能夠行「道」，二是對士人表示足夠的尊重。……

這把那一個歷史時期文人從政的深刻原因很準確的寫出來了。陳布雷入幕府，恰是以這種標準在可選擇的政治領袖中對蔣予以了確認，一但對蔣予以確認，也就對蔣領導的國民政府予以了承認。他的理想這時仍在延伸；而國民政府的墮落，隨著理想的破滅，也就註定了陳的最後結局。這種分析推衍是對人、對歷史有瞭解之同情，使人讀之歎謂不已。縱觀這本書中的知識份子研究，如果將其與謝泳的知識份子研究作比較，是很有趣的一件事。有趣在於他們之間的細微的差別，但這種細微差別卻很值得思索。我感覺，如果不願流為普通的介紹性的人物特寫，許紀霖的研究方法很容易使人產生認同。書中的這些文章無論觀點如何，讀後都會使人感覺極有收穫。如果要對這兩種研究作區分的話，許紀霖的研究有學院派的痕跡，以理論工具見長，是專業研究，也具有專業研究固有的限制；而謝泳的研究，基於他對一代知識份子的強烈感情。他選擇材料，是以人物來展現時代，時代與人物的關係落腳於現實，他關注的是一個時代，對逝去的年代有追思之情，是歷史研究。

2008-4-21 於核桃書屋

# 宗教信仰能否平和「妖魔化」？

## ——讀《美國的本質》之一

集中討論美國建國及至現代歷史的書，現在人們往往都首先能想到林達的「近距離看美國」系列。在上個世紀九十年代每期的《讀書》雜誌的封底，經常能看到三聯書店初版的「近距離看美國」系列的新書預告。誰能想到，那幾本現在看起來裝禎樸素的舊書，竟然能在知識界引起長盛不衰的專題討論呢，又有多少人在當時能看出這幾本書出版的意義呢？今天，這個系列的書不斷被再版和重印，已經成為我們瞭解美國政治和歷史發端的基本材料。我生也晚，讀那幾本書的時候，在歎謂林達們的沉心研究和抽絲剝繭一般的為文之餘，有一個根本性的問題始終盤亙在腦海之中，久久不能釋懷，那就是：為什麼美國在開國之初，為什麼一時間會突然集中湧現出這樣一大批有現代觀念的政治家們？甚而，為什麼在一開始，那些准美國人們，會有如此之高的思想平臺，會有如此先進的政體設計思路？為什麼這個國家那種對專制和獨裁的顯著警惕看起來好像是與生俱來一般？最近在讀《美國的本質》這本書，我覺得這本書中講到的事情有可能作為上述問題的解答之一。

這本書在一開始就提出兩個概念的辨偽，一個是世俗化國家，一個是政教國家。而且，有趣的是作者把我國這麼一個多年以來具有明確信仰的國家也劃定在世俗化國家。這真叫我們那些現在仍然困倦於形式上的國家信仰和主義信仰的人們感到憤怒。什麼是世俗化國家？按照作者的解釋就是其外交政策完全以本國經濟和其他利益為出發點，也即其所有國家行為和言論都是以本國能否適時地獲取利益來考慮，並不會堅持某一傾向，也不會是別人永遠的盟友。就好像一個人慣於見風使舵一般。相對應的，書中所謂的政教國家，也不是指純粹的宗教把持國家，而是指在宗教信仰自由的前提之下，國民傾向和國家行為言論以宗教內核精神和憲法精神來參與國際事務，——同別國相處。也就是我們常說的，追求精神上的東西更多一點，而不是完全以經濟利益和所謂國家利益考慮。

這本書是講美國，那麼在作者看來，美國在上面兩類國家中是哪一種呢？他說是後者。而且明確歸納，引用足夠材料來說明，起決定作用的「該宗教」就是基督新教。老實說，——我感覺作者的這種觀察不可謂不深刻。

平心而論，作者拋出的簡單例子看起來有些說服力，比如他說美國近年來頻頻以人權紀錄來對別國施加壓力，而不是明確的地區利益和資源追求；而且還堅決地履行他的要求，如果他認為該國確實在人權問題上災難重重，他就會祭起經濟制裁的大纛。我們都知道，在經濟全球一體化的世界格局之下，經濟制裁無論從理論上還是實踐上來說都是兩敗俱傷。那麼為什麼明知而為呢？作者說，在考慮了國家政治中各種複雜的利益之後，這是不是可以看作是宗教精神在起超越利益的主導作用？

作者還從美國歷任總統的教徒身份來說明問題。他列舉了歷任美國總統的歸依情況和各種對基督新教及其他如天主教等宗教精神的親近態度，還有在大選之中其宗教身份獲得民眾支持的決定性作用來舉例。我們都知道，在一個相對民主的國家裏，他的行政領導人是否順利被選擇出來，除了經濟支持，更依賴於社會中有基礎性階層和民眾的認可，美國人選總統，民眾中「大多數」的宗教信仰起決定作用，進而，宗教精神方面的傾向對這個國家行政的影響，由是觀之。

基於我有限的觀察和掌握的材料，上面這兩個方面，說得是比較確實的。不能說絕對主導，起碼也應該是決定因素之一，有參考的意義。讀者可以看到，我在這裏比較害怕說「絕對」，對作者的遞進說理也保持一定的「警惕」。這是我國人談論美國時一貫的思想困境。即希望不要永遠妖魔化美國，又怕接受了間接材料而對美國產生雞犬升天般的誇張印象和觀點。更何況還有所謂立場問題，吾國人不辦事，不學習，只愛談道德和畸形民族主義，而且把這兩柄大棒隨時向人亂揮，實在是纏足布般無聊。

今天，「向美國學習」，說這句話，已然無罪，也不十分可恥了。而且，是不是有學習和討論的熱潮？這是我的感覺。這裏有一個問題和一個結果需要先搞清楚：就是為什麼要向美國學習，以及向美國學習的結果。在我看來，為什麼要向美國學習，因為美國的歷史和現代一直在向外界輸出有益的價值觀，這個國家的體制和社會也能向外界輸出有益的價值觀。所謂能輸出，也即別人能接受，能認同，也就是有普世價值。向美國學習的結果，不是最後移民美國或者西方，而是把他們對政體、對社會文明、對歷史的設計和理解變成我們自己的東西。令人鬱悶的是，現在有很多這樣的例子，鼓吹美國的知識份子他們有時用畢生的精力來做上述這樣的努力，也獲得一定的影響，但結果是「社會向何處去」這種問題沒有解答，而是他們個人被迫流亡海外。流亡海外之後，他們的啟蒙思想再無法在這塊故土傳揚，無疾而終，然後這樣的情況一代代一再重複。這其中的過程，那種種加諸於個人身上的壓力，當然也可以想見。故土難離，世事難言。

普通人，沒有那麼高的思想層面和道德情操，不敢走出這一步，不能也不願移民海外，於是只能選擇過一種心理流亡的日子。王小波所謂「沉默的大多數」的情形，我們現在都很熟悉且認可了，如果同別人以宗教信仰就能影響國家行政的那個「大多數」比一下，不知人們會作何感。

然而，不論我們今後怎麼樣，讀什麼樣的書，——要什麼樣的結果，卻是要先想清楚不能含糊的。

2008-3-19 於核桃書屋

# 「意識形態」這頭怪獸

## ——讀《美國的本質》之二

《美國的本質》這本書像是嚴肅的社會科學論文，大張旗鼓地提出自己的觀點和觀察，堅貞不渝且有條不紊地論證它，指向一點，不及其餘。在這個過程中很少出現對自己觀點本身遲疑的時候。但是它的觀點和所進行的觀察，確實有開人耳目之效。如果說前半部分人們的注意力停留在它拋出的諸如新「政教國家」、「世俗化國家」等劃分，那麼全書的重心其實就是在人們心頭拓上一個詞：意識形態。它促使人們重新開始思考這個我們曾經用感情色彩詮釋過的概念。

尤其是像我這樣的人，以往總是透過史料看到這個叫做「意識形態」的東西，由於我國特殊的國情和歷史，往往已經把自己的感情好惡加諸於這個概念之上，把它變成一隻替罪羊。這本書中有一個明確的關於意識形態的概念描述，即：

> 意識形態一般是指某種自成系統的價值觀，在這個意識形態的系統內，價值觀一般都有簡單化和絕對化的傾向。

這個概念這樣來描述，可能未必精確無遺，但是卻是符合大多數人對其的直觀認識，這種描述使我開始醒來，同時又陷入另一場迷夢：首先，「意識形態」是價值觀體系啊！而這種價值觀是自發的，也就是我們經常說的某些開拓者苦苦追尋，最先開始思考，由此奠定它的起點。那麼一個人，一群人，一個國家，一個社會，追尋自己的價值觀，找到之後去捍衛它——這並沒有什麼原罪啊。你有你的價值觀，別人有別人最珍視的價值認定，這價值觀是實現存在意義的途徑，是那顆在黑夜裏需要找到的星星。這個追求的過程有多難，在這樣的過程中我們汲取了多少前人的經驗教訓，我們找到自己的理想，自己的夢，自己的那個真理是多麼不容易，憑什麼不去盡全力捍衛、甚至於犧牲呢？但是，如果把這個夢想變成一個絕對的標準，不允許有其他真理生存，用一個價值觀體系去消滅另一個價值觀體系，那麼這樣的真理，是否值得捍衛？這成了一個悖論。在這本書裏我們可以看到，美國人對他們的意識形態也是如此，書中由此總結美國的意識形態的具體內涵：

> 在美國，美國人的選民意識、天命意識和舉國上下的對自由、民主的執著，一直是一種不容置疑的自我評判和價值判斷，被認為是絕對有道理和正確的，是美國的意識形態的主要構成內容。（70頁）

這個內涵之中，對自由和民主的執著，這大概我們都已經認定，美國人自稱為「上帝的選民」，他們的選民意識和天命意識，也就是上帝選中他們來普及自己的真理，這一點從基督教內核以及一切宗教共有的內核表現中都不難理解。但是，當它「絕對正確」時，也不免令人膽寒。想當年，那個舶來的主義急速變成一種本土化的、被政治所使用的信仰之後，就是憑藉它的絕對正確性和絕對的排斥性，把很多人變成了鬼，把一個古老的民族和廣袤的大地變成了謊言和真理氾濫的國度，千萬人非正常死亡，看看我們那個鄰居，再看看我們……美國人在形式上同專制和獨裁的對峙，幾乎覆蓋了他們的歷史，它們何以不懼怕這種「絕對正確」？原來，在信仰還沒有走向極端之外，有一個理性存在，那就是個人主義。因為他們把「神愛世人」從「神愛所有人」這樣的宏觀夜盲中推演為「神愛每一個人」。

「神愛每一個人」版的「個人主義」不是損人利己，而是利他，尊重他人的權益，別人也尊重你的權益。這個版本「個人主義」實在是國家和社會服用「意識形態」的副作用強力地扳了回來。每一個人的人身和財產權毋庸置疑地受到保護，法制的權威和健全，這些具有現代文明氣質的因素正和那個宏大的意識形態形成制衡，不但關注實現理想，也注意實現理想的過程。我們以前長期批判個人主義，而批判個人主義的歷史有多久，對個人主義的誤識的歷史就有多久。我們反對個人主義，因為那代表著個人獨立於集體、拒絕淹沒於集體，沒有凝聚力；個人主義意味著秩序的缺乏，國家可能因為某個人而蒙受可笑的恥辱，也意味著個人有可能要凌駕於國家和社會之上，多麼自私？！我認為，對「個人主義」理解上的區別，由於這種區別是自生的、「自成系統」的，所以也反映出了民族間價值判斷上的差別，說白一點，就是兩條路，一條是一以貫之，另一條是道德盛極而衰，以其渾渾，度人噩噩。

談到「一以貫之」，我讀這書第一個感受就是：大國，真的是堅持出來的。大國者，幾百年如一日，一代代人恪守信念，承前啟後，朝著認定的方向趕路。當然，這堅持的結果有很多不同。路走不對，會變成已經有過那許多歷史的絆腳石；路走的對，暫時還看不到沿途的風景，聰明人都知道不要著急；舉步維艱，自以為走了很遠可以和人比較了，有點可笑。前一段時間，我們的國家電視臺鼓吹大國崛起，為我國順理成章成為現代意義的「大國」作輿論準備的心理昭然若揭。我願意向別人學習，標榜自己的「可比較性」，則未免有些可悲。如果存著這樣的心態，梅貽琦先生當年也不會說出「大學之大，非謂有大樓之謂也，乃謂有大師之謂也」這樣的話。我們這個民族根本不缺乏理性，只是缺乏對理性的尊重。

另一個感受卻是一個疑問，這疑問橫亙在人們頭上不知道多久了，那就是，我們是否仍是一個有信仰的國度？我們是否真的是一個有信仰的國度？這真的是要通過對比才能使人思考。這本書對於中美關係的歷史分析——「中美之間現在的對立，究其本質，是意識形態之間的對立，是社會主義無神論與基督教有神論的對立，……是美國基督教徒與中國的傳統力量的較勁。」這樣的判斷，觀察不可為不深邃，但在這個徹底世俗化的國家，這樣的歸納似乎把吾人的信仰提到太高層面了。那個主義，今天還仍然可以作為信仰來談論嗎？或者，往事越千年，我們的傳統精神還是現代中國人信仰的淵頭嗎？令人生疑。比如，對待別人的國家，吾人愛說一句話，此地雖好，終究不是自己的地方。一個邏輯就把我們看世界的眼光給收回去了。話說回來，我們可真不缺乏類似的邏輯，拋開本土感情之外，除了小聰明還是小聰明。我們千年歷史，只證明了一種信仰，就是自戀，就是小聰明。如果非要和別人比較，我們要做痛切的自省。

2008-4-7 於核桃書屋

# 你的青春是你的青春

## ——讀《地下鄉愁藍調》

說實話，胡德夫那張《匆匆》我是聽過的，不過大概是我們之間隔著一條時光的長河，有很多難以溝通之處。不過不惜筆墨對這張 CD 推崇備至的馬世芳的這本《地下鄉愁藍調》，在一個硬擠出來的下午，我卻著實是讀進去了，大概是因為還不至於到了連青春也不敢觸碰的年齡。

有句話在前面說給那些沒有讀過這本書的朋友，如果說這本書裏涉及到「鄉愁」的話，那麼多半不是在說一條海峽阻隔著的兩岸那種去國懷鄉之情，而是作者對自己的童年趕上了一場民歌運動而追念不已。紀念一個音樂的紀元，兼及遠去的、與自己相關的那些時光。但是，這個也不是我要從這本書搞到的。我的目的是要看看一個臺灣青年的生活環境。

有趣的是，作者書中所言及幾篇不滿意的早期作品，許是他自謙吧，卻恰恰是我比較喜歡的，理由如上。作者寫那些在校刊寫稿的日子，讀了彷彿能叫人聽到夏天的知了在耳邊不住地叫。而且說實話，這語言真的棒極了。比如：

……你終於自由了——然則你該怎樣證明你的自由呢？

又如：

> ……（披頭士）他們披髮當風、鼓琴而歌，大批路人流連仰觀，道為之塞，引來警伯取締，真是令人神往。

寫的淋漓盡致，十分痛快。現在文壇有一個怪現象，就是我們的散文在語言上失血太多，平時感覺還不甚明顯，和港臺一些散文作家的文字一比對，高下立現。他們對老祖宗的語言承襲的很好，於是遊刃有餘，文白結合、順暢地走在全篇，比如上面引文中的「然則」，古樸且俏皮，用來寫這種文章，豈不是很妙。

作者對這段經歷的主要價值追溯，基於臺灣那個年代裏的一場民歌運動，其精神特質彷彿同比它年代更早的美國搖滾樂歷史有著一脈相承之處。所以我們不得不重新審視那些個歷史人物：披頭四，鮑勃・狄倫，約翰・藍儂等等。事隔多年，當年那些膾炙人口的歌詞被完美的翻譯後，重新出現在人們的視野，優雅如斯。所謂一個時代裏的最著名的搖滾音樂家，音樂教父，寫下並參與了一代人的時代印記。但是，時光確實可怕。比方說，我作為一個今天的普通讀者，也許是有代溝，或者互不理解，在這本書中讀那個人們希圖用搖滾樂來拯救世界的年代，漸漸開始讀出了一些疑惑。首先，這裏面的邏輯是：搖滾樂從它誕生到不斷出現各種各樣的曲風，及至演變至今，據說從最初就是在宣洩中寓含有反官方，反主流的色彩，也就形成了同詩歌、其他文學創作，流行社會理論、經濟理論的一種合流，目的就是要改天換日，實現一代人的社會理想，或者說實現大多數人的社會理想的協調。西土搖滾樂發展史基本上都不無法用確切的語言寫成正史，不僅僅是意識形態問題，從技術上說也是很難的。它和一代代人中西聽眾群溝通的平臺就是音樂本身。所以才有了作者在書中「比手畫腳」所說的那種「悲壯的、反體制的氣氛令人神往不已」。其實，這一點我們是通過心口相傳來確認得，所謂時代的某某種意義和象徵，或許只出於一個所謂專業自身樂評之口，由於被人認同，然後就存活在我們記憶深處。這是在輿論上。另外，作為一個成熟的文明社會，依靠搖滾樂開創社會形態新紀元的事情只不過是塗在一代代歌迷臉上的油彩，它煽動起來的狂亂真的有那種力量嗎？確定無疑的大概只有一件事，就是我可以指給你看，——那就是青春，一代人的以及一個樂種的。看作者對此擊賞不已，我願意理解成曾經感同身受過一種關於年輕和夢想的力量最終找到一途以釋放的快感。它的時代意義到並不想多做牽強的附會。

我認為臺灣的年代文化是極有看頭的：其一是臺灣社會對中國傳統文化的傳承，到了今天，可以說比老大陸純正的多，也就是說我們走的是四不像的歧途，這毋庸諱言。我想這可不單單是某個人的感覺，或許是一種共識。所以這使人感覺有恍若隔世之感。而所謂臺灣的主流社會文化，又是在解嚴之後那種自由開放的歷史中走到今天的，是我們未來社會形態的版本，不能不令人高度關注。華人能不能在自由民主的社會裏把自己治理的距離現代文明更近一步，臺灣是一個試金石。另一方面，臺灣面對外來文化的影響，顯然要比我們劇烈的多，看這本書就知道了。那就像一個灘頭陣地，迎接這一波又一波最猛烈的衝擊。沒有人可以來得及回顧。這也像我們的明天。但是，當他們在長久的接駁文化疲勞以後，我們現在也開始走進這麼一種狀態了。你可以想像，有一天，舶來文化對我們來說再也不是充滿新奇體驗的了，這會怎麼樣？

這本書寫的確實有很強的煽動性，讀完使人有一些衝動。那麼，是不是也稍微回憶一下，書中談的最熱烈的時代裏，我們同時在過著什麼樣的生活呢？比如說搖滾樂。這個東西我承認確實是能部分地拯救人的靈魂，因為宣洩過後，理智就開始佔據上風。我們喜歡是自己的喜歡，或許只是出於它這種曲風長久的被邊緣化，登不了正堂；有或許它被寫進了自己的記憶，等等。當我們的青春遭遇一片荒蕪之時，我們記得，有一些東西曾經充實過它，我覺得，能獲得這種價值認定方才是經得起時間長久地摩挲的。

作者因為起了回憶，自己又回到了那種狂熱內心的時代裏，不免把一些青春時代的價值觀帶回來，這就是來而不往非禮也。雖然我不是貌似嚴肅的靠道德批評吃飯的傢伙，不過卻想在這裏提示一下我們的朋友們，像嗑藥、亂性等事情，並不是書中談及的歷史人們那樣總是令人激情澎湃的。你們只要在自己的世界裏稍微出一點軌就好了。

最後我只有一個問題想請教識者：書中那時隱時現的加在括弧裏變字體的注釋，是原文如此，還是後來別人加上去的？如果是後來別人加上去的，我很有興趣知道他是誰。

2008-6-29 於核桃書屋

# 歷史深處的可怕一面

## ——讀《歷史深處的憂慮》之一

林達開始以自己的視角寫美國，就在這本書中展開，可以看得出來他們的思路中充滿著作為「新移民」來到這個自由國度的那種新鮮感和時空變換的感慨，一切都進入他們的視野，於是一發而不可收拾。

在美國，不僅對於禁止種族歧視有非常嚴格的法律規定，甚至還有「平權法案」保護少數民族的利益。在一個法治社會裏，這就決定了他們對多元文化的吞吐能力。值得注意的是，這確實是吞吐能力，能吞能吐，而不是把一切吞噬銷鎔。

對於來自不同國度、地域、信仰和文化的一代代移民們，來到美國以後的精神生活，林達這樣來概括：「（美國）這不是『大熔爐』，這是一個『蔬菜沙拉鍋』，在裏頭攪拌了半天，青菜還是青菜，蘿蔔還是蘿蔔。」說的很有趣。我們讀林達的書，不管他們選擇的是哪一個主題，總有一個很吸引人的「賣點」在那裏，就是把別人的觀念和我們自己的文化來比較。這還不算，往往還會看到人家的觀念使你有天方夜譚之感，而兩下裏一對照，又會感到我們自己那些傳統老滑是老滑，卻也是陋的不能再陋的陋習，同時感受到今天世上文明的新鮮空氣。

比如這本書裏就講了這樣一件事：在美國任何一個售報機，都是所有的報紙都在裏面。你放一個硬幣進去就可以整個地把售報機打開，取一張之後再把它關上。林達第一次買報的時候，塞進硬幣，一拉開蓋子，發現所有的報紙都在面前，著實吃驚。因為什麼？我想每一個國人都能想到——根據我們在自己祖國廣大地域上生活的經驗，這樣的設計是傻瓜的傑作，這不是三下兩下報紙就全被拿光了嗎？公眾的便宜還是要遇到這種事的「公眾」中的某人來占的。這不是很順理成章的嗎？——你管我拿這麼多報紙幹嗎，我回去糊頂棚——但是，你別忘了這是在美國，是「根據美國的國情設計的」，他們不會扔一個硬幣，卻拿一份以上的報紙。後來，林達又發現：中國人聚居地的中國飯店，中國商店門口，就是一種特殊設計的售報機，一個硬幣只拿得出一張報紙。這件事說完，林達的思路很快就跳開回到他們的主題上去了，我卻覺得這種文化生態的穩定性真是駭人。古怪的是人們對自己損害公共利益的行為處之泰然，更古怪的是對由此受到別人「特別處理」的那種帶有歧視性的預防措施也處之泰然。我們看待「待遇」這件事，真的是和別人有大的差異。而且大家的心態都很複雜，比如遇到上面這件事，多數華人商家選擇息事寧人，因為他們免不了在想「把華人的臉丟到美國的法庭上，大家都不光彩。」

現在的局面是，華人堅定不移地把我們的千年歷史和國情原汁原味地搬到美國這個夢想之地。與此同時，我更願意相信林達所言不虛，那些偶爾取得美國社會中產階級生活地位的華人，對別的種族的歧視一點也不必白人遜色。那種十裏洋場的「恨人有，笑人無」的小人心態何時才能從我們的血液和骨髓深處清除掉呢？我悲觀的很。

美國人真是大肚能容，如林達所說：「……各國的移民所保持的不僅是不同的文化，在一定程度上也保持著他們各自的政治見解以及政治偏見，宗教信仰乃至宗教狂熱，一些新移民甚至保持著他們的母國，或者說前祖國的遺愛或宿怨。」這就是說，沒有人強迫這裏的人接受同一個領導人，接受同一屆的各級政府，接受每天放著同樣內容的電視節目和報紙，也沒有人強迫他們每一個人接受某些人的觀念、信仰和文化。人們整天渾身犄角地生活著，遇到社會不平就要出來說話，敢於在各種場合評價某一種文化和習俗、甚至是官方的輿論，主張自己的權利，選擇自己的「better」，不知道「熔爐」是怎麼一回事，更不知道哪種「醬缸」可以永遠地腐蝕著自己。——因為他們面對的文化太多元了。

美國人最害怕別人說他們沒有悠久的歷史，而且按照他們大肚能容，「青菜還是青菜，蘿蔔還是蘿蔔」的局面，或許我們會認為，他們可能永遠也不可能有穩定的歷史傳承，也就是所謂沒有傳統文化（包括政治文化）。我們在一切官方的場合裏也似乎聽不到關於「傳統」的價值繼承，但是人們注意到，他們用了一個詞來替換了「傳統」這種帶有強烈感情色彩的價值傳承體系，那就是「夢想」。他們把自己的夢想等同於人類的夢想，也正是這種同普世價值歸流的核心價值觀，可以算得上是探尋美國國史之時一以貫之的線索了。人們從很早開始就注意到美國人這種貌似偷換概念的核心價值觀念，有的人不認同，於是幾十年來認為美國人打著自由民主這樣煌煌的牌子實現自己不可告人的國家利益；因此出現了對這個國度本能的警惕和逆反；有的人出於自己的觀察，漸漸對其產生了認同，卻走向了極端，雞犬升天，對這個國家的社會中也有著各種不可調和的矛盾視而不見。

平心而論，認同美國就是認同世界大同、就是認同普世價值、認同人類所共有的夢想和信念，——這樣的邏輯一般人很難直接接受。把一個國家的形象同價值體系統一起來，這幾乎是不可能的。而且一般來說，好的東西放在哪裡都是好的，這句話沒錯，偏偏到了我們這裏是個例外。以民主議事規則為例，我們就像一個小孩子，還沒有學會爬，就已經開始跑了。西方運行幾百年才確立適於實踐的東西，我們已經在很短時間內對其可資利用之處諳熟於胸，並且已經駕輕就熟地開展起「形式民主」的套路了。在實踐上無法深入地審現別人的價值體系，無法感性地觸摸到它，這就是我們認識美國的難處。

我經常在閱讀我們自己國史的過程中體會到那種歷史深處的可怕一面，誰知道今天在講述別人歷史的文字裏，也感受到了我們自己歷史深處的可怕。歷史並不總是一位任人打扮的小姑娘，只不過我們多數時候不願接受現實罷了。

2008-9-10

# 讀《歷史深處的憂慮》之二

從總體上來看，這本書很多時候是在討論言論自由和自由言論。這樣說聽起來像是廢話，但是前者說得是一種制度上的保障，後者說得是你是否懂得去主張自己的權利，這種分別就是我在林達這本書裏學到的。我們每天生活在言論自由受到嚴格管制的輿論環境裏，自然是看不見以上兩者分別的了。

對於言論自由，除了那條有名的憲法修正案，可以說美國人對它思索的痛苦掙扎幾乎和國史一樣長。這些時光不是白白流走的，他們在這個頭疼的問題上遇到的故事多，收穫也大。在林達的這本書裏，我們看到很多熟悉的名字。比如說馬丁・路德・金，他的故事幾乎都是從爭取基本的黑人發言權開始的。而引人注意是同馬丁・路德・金同時期的另一位重要黑人運動領袖馬康姆・X（今多譯為馬克沁・X），之所以注意他，是因為他的早期得主張是激進的。他主張「為了贏得自由可以用一切必要的手段」，並且曾經相信過「白人都是魔鬼」，矯枉過正。我覺得這就是一切民族獨立事業中最可怕的病疾：靠膚色和血緣締結在一起的人群，要爭取自己的生存地位、進而實現同其他的人們享受平等的社會資源，在這樣的事業進程中，總免不了敵視那些貌似敵視自己的人。以暴易暴，無所不用其極，用別人壓迫、歧視自己的手段去回報他們，甚至加碼回報他們。這正如我們用階級成份來互相傾軋、有產者壓榨無產者、無產者暴動、農民驅逐市民、市民淪為無產者後又變成了流氓是一樣的。

但是，縱觀馬康姆‧X的一生，林達又說：「即使在他的言論最極端的時候，他本人的行為始終還是在言論自由的範圍之內，從未使用過任何暴力。」執果導因，林達由此得出的結論是：「過激的言論同樣在憲法保護的範圍之內。」

這句話大可深究。過激的言論是不是一種罪行？我們很多人的體驗是，這過激的言論如果加諸於個人身上，確實是一種隱形傷害；加諸於受眾，則其針對的某一項事業和組織必定會受到潛在的損害。這之間似乎沒有縫隙可言，不用去找什麼尺度。這是我們的邏輯，無怪於我們會有幾千年的專制社會。我們用的是邏輯推衍，美國人卻笨到真的要從中找出個尺度來。能把過激的言論同客觀事實剝離開來看，這確實是尋找真的言論自由該有的科學態度。

書中還提到了三K黨。這不由得使人回憶起早年在《飄》中讀到的那些在亞特蘭大城裹胡作非為的抵制廢奴運動者。——完全不是人們現在概念中那樣傳著長袍，戴著尖頂帽那種誇張的角色。三K黨在美國的歷史悠久，經濟地位、種族歧視、就業機會、對權利的認識，……原因各方面都有一些。即便如此，誰能想到，這樣的在歷史上臭名昭著的團體，屬於我們這裏那種「被打倒永世不得翻身」的主兒，現在依然存活在美國社會之中。你不能不再一次感慨這個社會胃口好到什麼程度。而且滑稽的是，由於受到世人的打壓和殘酷批評，他們的生存空間越來越小，他們的輿論陣地幾乎湮滅，於是他們也想利用「言論自由」這一條來求生存了。這啼笑皆非的事情於是又給我們提出另一個命題：當人所共識的反面，要求他們應得的話語權自由時，所謂一個「言論自由」的社會能否給與他們「國民待遇」，還能否恪守那「寬容」的憲章？

訴諸法律的結果是，三K黨的宣傳節目不久便在電視臺的公共信號中出現了。在人們的印象裏，壞蛋的權利生而與眾人平等這種事情就這麼發生了。你說它荒謬？可能是有一點，但是荒謬過後也可能是更多一點的踏實：這麼極端的例子都無一例外地在言論自由的框架下發生了，那麼我們主張正當的權利之時怎麼會在這裏發生意外？

林達在書裏用了大量篇幅向人們解釋美國人在言論自由上反覆討論後確認的尺度。而且有時採用的表述比較隱蔽，他們這樣做是為了提出更錐心的問題。比如他們這樣說道：

> ……「言論自由」和「追求真理」之間的界限，是劃得非常清楚的。在這裏，這是兩件完全不相干的事情。言論自由只有一個目的，保證每個人能夠說出他自己的聲音，保證這個世界永遠有不同的聲音。而絕不是希望到了某一天，人們只發出一種聲音，哪怕公認為這「真理的聲音」。

這句話說得很直接，貌似很不以為然，不過要放在我們的國情裏來看，一腳踏進去就不難體會到作者的深意。它說清楚了一個問題，就是言論自由得到斬釘截鐵的保障和「誰掌握真理」這種無聊的設問完全是風馬牛不相及的兩件事。那麼，掰扯清楚這個有什麼用呢？要說有用，也就是以後不會再有永無休止的爭吵，以免官方出來收拾殘局，頒佈他們欽定的真理。回首歷史，我們那些老天真的「東風和西風」為什麼非要壓倒對方，拼個頭破血流、你死我活呢？莫過於那兩個字「真理」的蠱惑。真理這種東西一經被大眾所認定，就轉而主導大眾。誰掌握它，也就能領導那最廣大的大多數。話說回來，自己從「真理」那頭來，自然要在言論上控制一切，接下來的情況自然就是某些人言論自由的權利被通過各種途徑蠶食殆盡，就這還是和平年代的價碼呢。這樣說來，奧維爾創造的那個「真理部」的概念之前，還真是把真理和自由的邏輯關係梳理清楚了呢。

我們不要真理，但是要說想說的話，可不可以？

2008-9-8

# 致「為獲得政府桂冠而奮鬥的作家們」

## ——讀《論小丑——獨裁者和藝術家》

雖然事先被告知這本書作了部分刪節，但是在開頭第一篇文章中就出現了刪節，還是叫人怒火中燒。那個刪節處出現時，文章正在開始討論共產主義和納粹主義，我們不免會從這裏猜測，天知道作者作了何種刺骨之論。

作者馬內阿的身世很值得注意，他是羅馬尼亞籍的猶太作家，幼年時期遇到納粹排猶，被送往集中營，後來1945年二戰結束死裏逃生回到羅馬尼亞。這時按照出生年份推算他才9歲，可以說是在共產主義理想之下繼續其成長之路，加之是從死亡集中營出來的，他萬分珍惜正常環境中的生活，書中介紹他曾經以極大的激情投身於學習和後來的工作，整個的青少年時代都是在努力學習奮鬥中度過，進了建築學院，念了工程學碩士，熱烈地響應各種社會主義建設的口號。1966年他開始寫作，發表作品，並且和魯迅一樣拋棄早先的專業，開始從文。1988年開始離開羅馬尼亞，定居美國，從而進入了他一生所經歷的第三種社會形態，即西方世界。從作者簡介上前後時間銜接來判斷，他在羅馬尼亞寫作的後期到定居美國之間的這段時間，是他看到整個自己的祖國社會形態開始變異的時期，因為這個時期他的寫作主題從猶太人在世界範圍內被迫害的題材開始變為「集權社會下的日常生活」。當一個作家思考的成熟期到來的時候，那些平時不注意的材料史料就會源源不斷向他湧來。我們不妨猜測，正是在這個時期，作家本人接觸到大量引發他深切思考的真實材料，從而對社會的畸變趨勢和集權體制的危險性開始了冷靜而帶有強烈感情色彩的思考，得出了自己的價值判斷。我們透過不多一點的作者經歷的介紹，不難看出，儘管他到美國定居之後，仍然執著地使用自己祖國的文字寫作，但是在價值觀念上已經對集權社會做出了全面判斷，從而做出了自己的次劣選擇，選擇了比較不壞的西方「資產階級國家」定居，寫作，並且繼續思考，比單純的「心理流亡」其實又更進了一步。不過這一點不能這樣簡單推斷，國內作家組織對這個獨立作家的壓制和迫害我想也是重要的原因。

整本書最好的文章我認為正是最後作了全書題目的《論小丑——獨裁者和藝術家》，而且我們似乎事先就應該想到，這是在說希特勒和卓別林。當年卓別林在默片時代裏用無聲和手勢入木三分地刻畫了希特勒這位獨裁者的種種神經質的表現，那就是《大獨裁者》。在集權者用暴力防民之口的年代裏，出於電影工業技術欠發達而出現的默片，恰恰以無聲的肢體語言和荒誕使人發噱的故事情節表達出鐵幕下的民眾最最冷酷的嘲諷和反抗。如果說《黃金時代》是對資產階級工業革命最不留情面的批判，那麼，《大獨裁者》簡直就是直截了當地徹骨的嘲笑，充滿了一切徹底的否定寓意，神經質，頤指氣使，小矮子，搞笑的一個個結果等等，無不指向對一個人的精神狀態的質疑和對歷史的設問。馬內阿卻由其獨特的視野，他將這兩個人物各自的身份：獨裁者和藝術家，整合在一起，而不像人們想像得那樣借小丑來嘲諷獨裁者。這兩者有著驚人的相似之處，都是那麼引人注目，在某一個時刻站在舞臺和聚光燈的中心……他要說明的是，獨裁者和小丑身上那種共同的表演性和對受眾的影響力，但是，他也沒有著力闡述這種蠱惑的影響力的來歷，而是借寫一篇對他人評論之故，淋漓盡致、夾敘夾議，引述大段原文，以一個時刻對享有特權的獨裁者保持的冷靜觀察出發，對這個突破了國別概念的獨裁者的言行逐條進行了控訴，通篇都以「我們的這個小丑」來指代這個具體概念的獨裁者，直言「這個小丑把整個國家變成了一個大幼稚園」。敘事時使人感到既是在控訴他自己攤上的那個獨裁者，又像是把彈藥傾斜在了所有獨裁者身上。其中有一段寫作者曾經認識一個醫生，這個人曾經和作者的「那個小丑」一起同住過一個牢房，據這個醫生講：那時他觀察這個後來成為「偉大」之列的人根本就是什麼也做不成，從來沒做過任何真正的工作，沒有任何手藝，也好像學不會任何東西。他能做的只是演講，指使別人……（參見本書41頁）這段描述很難不使人想起王小波小說《2010》裏的那些所謂「數盲」們，「數盲」其實就是領導，就是「老大哥」，「數盲」享受權利而且是特權的邏輯是：他們連數都不識，什麼也做不了，只能做領導，不適合作具體的工作和勞動。對於靠暴力革命起家的獨裁者來說，也就是那些所謂的「職業革命家」邏輯，什麼也不做，什麼也做不了，只革命。這種邏輯都能歸納出來，現在回想起來，王小波當年也確實極盡反諷之能事。

這本書中，作者的筆下經常出現這樣一個單位：社會主義文化和教育委員會。當然這是羅馬尼亞的一個有官方背景的單位，而且我們都能想到自己國家有著同樣性質的某些單位。和世界上任何獨立寫作的作家那樣，馬內阿不住地表達對這個單位某些言行、以及由此給自己帶來傷害的憤慨。作者寫道，在這種官方文化管制部門出現、文化官僚混跡於真正的作家和藝術家之中以後，作家群體分裂了，沽名釣譽之輩越來越多，爭著眼睛在少不更事的年輕人面前說假話的越來越多，倒向文化管制者從而得到官方榮譽的人也開始出現了……作者說的兩句話在這裏尤其醒目，一句就是：

為獲得政府桂冠而奮鬥的作家們……

另一句是在作者的世界裏，作為一個獨立作家而言：

惡魔不再是資產階級，而是國家安全局。

（參見本書第一章，15頁）

說到這裏，我不得不提醒人們注意這本書的出版導言，反正當我翻開這個導言時著實有點吃驚，應為我好像是看到了一段本應該出現在那些誕生於七十年代末八十年代初或者更早的五六十年代的「皮書」上的話語，難道說真是「日光之下，並無新事」？為說明情況，摘錄如下：

但是，我們也要鄭重地說明，對馬內阿作品的介紹是基於文學上的意義，由於馬內阿個人的特殊人生遭際，使

> 他在世界觀和價值判斷上有著明顯的畸見和認識偏差，所以，馬內阿在作品中有時流露出的意識形態的意見，往往是錯誤的、不全面的，他在部分文學的表達上，有著強烈的非客觀色彩和政治錯誤。這些問題表現了馬內阿自身的局限性。我們在進行編輯的過程中，進行了部分修改工作，但是，過於頻繁和大量的修改，無疑又將大大損害其作品的文學價值和作者語言藝術的完整性，所以，我們不得不保留部分帶有個人偏見的文字。對於這些文字，我們作為編者是持反對和不贊成態度的。同時，我們也相信讀者的判斷能力，相信讀者在閱讀過程中，能夠以一種純粹文學審美的角度對待作者的部分文字，而對其中錯誤的政治和意識形態色彩加以批判，從而既能領略到馬內阿的文學語言魅力，又能保持審慎批評意識，做到去偽存真和「拿來主義」。
>
> （參見本書前導語）

如果對上面引述的這段話作一總結，就是我們耳熟能詳的那四個字：供批判用。好像我們讀馬內阿的書是為了純粹獲得文學藝術上的享受一般，有點令人啼笑皆非——誰都知道人們讀東歐作家和學者的作品為的是什麼。如果我來寫這一盤「導語」，可比他要華麗的多了，不過容易暴露。天可憐見得編者的一番苦心，我們這些讀者也和他們一樣，樂意叫馬內阿的小說成為「純粹的文學藝術」，以免他的作品被過早封殺。總的來說，雖然在書裏添了一段類似文物的話，但我們還是要對在困難的局面下出這些書的編者表示足夠的敬意。

人物是小丑，事業是沙盤，主義是夢幻，雖然有些誇張，也有點頹廢，卻是經歷了幾個社會形態後做出了自己的比較、從歷史現場走過來的人親口說的。

2008-7-27 於核桃書屋

# 朝鮮全國保平壤

## ——讀葉永烈的《真實的朝鮮》

> 作為平壤人，有一種優越感。這是因為朝鮮全國保平壤，全力支援平壤，所以平壤的城市建設和供應遠遠超過別的城市。能夠在平壤生活，也真「幸福」：出身不好的人，不能住在平壤；對於朝鮮政局有微詞的人，不能住在平壤；就連殘疾人也不能住在平壤，以免有損首都的形象。

這是《真實的朝鮮》一開始談平壤時的描述。在困窘潦倒之時讀這本反映朝鮮當代社會現實的書，頗有一點借他人不堪澆自己心頭塊壘之嫌。現在人們都說，從朝鮮回來，感覺自己原來生活的好幸福，而且據說這話五十年代志願軍回來時就說，一說就說到了現在。這本書是一本遊記，用筆極為簡練，見到什麼就是什麼，不再多作描述。我想如果以後它被禁銷，多半要拜這種簡練所賜。幾十年過去了，朝鮮的社會現實仍然是我們的敏感話題，因為據去過那個國度的人回來都說，彷彿是做了一回時光機器，回到了幾十年前的我國，回到了那個紅彤彤的時代裏。

作者在平壤看到朝鮮人民的出迎儀式，大發感慨：「朝鮮人能歌善舞。每逢國慶、『太陽節』，平壤人載歌載舞歡慶。遇到重要外賓來訪，平壤動不動就10萬、20萬、50萬人夾道歡迎，且歌且舞。在中國，20世紀五六十年代的這種大規模群眾歡迎的場面，在如今『時間就是金錢』的中國久違了。」這種盛大的歡迎場面，我們在國內的媒體上也看到過，作者這種偶然的感慨很有價值，因為時間概念或許也可以算作不同主義之間的衡量指標。資本主義國家的社會把時間視為資本，我們在接受了市場經濟社會的諸多社會現實之後，基本上是把「時間」這個價值體系全盤拿過來的，現在成為國民在社會生活中的一個基本觀念。朝鮮如今是世界上唯一拒絕市場經濟的國家，但是我想他們不會把時間看作是沒有價值之物，要考察他們的大歡迎場面其中的內涵，我們可以回到五十年代的中國。我覺得我們那時能拿出超越時間觀念的「大歡迎」格局，有幾個原因可供參考：一是那個年代迷信人多力量大，人多勢眾，所以有人海戰術；二是那種紅旗招展、鑼鼓喧天、大喇叭鼓噪的形式不但強化了主題氣氛，象徵了一種人們的精神面貌，對人的潛意識確實有一種正面刺激作用，使人誤以為眼下的工作、學習和生活很有意義，強化了主觀的精神反映，有利於社會安定；三是政治任務，不可不表達出一種群眾的態度來，從這些方面出發，時間好像停止了。我想朝鮮人動輒的大歡迎場面恐怕也與上面這些因素有關。

是否都是不堪的？也有好的地方。比如說：平壤市民的上班時間從上午7時到9時錯開，以減少對於公共交通的壓力。這種節制就很好。我們有些妖魔化這個國度，誇大它某些方面，我以為這是不妥的。不過遺憾的是朝鮮人提前半小時來到單位後，先進行向金日成、金正日表忠心的宣誓，週六還要全天開會學習活思想。這使人又想起了幾十年前的一句廢話：開會就是學習。

我感覺，像作者這樣作為一個外國人，到朝鮮去，心情一定是很奇怪的，因為所謂貴賓在平壤一地生活，你一會兒會被安排做上帝，一會兒又跌入谷底，失去獨立行動的自由。就拿所謂的國賓酒店「羊角島賓館」來說，外國人要到那裏去住宿一般是被安排好的，人們要渡過小一座叫做羊角橋的大鐵橋，來到形狀如同羊角的羊角島。「小島處於江中心，前往平壤市區的唯一通道是羊角橋。只要在羊角橋派人站崗，很容易阻止島上外賓外出以及島外平壤百姓上島。」（見該書第一章相關內容）就我們國人對待遇的享受體驗來說，這大概是很高規格的接待了，我們人口多，走在哪裏都是人頭攢動，因此習慣於把與世隔絕當成一種高級待遇。不過要從客觀上來講，書中所說的這座橋一但落閘上了崗哨，這個高配置的國賓酒店儼然就是一座孤島，和千百年來流放囚禁之地的形狀是沒有什麼兩樣的。人們對於這個地方似乎都很焦慮，外國人被鎖進水晶棺一樣，在收到限制的範圍內活動，心裏七上八下；朝鮮人在那裏也很擔心，擔心外國人和平民接觸，或是兩者主動互相接觸，至於擔心他們接觸會談什麼內容，就搞不清楚了。總之是不要消極的東西吧。一個閉關鎖國的國度現在能做這樣的局部妥協，叫外面世界的旅遊者進去，也是很不容易的了。不過，這種害怕惶恐的勁頭倒是很像我們，說不清楚，但是恐懼，所以禁止。

作為一部貌似無辜的遊記，這本書中講述的見聞最絕的一處，莫過於那個橫倒在地的紀念碑，碑上勒著偉大領袖的親筆簽名和簽署日期，這顯然是批署公文最後的應有之義，但是領袖突然歸去，這簽名和日期自然就成了絕筆。想一想確實是，人一生很有可能留下的就是最後的簽名了。現在這遺留下來的筆跡被看出了閃閃的金光，刻入了人民紀念碑。於是人的不朽，一個人的「絲毫」的不朽，也就煥發出偉大的意義來。領袖在歷史的舞臺上翩然離場後，一個主義並沒有像這個橫躺著的紀念碑一樣轟然倒塌，這只說明一件事，那就是繼承！

朝鮮今天的樣子，是最經典的絕對計劃經濟體制下的社會。以全國之力保首都，這是我們每天在自己的國家裏都能遇到的事情，我們自己缺水，限電，但是要保證首都的生活秩序，當外賓來的時候，我們難道不也是停產以掩飾排污嗎？我們又憑什麼來笑話別人呢？一個人，難道會笑話自家老相冊裏那些黑白照片上人物的衣飾嗎？所以，像很多人一樣，我的偏見也很多，只是提起來朝鮮這個國度，有一種難以抵禦的「慘痛」之感。

歷史一點都不好笑，現在很多媒體上的資料顯示，朝鮮人在社會福利待遇上似乎是我們望塵莫及的，我們每天夢到的，正是他們每天安然享有的。書中提及的朝鮮人民享有四大福利：

> 一、免費教育；二、免費醫療；三、免費分配住房；四、實行養老退休制度——我們聽了好像是天方夜譚。我們現在談社會進步，爭「相對論」下的民主，其實很多時候難道不是要奮鬥一個像上述「魂有所依」的體制？很多人就說，要是有這四大福利，他就再不發牢騷了。我看沒有這麼簡單。四大福利之外很多東西都沒

有，它的前提是收入很低，日常生活談不上品質，一年有二百次停電，過一種複製品一樣的日子……等等，所以我說，一開始就不要相信什麼來自天籟的體制，哪有什麼完美的制度？

當我們談到歷史，往往對歷史上那些「一以貫之」的事蹟有敬服之情，但是朝鮮絕對是一個特例，這個國度堅守著自己早年的信仰，從一而終，秉承了最原汁原味的主義。而且，儘管經濟狀況一般，它不願意自己被世界視為一個曾經輝煌過的主義的博物館，於是自我封閉起來，保守著一份我們似曾相識的民族自尊心和自豪感；在這樣一個時代裏，按照我們這個古老東方國家大量一個聲明要守節的女子的傳統標準來看，確實值得給與高調的舊道德評價。但是，對這份純潔，又似乎使人不免有很多遺憾。

如果一個國度的今天正如我們自己那些發黃的老照片，出於對歷史的敬畏，我覺得我們應該對其表達一點尊重。我們不能因為自己已經總結出一些教訓，就把別人的落後看得一無是處，——要知道，我們不也是用難以衡量的代價才走到今天嗎。所以，對於這樣一個紅色的國度，它在我心中有分量，有位置，它的存在，它那有點腐朽的純潔，正告訴我們怎麼看待自己的過去，做什麼樣的評價，這顯示出對歷史重新審視的價值。

2008-9-28

# 自由主義人物不自由

## ——讀《自由主義人物》之一

《自由主義人物》原來就是修訂過的《胡適 雷震 殷海光》，允晨出版社1998年6月初版，這個修訂的版本離今天也已經過去十年了。這是一本我苦苦尋覓而不可得的書，買這本書原來只是衝著作者的名字、知道他的核心研究方向而去，竟然也將傳說變成了手中現實的紙本，世事無常，人一生能寫多少本書？

作者在自序裏說：「把胡、雷、殷三人特別相提並論，是因為他們在一九五年代共事於《自由中國》，發揚自由主義思想，都和政治權威形成強烈的對立，最後的遭遇也都不幸。」看來這是作者選擇這三個歷史人物為主角的標準，也就是說，現在這本書的名字不如原先以人名為書名的更恰當。這還說明，這本書不會以個人生涯的視角來審視這三個人對自由主義思想的代表性，而是選取了「《自由中國》時代」這樣一個時間範疇。

我其實是不支持把「胡適，雷震，殷海光」這樣的一個時間序列開做是中國自由主義人物的宗譜的。因為我服膺的是把自由主義當作一種生活方式來看待，而不是供奉於象牙塔內，把學理上的探索混同於精神的追求。換句話說，我是實用「自由主義」者，不看重立言如何，不看重是不是給後人留下什麼自由主義的煌煌學說大著。西方現代自由主義學者曾經留下了很多純理論的著作，其中有很多學派和悠久的歷史，數量多到不瞭解的人不敢胡說。但是就其在中文世界的影響力來說，只有少數理論水平較高的精英知識份子可以準確對它們進行解讀，這種門檻是我所不取的。因為這樣只會叫自由主義的態度和思維方式存活在小沙龍氣候之中，無法為改變一個社會、一個時代提供思想支持。

按照這樣的標準來說，自由主義也好，威權主義也好，就應當事先承認其思想的代表人物凡人的一面。如果一個人在自由主義理論建設上有極高的貢獻，而他本人卻不能容忍樓上鄰居每天清晨練習打擊樂，沒有一顆尋常的寬容之心，我就很難把他所代表的自由主義思想和自己產生什麼聯繫。看來我走的還是知行一致的古人認識事物的路線。這裏這樣說，並不是對殷海光先生當年的言行有某些腹誹。——我們知道，以上文中作者所「最後的遭遇也都不幸」這個標準來看，這三個歷史人物中曾經長期忍受內心極大痛苦的莫過於殷海光。在讀王中江先生那本殷海光傳記的時候，無時無刻不能感受到殷先生晚年的精神狀態之差，而且顯而易見的是，那種精神狀態不僅和病痛有關，也來自於長期的內心思想衝突的痛苦。但是，殷海光先生對胡適的態度之變化，卻使人有很多感慨。

當年《自由中國》被查禁，雷震先生入獄後，殷先生因為胡適奔走解救活動不得力（用張忠棟先生的話說是「公開營救的努力似乎不夠」），感到很失望，認為老胡適不作為，失掉了一個自由主義知識份子的風骨，對胡的態度大變，甚至後來沒有參加胡適先生的追悼會。在那樣一個時代裏，以老胡適那樣的年紀，指望他行動起來去找權要力爭並且一定要營救成功，這樣的標準是高了一些，我想殷海光先生的要求不是這麼苛刻：平心而論，他只是想胡適能利用自己在知識界和政界的影響力，在輿論上旗幟鮮明地和官方對抗一下子，以顯示自由主義血脈之熾熱與不絕。作為後人我們只能理解到這裏，但是事情未成，殷先生對胡適的態度變化之決絕，似乎很難以自由主義代表人物的作為來解釋。聯繫到殷先生早年積極擁蔣到後來同國民黨的徹底決裂，我們不難從中獲知一些事情。瞭解這樣一個波折，我想對於很多關注中國自由主義思想史的人都是一個很煎熬的過程。

雖然這是一個挫折，而且我也把這個歷史事件看作是中國自由主義譜系在二十世紀後半葉出現的分野。但是如果從殷海光先生早逝前的十年言論之影響力來看，卻的確是在胡適身後將自由主義思想和理念秉承下去、把自由主義思想的影響力遺留下來的五四之子。從胡、殷兩人身上看來，雖然有不可調和的矛盾，而且殷先生的平生思想也一直包含著一種激越的特點在裏面，但是這一段的自由主義譜系承接關係還是可以看得清楚的。

雷震先生最值得追述其平生之處，在於赴臺之後很快能從官方的體制中掙脫出來，從戰敗的氣氛中清醒過來，首先認識到國民政府在臺灣不能再繼續其在大陸那樣的執政，尤其是不能以集權國家去「光復」另一個集權國家，不能再在這樣的低效循環之中謀求一個地區的未來；他可能也是最早意識到臺灣地區要回歸到民主憲政的正途之上來的來自官方體制內的人。正如張忠棟先生在書中所說，雷震先生或許不是一個標準的自由主義知識份子，但是他的實踐和為之付出的代價，其價值卻是書齋或是體制內的知識份子所無法企及的。

按照我前面那種先入為主的價值判斷來說，真正能把自由主義最核心的精神融化在個人生活處事之中的，還是胡適。正如前面所說，自由主義思想如果解釋作一種辦事做人的原則來看，才能看到它最有價值的一面。其實，作為一個從傳統中國走過來的讀者，如果按照那些最純正的西方自由主義理念來辦事，我們是很難理解的，因為有各種各樣複雜的因素隔在中西之間。即如胡適而言，他當年的言行為什麼能叫國人一眼瞧過去就能感到一種自由民主的氣息？我想原因有二：一是胡適本人已經把這種自由主義原則思考、辦事的方式融化在血液裏，轉化成了有自己個性的東西，可以隨意散發出這種自由主義氣質來；二是從胡適本人的生平來看，他信奉的自由主義有他固執的一面，但也不是原汁原味的西方自由主義思想，而是同中國傳統知識份子的道德和價值體系結合了起來，所以能比較容易為國人所感受到。反過來說，西方最純正的自由主義價值體系和某些觀念，我們東方人一接觸就是很隔膜的。這一點需要時間來驗證。

自由主義作為一種生活方式，有它核心的價值觀，這個觀念就是寬容。用謝泳的話來說就是「自己活也讓別人活」。當年三聯書店在輿論強勢的背景下，出版了浩浩十大本的胡適批判論集，胡適日記裏說，這些書流傳到海外後，他自己都一本本找來讀過。他讀這幾百萬批判自己的文字有兩個目的，一個是看看有沒有什麼真正能站得住腳的論點，另一個是想通過書中自己原先那些老朋友寫的批判文章，看看這些老朋友在大陸的心境和思想近況。我們說，這種生活的態度，從前古人叫「雅量」，現在來看，就是「寬容」。自由主義不僅僅是要在言論和其他基本人權上謀求自由和獨立，同官方和專制做針鋒相對的努力，也是生活方式上點點滴滴。很多時候，後者的真價值對一個普通人的實踐指導意義我看的也很重。

胡適、雷震、殷海光，這本書把這三個人放在一起，是因為其主要講述的也正是這三人五十年代赴臺之後的身世。這無疑是一個契合點。我們可以看到：在老胡適內外交困受圍剿的最後十年裏，雷儆寰和殷福生這兩人也相繼經過了煉獄般的人生，一個高牆圈禁、囹圄十年，一個在個人思想成熟期於精神困境和病痛之中早早離世，生前長期受到居住監視。左右為難，左右難為，自由主義人物不自由，這難道真的是中國自由主義人物的宿命？

2008-9-25

# 曾記否，暴力革命赤身裸體時
## ——讀《動物農莊》

當年，董樂山和傅慰慈兩個老夥計談及喬治・奧威爾小說的翻譯時，董樂山先生已經先一步挑選了比較艱苦的工作，因為《1984》太陰暗、太可怖了。第一次讀的人很可能陷入一種很不堪的可怕想像之中，何況每日分斤掰兩、字斟句酌去譯它出來呢？相對來說，《動物莊園》就輕鬆地多，因為它是政治寓言，今天的人讀了大可一笑了之，然後再活在自己那個「動物農莊」裏，最令人無語是那些根本看不出來這樣的故事有何樂趣之人。

我們身邊，這樣的人還少嗎？這麼薄薄的一本小說，放在公事包在地鐵裏站著就讀完了，但是，世界據說很美好，應該趁機正面生活，於是乎不知有漢、無論魏晉。其實這本小說比《1984》更可怕，可怕的是它把什麼都說了。關於從暴力革命走向專制獨裁的一切，似乎都隱喻在這個動物世界裏，所謂那些各種光環裝飾、那些偉大的名義之下的暴力革命被扒得渾身赤條條的，逼它的真身出來坦誠相見。它最刻薄的結論是：不管是幾條腿的動物，只要它們選擇了一場暴力革命試圖走向人間伊甸園，那麼很有可能淪為哭笑不得的多幕劇中的一個角色。

對於這樣一本書，現在還有什麼可說的呢？該說的都已經說到了。倒是對譯者在前言裏說的一番話記憶很深，他說：

「《動物農場》同中國的事務毫無關係，這是不言而喻的。既與中國無關，毋庸諱言，作者撰寫這個故事是以蘇聯史達林當政時期發生的一些事為藍本的。《動物農場》講的正是一個革命異化的歷程，叫人民提高警惕，防止在革命的名義下出現的極權主義。這本書寫成的日子，正值德國法西斯被同盟國打垮，人們對希特勒的種種罪行，記憶猶新。」我手上這本書是北京十月文藝出版社2005年出的新本子，當然還是傅慰慈先生的原譯，但是不知道是否保留了初版的前言。這個前言寫的很有意思，短短幾句話就把史上幾個靠革命起家最後變成專制社會的國家都點到了。我覺得現在把這種話語間的邏輯稍微「過度詮釋」一下，似無大礙。

革命異化是二十世紀的一個大悲劇，這個悲劇上演的時候是悄無聲息的，而且是一個個看似寧靜的社會中慢慢起了變化的。我們可以看到，那個時候所有消極反動的變化都被掩蓋的很好，鞭炮齊鳴、鑼鼓喧天、紅旗招展的一律是積極正面的可喜變化，即所謂社會進步。人們的邏輯是，社會進步，即意味著對社會體制本身的道德做了不言而喻的證明。從創作的實際出發，奧維爾當年對中國的認識，肯定沒有一個普通的來訪傳教士要深刻，在他的視野裏確實無法深入顧及到我們的事情，也就是說他的落腳點確實是前蘇，前蘇成了他寫這些反烏托邦小說的一個藍本。譯者在前言裏這樣明白曉暢的說，這個故事同中國的事務毫無關係，交代小說創作的基礎是一方面，另外可能還有一些更複雜的原因在裏面。這可能牽涉到這部小說譯出來發表後的命運，比如說這部小說最後能否真的到達讀者手中，或是奧維爾這個真實的人名是否可能在中國的知識界為人所知，他以後的作品是不是也能在國內流傳之類，這樣的問題很多。但是這個邏輯最給人觸動的還不在這裏，在於既然不是我國，毋庸諱言，寫得是前蘇聯史達林當政時的事情：革命異化，在革命的名義下出現了極權主義。這就是說，現在關於革命異化這個話題有兩個代表，一個是我們，如果不是我們，那就是前蘇，是一個非此即彼的選擇題。我們亦步亦趨地跟著老大哥在那裏學，直到自己學成那「另一極」。我們模仿前蘇，留下了很多值得懷念和回憶的好東西，也付出沉重到說不出來的代價。

> 在世界範圍的動物農莊裏。到處都洋溢著優美抒情的俄羅斯民歌。

現在很多好的小說和作家，在西方和我們的老大哥升天後留下的世界裏，已經廣為人知。我們還不認識他們，是因為兩個原因：一、這些人寫的東西政審通不過，譯出來胎死腹中的話，出版社經濟上受損失不說，還受批評，被罰書號，某些官僚手裏捏著個書號管理權就以為自己是上帝了。二就是國內沒有風骨硬挺的譯者，精神和年齡斷了代之後，即便有風骨硬挺的譯者對很多歷史基本上是沒有感情的，譯不好；或者乾脆就沒人譯，在那裏等著人家獲了諾貝爾文學獎以後才開始動手翻譯。

但是，話說回來，在一個有千年極權歷史的國度裏翻譯像《1984》和《動物農莊》這樣的書，確實是很難的，譯者本人是很痛苦的。從上面引述的這段話裏，我感覺到了這種複雜的心情。革命是人民的，現在要人民警惕起來，防止在革命的名義下出現的極權主義，人民就人格分裂了。要人民警惕起來，這種表述是五六十年代綿延到七八十年代在著作的前言裏經常見到的話語，很多著作其實在講一些和當時主流不符的事情，但是一把諸如「警惕起來」，「僅供批判」、「帶著批判的眼光和態度」這些話寫在前面，就能生存下去了。這就是我們的現實。

我也可以說寫積極正面的話留在最後，比如什麼「《動物農莊》裏的那個『動物農莊』既然也能塌陷荒蕪，就沒有什麼是不能想像和企及的」。但是對於一代人來說，對於這短暫的人的一生來講，這又有什麼意義呢？

2008-9-21

# 再看聯大之大

## ——重讀《西南聯大與中國現代知識份子》

2007年是西南聯大建校70周年，一時間有很多人想起了聯大，受氣氛感召，當時我也很想作一點關於聯大的文字。不過後來讀了一些現代人寫的聯大的傳記，意興頓消，深感聯大精神同後人的隔膜。比如那本《精神的雕像》，非要把史料講成故事，講沈從文在教授旅行團途徑其家鄉之際，給當地土匪「打招呼」，說都是窮書生，放他們而去。這寫的生動確實生動，材料也可能是確實的，但總是給人一種「配合氣氛」之輕，缺乏歷史的一種「重」的質感；而無時無刻不在史料的間隙表現出的作者對歷史之態度，卻可明白地看出意識形態宣傳對人思想的束縛：一面要高揚那些校長、教授們堅持辦學、在民族生死危亡之際為國家培養人才的精神；又不承認建立西南聯大的那個體制、那個政府的正面作為——難道當時在困難時期仍然調動各方資源來辦學的不是國民政府，倒是山裏的游擊隊不成？而且這本傳記作品，只單單弘揚當年知識份子的愛國主義情節，這就剝離了歷史的複雜性。由此可知，這麼多年過去了，世人對聯大的精神內核，狹隘何其狹隘，歷史在這裏失去了現實意義。這些聯大的傳記，惜乎只可作為純粹的資料來留存了。

關於西南聯大，我印象深刻的是陳丹青先生說的一句話：艱苦卓絕而人才迭出。誠然，從史料直接來看，上面這句話的確已經概括的極為精當了。但是歷史已經過去，一個時代的人不可重生，那些環境和背景也不可重現，今日教育之真魂魄不行，就充分說明了問題。那麼，我們要追尋聯大當年的一些史實，而且要使它和我們今天的人發生聯繫，為今天的事情做一歷史參照，把整理歷史或者說歷史本真的核心意義找出來，對未來提供思考的肩膀、判斷的標識，我覺得要能夠突破這純然的紙面故事，找出它的現代性來，則更有價值。

在謝泳的聯大研究之中，我明顯感到他的視野在一個時代之下。因為這本書關於「西南聯大知識份子群」的明確範疇是擴大化的，而不囿於具體在西南聯大任教和受業的那些人，他是要通過這個學校在特定歷史時期的事情，來觀察一個時代知識份子的言行作為，從而得出自己對歷史的判斷。

讀這本篇幅不大的書，我感覺書中所言，一是有自己明確的觀點，而不以主流好惡為好惡，更重要的是它的研究在今天來看已經到達聯大的核心精神和歷史價值，就是：

> 我們注意西南聯大的貢獻，不僅在於她為戰時及後來的中國培養了許多專業人才，更在於她的融會東西文化的優長，為中國現代化進程提供了一個範例。如果中國社會有較長時間的穩定，西方文化是可以在中國的大學環境中生根的。
>
> （見本書9頁）

這是從全局來看體制，對於體制中的個人在歷史中的價值追求，也很明確，即：

> 西南聯大時期，大學教授聯合簽署的聲明、宣言，有四個非常明顯的特點：第一，以西方的法制為立論的基本前提；第二，一切以公眾利益為最高原則；第三，一切為國家走上健康的民主政治之途努力；第四，他們所關心的問題決不圍繞個人，而是以公理為尺度。
>
> （見本書19頁）

面向公眾的聲明和宣言這樣的東西，當然也就是直接的價值觀的宣揚，而且經過作者的對史料的追尋，這種價值觀的宣揚具有一貫性和穩定性。這樣的歸納無疑已經充分顯示出這一代知識份子與眾不同之處，反映出他們的現代性，也說明了他們那一代在中西文化之間作的揚棄努力。結果證明，他們當年已經取得了較大的成功，為後世留下了較高的起點。

可惜的是，後人並未珍視這種較高的起點，或者我們不作什麼道德評價，在客觀上後人們沒有能夠在這種起點上起步，而是走了大彎路。而且，在聯大重回三大名校以後的時代裏，聯大知識份子群的精神譜系已經開始遭到破壞。即使是像謝泳這樣在這方面研究中傾注強烈情感的人，也不諱言西南聯大知識份子的群體的衰落，這一點我們在感覺作者的實事求是之余，尤其引人有無限的歎謂。但是，這不是這一知識份子群體本身的問題，他們的衰落只是對社會的貢獻的消減，而衰落的原因我覺得他們這一代人尤其值得自豪。因為他們畢竟在一個風雲變幻的時代之交，做出了自己清醒的各種獨立的選擇。也就是說，他們後來用自己的言行和選擇對聯大核心精神做了最後的實踐。儘管其中有一些人的選擇，在個人遭遇上來看，事後被歷史證明是把自己陷於萬劫不復之地。有清醒的人49年之後去了孤島，更有甚者，越過重洋，流寓海外。無論如何，當他們走上岸邊，一次次禁不住懷著各種複雜的感情眺望對岸，會發現：在那裏，一個巨大的更加封閉的孤島正在漸漸形成。對於知識份子來說，這真是可怕的事情。劫後餘生？還是擁抱牢籠？當年的書生們，是不是每天都要面對這種抉擇？

可以說，我的關於52年「院系調整」的常識補課基本上也來自於謝泳的文章。後來，也找到了其他一些相關的材料，當我模模糊糊弄清楚這一歷史事件的前因後果之後，看出了謝泳的眼光，也同時明顯地意識到了這種所謂的「院系調整」的可怕。有些正在考學的親友曾經就人文專業諮詢於我，說「法學是不是可以考慮，政治學是不是可以考慮？」後來我說，法學、政治學這樣的「從古至今」都是高危的專業，今天也是這樣，以後從事專業法學和政治學研究更是高危的職業。因為這些專業涉及到的領域都是有點敏感的，特別是在我們這種法制缺失有千年歷史的國度裏。——我倒是要問問你，念法學，念政治學要不要碰憲政研究？當年「院系調整」時政治學、法學和社會學基本從一流學府中基本消失，究其原因，除了愚昧，還有些什麼我們都應該都能想到。後來朋友說你這是從書裏抄來的吧，——我就是從上述的一些材料中抄來的。我覺得瞭解歷史對平民的一個基本益處在於，可以吸取經驗首先來保護自己。

這裏走題說一點「院系調整」，其實這個歷史片斷和西南聯大是有聯繫的。在《西南聯大與中國現代知識份子》這本書相關的史料中我們可以看出。「院系調整」是從體制上徹底招斷了聯大知識份子的精神血脈和專業傳承，可以說也是在體制上決定了西南聯大知識份子群的衰落。「院系調整」帶來的是教授和他們的研究領域不科學的「歸流」，在很多地方甚至直接意味著學術獨立和精神自由徹底禁錮的開端，書中對此這樣總結道：

> 現在看來，1952年的院系調整，不能說是一個單純的教育體制的變革，它實際是改造舊中國高等教育思想的知識份子的必然結果，不然我們就難以理解為什麼社會學這一學科的消失基本上和知識份子的思想改造運動是同時發生的。

針對這些專業進行調整，原因正在於：「直接和從事這些學科的學者的教育背景，而這些學者的教育背景在50年代初的思想改造運動和隨之而來的批判胡適運動中，是最容易和帝國主義、資產階級唯心主義這些東西聯繫在一起的。」（均見該書44-45頁）這些學科被調整之後，國家失去了這些專業，一批學者失去了研究，他們曾經反映過自己的意見，指出了其錯誤，呼籲儘快恢復，不過結果只是他們本人儘快得到了右派帽子。那是52年，可謂一系列針對知識份子的改造運動的序曲。我覺得西南聯大的現代意義就是兩方面，一是她對中國現代大學體制現代化進程的成果展示，二是提醒人們對聯大知識份子群衰落應有反思之情。

謝泳先生是國內較早注意和開始專研西南聯大及聯大知識份子群的人，我們從這本書中選取的史料之精當就可以知道他的進入程度。這種選擇材料的到位建立在對大量相關材料的掌握之上。他的研究有一點最不可及，即用圖表來橫向比較知識份子的資料，選取一個歷史時點，然後橫向比較同時期各種知識份子的來歷和結果，因此說理時叫讀者心中十分明朗。謝泳常說一句話叫做「擺事實就是講道理」，從這本《西南聯大與中國現代知識份子》就很可以看出來。前面已經說過，因為謝泳擴大了聯大知識份子群的範疇，他注目的是一個時代的知識份子的心路歷程，所以他的聯大研究就顯示出極大的視野，價值判斷的東西就更多一些。我並不把他的聯大研究奉為圭臬，只是作為一個普通讀者，感覺他的這種研究與自己的心靈更有所契合。

2008-3-28 於核桃書屋

# 皮書中的主義之生與死
## ——讀沈展雲的《灰皮書　黃皮書》

儘管讀者都把這本《灰皮書　黃皮書》看作離題之作，我亦非作者，但因為愛書，對每一本自己關注範疇內的書卻和作者一樣，有惜子之情。這本書雖非像人們所想的那樣能全面地梳理五六十年代「皮書」的出版淵源、歷程以及對當年讀者群的啟蒙意義，卻包含有大量史料。換句話說，它倒是以特定的皮書出版事件來梳理前蘇大量史實的一本書。那麼這就和我讀書寫字的方式有接近之處：我之讀書寫字，在內心深處大概也是隱隱地希望以所讀之書來梳理各種思路的。這個時代的好處在於，書店裏已經盛滿海量的思考結晶，只要你願意讀書，便有機會站在前驅者的肩頭。

我生也晚，書中介紹的大多數皮書版本，都無緣得以一見，只是近年來東方社新版的「近代稀見史料」黑皮書系以前經常見到，現在這套黑皮書，如果品相完好的也已經奇貨可居。使人徒生歎謂。上個世紀五十年代到八十年代、特別是五六十年代，出於歷次批判運動的材料需要，官方調集很多「靠邊站」、被下放以及部分「有歷史污點」的專家學者，以某某社翻譯組的名義，大量翻譯和編選前蘇、東歐社會主義國家作者寫就的為當時意識形態難容的書籍，以「內部發行」的方式，一律以統一單調的封面，在組織級別和「介紹信」的小範圍內問世，以「供批判用」。這就是各種各樣的皮書的身世。這些書籍後來印量有所放大，民間類似於朱學勤先生文章中所講的方式也比較可能獲得這些皮書，在客觀上打開了知識界和讀者的眼界，拓寬了人們的思考緯度，使大家的思考越來越向理性反思的方向而去。在事實上講，這些皮書功莫大焉。用冉雲飛先生的話說是：「無意中歪打正著地為困難中的青年們提供了一點精神食糧。官方並不想廣泛傳播，但傳播得比許多人想像的還要快。而且更為弔詭的是，官方為了揭蘇聯的短而發行的這些政治和文學類皮書，最重為深度愚昧的人們開啟了一道思考之門，從而為類比性思考乃至批判專制制度打下了基礎。」（參見冉雲飛文章《四九年後的內部發行圖書》）

雖然「皮書」誕生於上個世紀五十到八十年，但是書中所列舉的皮書，也就是有資格淪為皮書的這些書籍，它們講述的卻比皮書出籠慘烈的多——自十月革命至蘇東劇變這幾十年的蘇共發展消亡的歷史。這是我第一次比較有條理接觸前蘇及東歐國家史料，先前也發過願，也有精力和時間，但是總在心裏頭有些疙瘩，人不願接觸黑暗與狂亂的歷史真相，大概也是一種本能吧。現在，由於書癡的本能而遇到這本書，於是一段時間跨度很長的關於主義的生與死的史實就這樣突兀地呈現在面前。書中直接引述了大量涉及到的皮書的原文本，原譯水平極高，內容十分詳實，對歷史先後鉤稽和演進因果基本說的很清楚了。

廣袤無垠的俄羅斯大地，在這不短的幾十年裏，創造了諸多人類進程史上的奇蹟，當然，這是充滿血腥和狂熱的黑色的奇蹟。當我在書中流覽這些歷史的時候，確實有「奇蹟」之感。頭一樁奇蹟，就是蘇維埃從黨變為政居然能在當時那樣混亂的局面中成為現實。作為一個後人，我很難想像列寧同馬恩主義的無關。然而通過史料來看，兩者之關係確實是在兩條路上，如果其中一條路是我們先前所說的有真理性質的，那麼另一條路無疑是歧路。而現在那所謂的「普遍真理」的「原教旨」也在學理和事實面前變成了侏儒，你想想看這有多混亂。所謂創造性地發展了馬克思主義理論，誠然，而且確實是在俄羅斯，而且從一開始就已經是創造了。那個革命前夜匆匆回國的演說家，怎麼看也和普通的流亡政客沒有什麼區別。他會想到，短短十幾年時間之後，以他為始的創造，改天換日，竟然會造出一個天似穹廬、籠蓋四野的巨大「古拉格」，而他的motherland竟然成為自己以之為旗卻被別人笑破的「主義」的博物館嗎？

另一個使人想不通的是史達林的專政。列寧身後，蘇聯的締造者中其他同等資歷的同志都正當年，而且威望都很高，像托洛茨基、布哈林、季諾維也夫、加米涅夫等等，都是成熟且居功至偉的政治家。史達林的專權的形成無疑是一個奇蹟。現在的史料證明，這個奇蹟是出於上面幾個人的平衡勢力和權力格局中走出的敗筆。緊接著，在史達林專權的年代裏，他和他的組織又創造了一個更大的奇蹟。那就是「證明了一個遠稱不上是天才的個人的意志就可以使歷史臣服於自己，他也證明了在社會工程學中無任何道德和美學標準的限制。……」（《史達林：私人圖書館和檔案中的人物特徵》，參見本書109-110頁）這種評價恰恰是反映了一個現代讀者閱讀歷史後的直感，因為現代讀者沒有現場感，他只有從事情本身和結果來看待歷史。特別是所謂「社會工程學」也即政治對社會的巨大影響。這就是說，即便在客觀承認政治對社會存在巨大影響的前提之下，史達林主義之極端變態和罪惡還是突破了底線，古老的王權「朕即國家」的特點在二十世紀復活，而且，即便是在封建王權國家的時代，以史達林主義及其組織種種反人類的行為、以及他本人的性格特點和家庭狀況來看，人民也是攤上了一個暴君。其實，上面所說後兩個奇蹟之所以是「奇蹟」，其判斷標準是極端程度，其意義在於，蘇東劇變以及兩極冷戰結束之後，從這段被解密的事實眾人們可以看到，人類歷史上竟然有過這麼大一個彎路，有過這麼駭人的巨大犧牲換回來的一片虛無。我們還要想想清楚，這雖然有意義，但那些犧牲已經無可挽回，家園的反覆荒蕪，幾千萬人的非正常死亡，絕不是我們這些現代可以輕鬆談論和掂量的。

人接觸史料以後，不能不心生感慨，這麼長的時間跨度，這麼多的歷史事件，那些複雜之複雜的局面的演進，恰恰能說明很多問題。

比如說上面這種可恥的「奇蹟」，是不是最初那些個自奉老馬主義拿來就用之後的必然結果？社會主義理論是不是人類曾經的夢想？還是當時人們蒙昧，不知道自己要什麼，這時它的出現明晰了那些蒙昧？這些是說不清的。人們只是一再在很多國家的歷史中看到相同的情形發生。或許，當年胡適從一開始就看清楚了這一點，所以他在49年才會走得那麼決絕？如果告別烏托邦的時代，那麼人類夢想又去了哪裏？這是其一。

其次，像史達林、希特勒這樣的歷史人物，這樣再典型不過的例子，這樣性質的例子，是不是也可以用來寫一本另類的《個人在歷史中的地位和作用》？我們看這些史料。往往能看清楚現代個人專權和皇權之區別。皇權是上古時代裏神的意志的體現，有天然的來源，以民眾的知識程度來說，其權威性自不待言；而現代的個人專權，卻是依靠暴力、依靠恐嚇、流放、槍決等專權工具來獲得和保證，而這些東西的來源基本上都是國家機器，所以這就是竊國。更重要的是，我們要看清楚在個人的策動下，「組織」這種東西思想一致以後會發揮出多麼大的破壞力。個人的道德有嚴重問題，不會給社會帶來過大苦難，組織的言行卻能釋放出強大無比的能量。各種各樣的個人的惡，就是透過組織的言行一點一滴地流淌到大地上、釋放到民眾頭上的。組織是什麼？是很多人在一起辦事，它的另外一個名字就是體制。體制是繩索，有人通過各種方式把它們擰在一起，朝對的方向用力能促成社會進步，朝錯的地方用力就能把社會和歷史拉回頭。在惡人和組織之外，所謂「主義」不過是口實，哪有什麼理想和道德可言，哪有什麼學理上的正誤可言？因此我們盡可以痛斥那些作為個體的偉人，但也實在不應該看不到「組織」這種雙刃劍的害處。

當年我們讀「反烏托邦三部曲」，讀《古拉格群島》和《癌症樓》，偶爾會為其中的場景和情節之荒誕而離奇，現在人們才知道俄羅斯人有多麼喜歡寫實，他們歷史上那些「持不同政見者」有多麼喜歡寫實。今天，我們透過史料去「實地探訪」《1984》們的寫作背景之時，大概都會聽取王小波的意見，不會再把這類書看作科幻小說了吧？

2008-3-23 於核桃書屋

# 隔代的聲音，是否渺渺

## ——讀《隔代的聲音——歷史勁流中的知識人》之一

范泓那本《風雨前行——雷震的一生》給我留下了很深的印象，不光是書中的人物，也包括作者對史料的把握，讀這本《隔代的聲音——歷史勁流中的知識人》便是從這種淵源中而來。「隔代的聲音」從字面理解似乎是收集歷史人物的言論，但其實主要是追尋的是現代中國一些不為人所熟知的人事。「歷史勁流中的知識人」這個提法我很喜歡，這個題目也很吸引人。文人往往心胸萬里，然而在浩蕩歷史潮流中，我們看到的不是隨波逐流，或是「拔劍四顧心茫然」，就是陷入一種邊緣的尷尬狀態。這是個值得後世研究者大寫、我們靜下心來審視的題目。

這本書最有價值之處，在於在歷史長河之中挖掘出兩個離我們不遠的歷史人物，介紹了現代中國兩場頗有價值的文化論戰。兩個人物正是當年「高陶事件」中的兩個主人公：高宗武和陶希聖。兩個人當年都是在抗戰年代希望在戰場之外通過外交途徑解決日軍侵華問題的實踐者。這個問題太複雜，儘管書中已經引用大量史料來講述當時的情形，但是基於歷史的複雜性和我們都不是當時歷史的參與者，要對這種解決問題的思路簡單地進行評價，無疑可能會失之公允。但是，一個時代有一個時代對歷史事件的看法，在我看來，「高陶事件」這個提法相對應於歷史事件本身來說，未免是不恰當的，或者是誇大事態的。高宗武有日本海歸背景，對日本當時社會的各種情況有比較直接的認識，而且是最早思考中日關係問題的知識人之一。他年紀輕輕以日本問題專家身份進入國民政府外交部亞洲司不是偶然的。而正因為如此，我們才不能簡單以年紀輕以致最後幾乎陷自己于民族對立面的境地，來做判斷。而是應該從他一貫對日本的外交思路，以及前面所說的知識份子在歷史潮流或者逆流之中的先天無為來探尋。高先生並非純粹的親日派，他晚年的回憶錄起名為《深入虎穴》，頗能看出他對日本的真實態度。長久以來他的「痛苦的日本經驗」以致有「從政七年如咳血」之謂，深刻反映出知識份子因政治、外交興趣以及固有的「文人經世報國」傳統介入真實政治之後無可轉圜的痛苦境地。高先生後來在海外曾經和友人坦承：「對蔣已經失去價值⋯⋯」，事後，陶希聖可回重慶，而高宗武則不被允許返回，只得遠走海外，留下了政治生涯上一個不可挽回的遺憾。

陶希聖先生更是如此，范泓先生在寫陶時用典「公無渡河，公竟渡河⋯⋯」一句，把他的從政生涯歸納為「公竟渡河的悲劇」，給人以深沉的感染力和無盡的歎謂。陶希聖因為在一場學術界的論爭中發表言論無意間得到領袖認可，從而以著名學人、知名大學教授一變為權力中樞中人，進入「委員長侍從室」這種幕府性質的地方。這種身份上的銳變不僅他自己始料不及，今天我們來讀，以一貫以來的文人報國、捨我其誰、千里駒必報於伯樂的知識份子傳統來看，也是充滿了無名的感觸。范泓先生對陶這次的棄學從政，有著鮮明的態度，即評價為其個人在「歷史上的一種走失」。這種態度對於文人評價文人來說是自然的。陶希聖是民國知識份子，范泓先生是當代知識份子，而僅從這一點來看，儘管有時光的阻隔，但是知識份子上述的「入世要件」傳統和對這種個人價值迷失的「嚴考」，這其中知識份子對自身社會角色看法上的矛盾，卻是一般毫無二致的。陶希聖在從政之前是開風氣之先的知名學人，後來在隨汪墜入萬劫不復之時猛醒，出走，最後息身海外，這種向前一步而無可更改的歷史結局揭示了對其生涯研究的反省價值。

我幼年之時，曾經有一本開蒙歷史讀物，叫《世界五千年》。其中有一個章節，恰恰是講當年國民政府代表同日軍方秘密會談。書中講述這段歷史時的口氣至今印象還是很深，其中有云：對方報了軍階，原來他們是軍人，不是商人；接著……也報了軍階，雙方互致軍禮，原來他們也是軍人，不是商人……（大意）。把當時的人在歷史進程關鍵時刻那種極端特殊的心態和姿態很好地刻畫了出來。此書當年讀之再三，但是能留在腦海中也只有這一二片段。我們看高、陶二人的結局，悵惘的同時不難發現：蔣介石的對日反覆態度也是造成其二人遭遇的始作俑者。一是蔣汪關係微妙，而文人參政往往對這種局面無法處理。在這種前提下，蔣並不控制高、陶這些人同汪在思想和作為上靠近，以致汪後來墜入深淵而高陶也絕難全名而退；二是蔣試圖以汪來辦理同日方在談判桌上解決根本問題，故在對日談判問題，陶希聖這些做事的人往往感覺蔣汪是態度一致的，而這是確實的感覺還是錯覺，頗朦朧，你是說不清楚的；一但談判這種不切實際的迷夢被事實擊碎，蔣仍可以高調在戰場殊死血戰。事實證明，全國抗戰宣告以及後來取得全面勝利之後，人心向蔣，連胡適這樣超然的知識份子也開始覺得國民政府即國家，產生認同感。蔣收穫頗豐。汪自墜落，身邊一群人也落了難，文人行事的知識份子出身的人，難逃名聲的摧殘。

我國歷史最怪異之處在於，政治家不擇手段，輿論只作時點上的道德判斷；而知識份子偶有走在邊緣或者錯路上，他們可能就要背負一生的罵名。這隔代的聲音，是通過遠年的史實傳遞給我們的，至於我們能否願意傾聽，能否最終理解這聲音背後的苦楚，理解知識人在歷史勁流中的無力和他們走進歷史的初衷，則全憑讀者本人對歷史態度了。這便是歷史人物的悲情所在。

2008-2-16 於核桃書屋

# 硝煙未散盡的兩場論戰（一）

## ——讀《隔代的聲音——歷史勁流中的知識人》之二

1933年底，胡適的老朋友蔣廷黻在《獨立評論》上發表《革命與專制》的文章，引發了當時中國社會向何處去的一場重要論戰，即「民主與獨裁」的論戰。蔣廷黻先生的主要觀點是，當時中國內戰頻頻，國家無法真正統一，根本原因在於沒有像英、法等國家那樣經歷過長期的專制社會階段。因此，唯有先經歷一個「專制建國」的階段，國家才能有效地走向近代化。雖然文章在胡適主編的《獨立評論》上發表，而且蔣一貫反對「取消黨治，實行憲政」主張為人所知，這篇文章的主要觀點還是引起了胡適的強烈反應，先後寫了兩篇文章予以反駁。兩文一出，當然是表達了胡適一以貫之的民主建政的政治態度。作為老朋友，蔣廷黻沒有正面回應，而是再次撰文希望進一步詳細闡述自己對轉制的一些看法，其中有「以個人專制來統一中國的可能性比任何其他方式的可能性高……但是因為現在有了科學與機械這兩個東西，儘管政府完全無為，只要它能維持治安，這兩個東西就要改造中國，給它一個新生命」等語句。（見該書112頁）從中可以看出，蔣對政府在社會中的職能要求看得較低，認為個人專制能產生強力控制局面，把政府看作員警，希望靠知識階層用科學技術引導民眾自發促成社會的進步。而胡適之對政府看得很重，希望政府引導社會走上正軌，故當年有「好人政府」的倡導。我覺得這是兩人的根本分歧，而且認為蔣的觀點未必是主張專制，而是根據當時中國社會的現實提出來的。故不能用大是大非來評價其觀點。何況還有時代對人的局限需要考慮。這之後，吳景超、錢端升等人分別通過發表文章加入各自的陣營，顯現出論戰到來的端倪。

出乎很多人意料，也大出胡適意料之外的是，丁文江不久之後突然在《大公報》發表文章，提出民主憲政是社會文明發展到一定高度的產物，以當時民國人口總數之百分之七十五到八十的人不識字，無法行使自己的選舉權作例子，提出結論為「民主政治不可能的程度比獨裁政治更大」，中國應當「試行新式獨裁」。胡適讀到文章後驚詫之餘深感失望，寫長書作答，又附一短信，語氣頗激動，指此等觀點多少年後看必誤國也。這次兩人觀點主要分歧在於胡適倡導民主政治時把其介紹為「幼稚園政治」，但意不在其幼稚，而意為此等政治模式易學，吾人可學。即可以在民主政治的實踐中達到民主政治。而丁文江說：

> 事實上看來，民主憲政有相當成績的國家，都是政治經驗最豐富的民族。反過來說，政治經驗比較缺乏的民族，如俄，如意，如德，都放棄了民主政治，採用了獨裁制度。足見民主憲政不是如胡適之先生所說的那樣幼稚的。
>
> （見本書116頁）

丁的觀點的流向，和蔣廷黻一樣，也是在對當時中國社會文明程度和現實狀況進行了深刻觀察之後的結論。而分歧如何這樣激烈，在我看來，只不過是因為在當時「民主」和「獨裁」的一般概念對常年思考它們的人來說太過敏感。這就形成了胡適在直觀上接受不了蔣、丁等人觀點的原因。這也從中看出胡適對民主憲政的優勢感的堅定，以及對中國社會引入民主憲政的迫切心情。後來，丁文江復以長文作答，形成了丁文江、蔣廷黻同胡適鮮明對壘的論爭局面，後來陶希聖、陳之邁等人也加入了爭論。

這場文人論政的爭論一直持續了一年多，沒有形成某一方壓倒性的優勢，和其他文人論政一樣，對推動當時中國現實政治狀況的改變成果甚微，但這是現代人以功利心態所見。文人論證的價值在於，通過精英觀點對壘，在這個過程之中對社會大眾啟蒙，也給所有思考者以思辨的緯度。這一點上，功莫大焉。多少年過去，我們再來看這一次的爭論，結合當代中國的民主實踐，平心而論，丁文江的政治理想我們還可以結合時代特點繼續追究和討論，但他對當時中國現實的觀察和對西方民主憲政歷史的考察，比較確實；只是以「新專制」提名給人以不好的感覺，故觀者反應都應該比較強烈。現在，美式民主憲政現在被視為一個寫滿奇蹟的教科書，我們讀一些講述美國獨立到建政歷史的書，總有一個徹底的感覺，那就是西人辦事和吾人誠有不同！西人遵守秩序與吾人慣於迂迴靈活處事的民族性格大有差異。倘當年果有大動作的實踐，在實踐中也必有不同的走向。放置在論爭所處的那個時代來看，民生凋敝，亂世風雲，人們游走在生存基本線上下，確實如丁文江所言，民主憲政之不行，是可以想見的。

今天人們，正如同於昨日，對「獨裁與民主」這兩個字眼異常敏感。民主的母體是理性，這樣的敏感其實是有礙於理性的伸張。我們信賴一種政體和生活方式，是因為它能關注所有人的生活，而且也不會為了多數人的利益而犧牲少數一部分人，也不提倡這樣做。這是一種有益於每個人的理性。

今天人們，正如同於昨日，民主之不行經年，對獨裁專制充滿了逆反，深惡痛絕。中國社會的現實問題既新且重，時代賦予了它新內容，而它仍然船大難掉頭。胡適當年說「我要我們的自由」，那些基本自由其實今天仍然每天都有被隨意剝奪的可能，只在「需要與不需要」之間。比如，我們今天到公園去，仍然常常因為外賓來訪而被驅散……我們常說我們的歷史負擔太重，這不是人們託辭，固步自封，而是今天的現實可以從歷史中找到類似情形，這就不免使人鬱悶。正因為如此，我們感同身受，才深深理解當年胡適推進民主憲政的心情何以如此急切，也才能理解他何以如此激動，不惜用了「重話」來和「胡適之一班英美朋友」爭論。胡適對現實的認識要比我們認為的更深刻，他的思想或許是比較「淺」，不免暴露些許書生氣，但他的眼光卻是世界性的。換句話說，他能想到我們今天人們怎麼生活，他想的是「多少年後」。胡適當年的言論、作為，能幫助我們以抵禦「日光之下，並無新事」的那種幻滅感。因此，我對當年這次文人論政的爭論的意義看得很重，因為爭論雙方的人都不是憑空愛這個國家的。

2008-2-23 於核桃書屋

# 硝煙未散盡的兩場論戰（二）

## ——讀《隔代的聲音——歷史勁流中的知識人》之三

六十年代臺灣文化界的那場「中西文化論戰」，雖然雙方在爭奪的內涵仍然是五四傳統之下的學術爭論，但是在論戰過程中反應出來的個人精神特別是容忍精神和風度上，我以為遠遜于五四黃金一代的故事。

事件起因，還是胡適。1961年12月刊於《文星》雜誌的演講修改稿〈科學發展所需要的社會改革〉，由於胡適那一貫的大部分否定東方文明缺乏精神價值和人文關懷的觀點，變成了一個導火線。胡適說：「我認為我們東方這些老文明中沒有多少精神成分。一個文明容忍像婦女纏足那樣慘無人道的習慣到一千多年之久，而差不多沒有一聲抗議，還有什麼文明可說？一個文明容忍『種性制度』（the caste system）到好幾千年之久，還有多大精神成分可說？一個文明把人生看作苦痛而不值得過的，把貧窮和行乞看作美德，把疾病看作天禍，又有些什麼精神價值可說？」（參見該書254頁）

這是胡適生命中最後一次演講。胡適遭人詬病，最直接的原因是眼光太好，論事太過誅心。以上這段話議論，舉三例，一是傳統道德，二是等級觀念，三是本土哲學，幾乎把中國傳統文化的骨髓拆開給人看，在不涉及政治的文化討論氛圍相對寬鬆的六十年代的臺灣，無疑成為最好的火藥撚。

最快的反擊來自徐復觀，但是反擊一開始就把學術討論引向人身攻擊。徐復觀題目為〈中國人的恥辱 東方人的恥辱〉的文章不但因為胡適質疑中國傳統文化的道德優勢而更質疑其的「中央研究院院長的資格」，而且說「不是因為他不懂文學，不懂史學，不懂哲學，不懂中國的，更不懂西方的，不懂過去的，更不懂現代的；而是他過了七十之年，感到對人類任何學問都沾不到邊，於是由過分的自卑心理，發而為狂悖的言論……未免太臉厚心黑了。」云云。這時胡適已經久在病中，雖然未作明確態度的回應，但以其注意報刊雜誌中政治和文化內容、日記裏貼滿攻擊自己的文章的多年習慣，這樣的文章或許不難看到。在我目力所及的研究晚年胡適的材料中，有共識指出：以徐這篇攻擊文章為例的其他人身攻擊文章，是加速胡適晚年心境大不佳、以致最後突然發病的原因之一。反駁文章。百般花樣，我也略識一些，但這種未及論事便先作人身攻擊的文章，我是最鄙夷的。我們什麼時候都要對人有最基本的尊重，即便是和自己有利益衝突的人。徐復觀先生著述研究縱使成就再如何了得，他這篇文章的寫作姿態，以及用文章的語言表現出來的個人的想法，我是不以為然的。何況他難為的又是胡適。

這場論戰發生的時候，胡適已近生命最後時期，加之時事風雲變換，他心有所屬的國民政府失去大陸。一班舊朋友或困守臺灣一隅，或風流雲散於海外，另一班舊朋友留在大陸情況不明，北大情況未明，雷震入獄，《自由中國》被清洗，心境大不佳，已經沒有精力顧及，於是成就了李敖。面對圍剿，他始以《文星》為陣地，開始和文化保守派人士逐一周旋。李敖的文風和個性，已經為今人所知且歎，所以，雖然接下來的論戰不乏精彩和思想價值，我們可以想見雙方的語言和討論方式。所以，我才說，這場中西文化優劣論戰固然承接五四核心討論題目，但精神價值確實已經開始流失。而且，五四以來的文化論戰固然因為有像魯迅這樣的大高手的參與而精彩萬端，但文人論戰的一些不好的風氣或許真的也成為傳統的一部分流傳下來。不過，我們徹底地說，不管其中各方面的背景有多複雜，在六十年代，華人知識界還會為文化優劣問題起這樣大的爭端，而不過多涉及個人利益，最後還導致《文星》雜誌同人分裂。今天看來還是難得的。

關於中西文化優劣的爭奪，是五四在文化方面留給我們的最核心問題之一。而且，我也認為胡適所言及的五四核心精神才是真正的五四核心價值，而不是什麼今天所謂的政治上的那些概念云云。有一點可以肯定，胡適這個人，並不像人們所看到或者他的文章中所言那樣摒棄所謂「中國古文明」或者「東方文明」的。這個人是最典型的中國傳統知識份子，你看他的日記和晚年談話錄就可以確信這一點。中國傳統文化核心究竟有沒有所謂「精神價值」？這一點在他心裏是有數的，我們現代人，——多數批判傳統文化的人們心裏也都是有數的。那麼，為什麼要不要全面批判、否定傳統，拒絕任何讀經活動的問題這麼多年仍然爭執不休呢？我感覺，這是因為那些否定的人們意識到：中國人，不能永遠活在中國傳統文化之中，這樣我們就會永遠停留在中國式哲學和辦事方法之上，到民主文明的社會永遠都會有很長一段路要走。

我曾經直截了當地問一個朋友，你們所說的、所要爭取的，是不是就是全盤西化？——意思是要他給我一個明確、直截了當的回答。回答也確實直截了當：是的。

那麼，就我個人而言，作何判斷，作何直截了當的判斷？我想，胡適的做法是對的，也就是，現代理想並不妨礙個人在自我選擇上做一個傳統的現代中國人，——但是，能做一個現代中國公民，那就更好了。重要的是，理想，要把理想當成理想，或者現實一點，把夢想當作夢想。

2008-3-2 於核桃書屋

# 教育如何悲天憫人

## ——讀《像自由一樣美麗》

《像自由一樣美麗》這本書篇幅不長，林達似乎是順接他們翻譯過的《漢娜的手提箱》來把小故事之外的大背景寫出來了。一個關於集中營的故事，即便是善於鋪陳、善於調動讀者情緒、會講故事如林達們，也不免悲愴的無以復加。二戰德國在佔領國各地修建的那些個以駭人聽聞著稱於世的集中營，暴戾之暴戾，是人性中惡的一面的集中爆發。同時，關於人性中那善的一面、彰顯正道力量的故事也每每會擊中知情者的內心最深處。讀這本書中講述的故事，我方才開始對人們為什麼緊盯教育不放有所領悟：原來，教育這件事，當它在健康的路上進行時，確實是人類之所以得以生存下去的動力之一。

而書中這個叫做「特萊津」的集中營，又和其他專司屠殺的集中營不通，它具有很強的外觀迷惑性，因為它是為了應對國際輿論譴責和衛生組織的審查而精心偽裝過的。看來，即便宣揚高等民族和社會高等文明的納粹，也在內心深處對自己幹下的暴行有所恐懼，知道遮掩，知道這是人類醜聞。而在技術考慮上，這裏是通往其他集中營進行屠殺的中轉站，而這種中轉，則更令人看了不忍。要知道，這裏中轉的是活生生的這個星球的最高生命形式，而結果也是事先就知道的，死亡在等待著這些人。因此，這裏的故事更使人深受心靈的震撼和刺激。

猶太裔工程師、技工和他們的家人，先是被騙來營造猶太人的「高級聚居區」，建築物被建好之後他們就成為了其中的第一批囚徒；數不清的猶太人、包括大量的婦孺被驅遣至此，像罐頭一樣住進了本來只能容納他們總數十分之一的空間裏，只供應很少的水、食物、藥品，生存牛馬不如。而如此同時，遠方的那個終點，焚屍爐正在一刻不停地加緊運轉，爐子裏的內容正是從這裏相繼運出的人。被剝奪了一切生產、生活資料，從家鄉憂心忡忡而來的人來到這裏遇到了噩夢，被驅趕著離開的人則被迫走向生命的終點。漢娜和他的哥哥就是在這種情況下來到了特萊津。

就在這個中轉、交卸生命的罪惡之地，後來竟然悄悄出現了最回歸本原的教育，有了課堂、有了歌劇、有了音樂、有了繪畫，有了秘密自辦報紙，有了最初的自治教育，有權威的教師和最可愛的學生。而在這個過程中，教育確實被發現能寬慰人們的心靈，不僅是那些不是很清楚這場災難是什麼的孩子們，受到其慰藉的還包括很多成年人，包括教師們自己。甚或，成年人在堅持藝術教育這個過程中獲得的活下來的勇氣要比孩子們還多，這是我在類似題材的書中從來沒有感受過的。

我現在終於可以說，我領略過世上曾經真實存在過的一種真正的教育、一種溫暖人心使人的心靈得以存活下去的教育，至今無法忘懷。從這之後，我也像別人一樣，開始換用另一種嚴肅的眼神來審視所有的教育事業和教育結果，不會因為自己是一場教育的失敗結果而自暴自棄；也將會以更苛刻的價值標準來看待和要求現實中自己面前的教育業，不憚以最猛烈的火力來抨擊有違教育核心精神的事情和現實。不是我們偏激，不是我們偏激，是要守護住這一份最高尚、本質最純淨、事關人類最終需求的事業，而現實太折磨人，不偏激無法守護心靈。

幼年的漢娜最終沒有逃脫毒手，和其他大多數留下畫作和詩作的主人一樣，在二戰快結束的時候死於奧斯威辛，而且是一下火車直接被送往毒氣室。她那刻有自己名字的小小的手提箱永遠留在火車站臺上…… 她的哥哥最終僥倖存活下來，很多年後，輾轉在日本又見到了這只手提箱。當年在特萊津短暫居住過的猶太人群，最後只有其中很少一部分人因為做苦工等到了解放的那一天，存活下來。有人在故地重新找出了當年被秘藏的藝術家和兒童們的畫作和自辦的報紙，這其中也包括被害的世界著名畫家和兒童教育家弗利德的作品；而孩子們的畫作，多數被指導簽署了作者的名字……於是我們現在知道了這些感動世界的畫作的作者。然而很多時候這也僅僅是一個名字而已，關於個人的其他一切資料都已經隨著歷史的醜陋面化為嫋嫋輕煙。

全書近五萬字的文字部分的敘事，主要是三個部分：特萊津囚徒的來歷，極致的教育和受教育過程以及最殘酷的赴死。在最初接觸這本書的時候，我也像很多人一樣感覺把文字和畫作放在一本書裏有不妥之處，我當時認為，兒童畫自有其一個完整的世界，接受任何一種視覺藝術天生應該直接留給讀者和觀眾自己來努力，而兒童畫是其中最值得觀眾自己努力的部分。當時我的看法是，把文字充實到一個獨立文本的程度，畫作最好能做到原始尺寸，分別獨立出版。現在讀完文字部分，又在那些畫作之間盤桓良久，撫摸過那些稚氣又深沉的線條和色彩之後，我的看法有所改變。當人們讀過文字、讀過這樣一個沉重的故事之後，再來直面這些兒童畫，此中的感受或許真的不是分別來讀一本書和一本畫冊所能獲得的。我想，這或許就是林達們和出版人不避繁贅、不辭辛苦尋找資料、畫稿來做成這件事的初衷吧。

教育如何悲天憫人？這是我長久思考的問題。在領略了人性的至惡和至美之後，教育在這時的出現，它對人起到的效果，使我感覺似乎找到了部分答案。

2008-2-12 於核桃書屋

# 再退能否收拾舊河山

## ——讀《退步集續編》

2007年陳丹青出了新的隨筆集，老實地在以往《退步集》的名字上加了「續編」二字作為新集子的名字。書市據此書名則直接用了「一退再退，所為何來」作為宣傳語。這句話反倒講的很有意思。前不久我準備重讀這本書，結果一翻開發現上次基本都已經一點不剩地讀過了，感覺這「續作」實在有超越前作的可能，正是應了老話：「我們今天大踏步地後退，正是為了明天大踏步地前進」。

這次照例是分門別類，涉及到本行的繪畫部分照例在最前面，接著是教育，專題演講，雜談（訪談），最後是博客文章的選摘。繪畫部分最有分量的是回憶陳逸飛先生的文章。其實這個先前已經讀過了，不過讀起來還是很有意思。陳丹青談人物，特別是和自己有過往來經歷的人物，往往能使人有親切之感。但是我們並不認識他所說的人物，這說明這樣的感覺完全是靠他的語言傳遞而來的。我覺得這真是值得學習的地方。我寫人的問題正是無法把自己對某人的感覺通過文字傳遞給別人，而能使讀者和我感覺相似。我們不妨在他寫陳逸飛的一節中找這麼一段出來看：

> 翌年他與景山合作魯迅故事的油畫連環畫，又給叫過去，說是我畫過連環畫，會得構圖，幫他倆弄弄看，於是

> 當場勾來勾去。出版後他到處跟人說：呶！構圖是這小鬼弄的啊！同年，我在江西實在混不下去，他說弗要緊，我來想辦法，當即給蘇州朋友楊明義寫信去，後來再加好幾位師友一幫襯，居然真的混到江北農村落戶了。
>
> （參見本書66頁）

這是典型的陳丹青的語言。首先，他畫過連環畫，這使人很親切，不過我對所有畫過老連環畫的老畫師們都有一種說不出來的感情，這一點可以作罷。你看上面這段話，前面幾筆就把陳逸飛先生待人的風貌勾勒出來了。當時陳逸飛先生已經是大師，他對事業、對工作的態度之嚴肅是盡人皆知的，而且把當年的陳丹青稱呼為「小鬼」，顯然他們不是一波人，但是就這樣叫陳丹青參與了那次的工作，而且事後也毫不含糊，很坦然地這樣和別人隨便就說了，對事，對工作，對人，自有的那一種大家的瀟脫和謙遜，很樸實地表現出來了。而那個「弗」又充滿了個人語言和一方水土的特點，比較傳神。還有就是陳丹青在後面說的「混不下去」，不管這事是謙虛也好，有當年複雜的經歷也好，這種表述方式往往容易使讀者和他的距離拉得很近。事實上，越是刻板，越是自覺高尚，越是高調表述，往往越是拒人以千里之外，這就是人的特點。你說這是我國國民的劣根性也好，不求上進也好，這樣的表述無形中就「很佔便宜」。這樣的敘事特點，反映出來的是一個人的想法，特別是對自己的看法。同別人在文字上交流，我們都有這樣的經驗，如果不能踏實地看自己，這樣的表述是出不來的，也是掩飾不住的。這就是為什麼我讀陳丹青的文字，總有一種醉醺醺的感覺。

我發現，所有的公共知識份子，是不是都本能地關注教育，或者對所謂「教育」這件事看得很重？謝泳老師他們是通過追尋歷史，挖掘當年教育特別是大學教育的優秀傳統和治大學者那些不可再追回的個人風氣，使人心嚮往之；有些學人是通過當代教育的諸多具體而微的現實問題，給人看出教育業的畸形走向，比如前一段時間看到這樣的一個書名叫《大學有問題》；而陳丹青則側重於在具體的現實問題之下，追溯一個體制的僵死狀態。再往上追尋，胡適、傅斯年這些人當年也莫不如此，也把教育看作救亡圖存、振興民族中文人之第一要務，把教育盯得很緊。我們這些人，這些全程經歷當代中國從基礎到高等教育失敗的學生出身的人，本來已經對這種事態之不可挽回心存絕望，但是看到這樣的傳承，也是禁不住重新獲得一些力量。畢竟，這麼多人關注的這件事，不會比無人關注更壞了去。這其中，陳丹青批判教育的落腳點很值得注意，比如在這本書中教育部分有一篇文章叫〈「師生關係」沒有了〉，給人印象很深。他在書裏說：「今天的題目是『師生問題』，我昨晚上拼命想了很久，結論是：師生關係已經沒有了」。他還說：「什麼是師生關係？以我理解，大致是教與學的關係，長與幼的關係，引導和成長的關係，有知和無知的關係……這些關係，在今天變成了權力關係，變成赤裸裸的利益關係。」我當年求學生涯，師生關係就開始異化，感覺已經很緊張了，兩個群體是對立的，但是和現在還有不同。全面的市場經濟社會中，如果我們真的來概括今天的師生關係，很遺憾，還真是「權力和利益關係」這種表述最準確。為什麼變成這種關係？

陳丹青說是體制。這使人感覺這麼多年過去，大家都是在原地轉圈。是體制問題，怎麼還是體制問題？現在一說體制問題，很多人就感覺渾身綿軟，因為無論你是多麼高明的人，和體制對抗正是用至剛的拳法去和太極周旋，不但無法取勝，且不能全身而退。體制太宏大，太綿軟，其弊端，不是個人所能對抗的，也很可能不是一個運動，一個政府所能消解的。要說機會，只有等它的各方力量互相衝突、自我死去的那一天。陳丹青沒有全程體驗當代中國教育的經歷，他從國外回來，淺嘗教席，即發現這種可怕的教育業的現實局面，心力交瘁，終於一退再退，但卻沒有放棄在任何場合談論甚或批評它的權利，作為一個公共知識份子，已經盡其所能了。

這本書最精彩之處在於關於魯迅的三次演講的講稿。〈笑談大先生〉在書未出版之時就已經讀過了。而後兩篇〈魯迅與死亡〉和〈魯迅是誰？〉涉及到很嚴肅、很深沉的話題，我這裏也不敢隨便對其主體觀點妄加評論。〈魯迅與死亡〉這篇中，把在魯迅最後幾年中交往的師友的死集合在一起來比較、從魯迅面對朋友的死來歸納他本人對死亡的最後態度，著重在談這種影響的過程，這種歸納彰顯了陳丹青對史料的梳理能力和分析運用功底，而且讀來感覺效果也很深沉。這一點使人印象很深。另外我更想說的，是陳丹青把自己和魯迅的關係處理的很好。這一點我在其他地方也說過。談魯迅，如果把自己和他的關係思考不清楚，是很難避免糊塗的。因為魯迅的影響太大，後人硬給他的光芒太炙烈，「魯迅」這個主題太容易把個人吞沒得一點不剩了。而陳丹青一開講魯迅，你會在最短時間裏看到，這個致命的問題在他那裏已經事先被解決了。在他那裏，不會有以魯迅的觀點為觀點，也很難見到以被政治化的「魯迅式」的道德判斷來作為某一件事的結論。例如在〈魯迅是誰？〉開篇他就說：

> 粗略說來，從魯迅逝世的1936年到1949年，魯迅話題為民族革命話題所纏繞；從1949年到八十年代初，魯迅話題則成為准官方意識形態，在內地無人敢於冒犯，在臺灣被長期封殺。總之，「魯迅話題」是百分之百的「政治話題」。

例如他又說：

> 我們可能都會同意，幾十年來，中國歷史遠遠近近的大人物幾乎都被弄得面目全非。而魯迅的被扭曲，是現代中國一樁超級公案。
>
> （參見相關本書章節）

看陳丹青談魯迅，在那些文字裏，你還能看到陳丹青這個人，而且肯定是這個人，是他自己。這樣來處理我們和魯迅的關係，我很推崇。

讓「政治的」、「革命的」之類的歸於荒誕，永墮歷史的塵埃處，讓那個人回來。

2008-2-10 於核桃書屋

# 書生下筆就是一部矛盾史

## ——讀錢理群先生《我的精神自傳》

我關注錢理群先生的著作來自於《周作人傳》，當時讀後感覺作者對知堂的批判也很多，但和傳主的精神歷程離得很近。知堂老人是一個最典型的中國傳統讀書人，而他本人在有生之年也遭遇到最經典的中國傳統用道德、節氣來徹底否定一個人的經歷。這部傳記給人印象很深，於是後來對作者的其他作品也時時關注。鑒於自己的經歷有限，本來對先生這部用心血寫成的《自傳》只可獨自感悟，而不應該有輕率的個人意見，但是作為一個普通讀者來說，或許是這本書寫的太矛盾了，使人讀後諸多感受久久揮之不去。於是形成這樣一個讀書筆記。

在這個筆記之前，我想說，這部來之不易的傳記作品，如果只講述自己的經歷和時代，那麼它或許能獲得更廣闊的思想價值？

這部書最有價值之處其實在書的開頭幾章就已經展現完成。這幾章講的是作者自身的家庭和早年求學的經歷，因為這一段時期正好與我國上個世紀那個複雜、充滿思想激流、社會動盪不安的「三十年」重合，故此具有了比較強烈的反思和解說意義。由於是講稿，作者在文章中以當年的一個普通學生的出發點和感受，講了這一段經歷。作者經歷十分豐富，在時代巨變的過程中由於自己天生習慣思考，遭遇到了政治風雲對平民那種反覆的清洗和衝擊，若不是靠著樂天和醉心學術，很難生存下來。在矚目作者這段特殊的經歷的同時，我更感謝作者在這本書中把一個問題基本講清楚了：那就是像高年級學生、中學教員這樣類似的民間知識份子群體為什麼在特殊年代裏卻是最積極投身運動的心理基礎。一個是出身階級論，一個是化身革命的傳統人際關係網路，一個是當時一部分佔據社會資源的人以愚忠管理思想者，形成了社會上確實存在著大量的不公正存在的局面。而當年那史無前例的運動恰恰以崇高的革命的名義，貌似要掀起的正是打破這種局面、清算這些不公正的風暴，無疑具有巨大的蠱惑。還有一個值得注意的情況是，作者歸納出了這三十年歷次運動中，在思想赴之實踐的過程中，在上層同底層、民間的實際運行完全是大相徑庭的這樣一個事實。甚或，在宏觀思考層面的佈局者同底層、微觀執行的人，他們的想法也可能完全不是一回事。在學理層面，這種巨大的迴異可能只是迴異，在實踐中卻造成了更巨大的社會災難、數不清的愚昧的犧牲和損失。

作者是魯迅研究學者，在反思知識份子的社會角色變遷時，曾經在魯迅著名的中國傳統知識份子「官的幫忙、幫閒」的社會角色理論基礎上，提出另外兩個新的角色危機：「商的幫忙與幫閒」、「流行文化與大眾文化的挑戰」。在這一點上，作者的觀察無疑是準確的，不過在說理效果上，這兩個提法我感覺都不是很能深入人心，或者說有不盡合理的地方。首先，「商的幫忙與幫閒」，是在商品經濟時代中特有的現象，唯商是尚，則不是知識份子群體一家受其影響，全社會各個階層都受到它的影響；另一方面，商，商業，並不意味著道德是絕對弱勢者。商業對社會的影響在道德方面的消極影響相對要顯著，確實是現實情況，而要改變商業成為社會生活主導者這樣的趨勢，也不是知識份子群體可以有所作為的，這顯然無限制擴張了知識份子的使命領域。按照這樣的邏輯推演，即沒有公共知識份子存在的可能。我們討論一切問題似乎都應該先從常識常情出發，在一個比較繁榮的市場經濟社會裏，文人完全不和商業產生任何交叉點，這是強人所難的，這還是道德先行。另外，「流行文化與大眾文化的挑戰」這個提法也不好。看來專研魯迅的學人成為自由主義者確實是困難的。為什麼是「挑戰」呢？「挑戰」的又是什麼呢？或許這說的是新大眾文化對固有社會道德的衝擊，有的甚至是終結。本來，在大眾流行的熱鬧之外冷眼相望，在官方鼓吹的邊緣遊走，是中國傳統知識份子一脈相承的性格，我想作者要提醒人們警惕的是這個。不過，「挑戰」相對應的，往往是「固守」，這個固守尤其值得警惕。說明白一點就是，我不認為對大眾文化的觀察會消解思想的鋒芒和創造力。一個被稱為知識份子的人，他不會糊塗到無視大眾文化，也不會對主流文化過度迷信，更應該有辨別流行文化的翅膀和渣滓的能力。這一點，似乎可以改作「同大眾文化和流行文化的交流與制衡」。

從以上作者概括的兩點，我們可以看到作者的知識份子研究的特點，一個是習慣性地對知識份子身份過分自省，一個是面臨外界對當代知識份子的各種影響時慣於採取「守勢」。

前一個，在作者他們那一代知識份子那裏，想到他們飽經風雨、多年被迫接受所謂「改造」和思想清洗的人生經歷，是很讓人揪心的，作為一個後人，我非常理解。而後一點卻不容易理解。在當代，做純然的書齋裏的知識份子那種美好的讀書人，在實踐中是很難的。不迷失自己不代表不改變自己，這一點上，自由主義的最初思想設計相較就要開放的多了。作者在求學時代是著名的「持不同政見者」，在這一點上無疑是矛盾的，無論從經歷還是思考上。

另外給人印象深刻的是作者對周氏兄弟的態度。錢先生對二周的人生經歷和思想歷程都有自己下苦功的研究。魯迅、周作人、曹禺被作者視為自己的「三大知識份子研究」主題。這方面，我對作者如何看待自己同魯迅的關係，似乎看不太清楚。儘管《心靈的探尋》我也讀過，當時這個問題就看的很模糊。這似乎應該是讀魯迅前應該想好的。作者一定思考的很深切，只是我們不太容易看清楚，因為他基本上是大段引用，以其觀點為觀點的，想要從中尋出他自己的態度，在表達方式的影響下，現在是一件困難的事情。在這一點上，我格外欣賞陳丹青先生談魯迅的態度，他把自己同魯迅的關係處理地很確實、很清晰，也很理性卻不乏感情。作者對周作人的態度之矛盾，很出人意外。在這本傳記裏，他談了研究周作人，寫《周作人傳》和《周作人論》等書時的心態：

> 我的研究任務也就變得複雜起來：一方面，我要努力開掘作為「五四」傳統開創者之一的周作人思想中的積極因素，……但另一方面，我也不能回避周作人最後

> 「墮入深淵」的事實，並作出我的批判。而我的批判立場既是「民族」的，又是「個人」的，因此，我認為，周作人的墮落是雙重的：「從民族的立場，他與入侵者合作，必然逃不脫『背叛祖國』的歷史罪責，即使從個人的立場，（當他成為日本傀儡政權的官僚，）他也是異化為國家機器的『部件』，徹底地工具化了」，他「走到自我一切追求的反面」，「周作人參與開創的『五四』傳統，一是愛國救亡，一是個體自由，現在周作人於這兩者都徹底背離，說他『墮入深淵』就是由此而來。有人以為周作人雖有罪於民族，卻換取了自我的自主與自由，這是大悖於事實的。
>
> （參見本書84頁）

其中，上面作結論的話引自《周作人傳》，我當時讀卻沒有注意到，這真是自己不該有的疏漏。不過，如果是一個普通研究知堂的作者說出這樣的話來，我看了是不會有反應的。意外的是錢先生有這樣的立論，又是這樣顯著的「理性」，確實很難得。但是這理性，也確實理性的很使人意外。坦白的說，我或可以算作上面所引述中提到的「有人」。在文藝和思想貢獻同叛國歷史中間反覆掙扎，或許是研究周作人的學人們一個共同的痛苦，這足可理解，但是一個知識份子長期研究另一個曾經活生生行走、言語于人間的知識份子，探尋過他大部分生涯的痕跡之後，有這樣的「理性」，我就覺得很奇怪。即便符合事實和現實環境，這種研究也缺乏魅力。人不可能把自己的感情和筆下的主人公完全割裂開，而像一部高效運轉的機器那樣工作。故此，我覺得林賢治先生在《人間魯迅》中表現出來的自我感情的充沛釋放，儘管不免失之理性，但卻充滿了魅力，並且認為這才是知識份子來研究知識份子。這本書作者的矛盾還在於：既充分肯定知堂在解放人性、解放自我、實現人的價值方面對社會的貢獻，而又沒有用這樣的思想特點結合浙東人的性格特點來為我們解釋知堂的失節，這就使得原傳記作品中的原始材料和對人的評判割裂開來。在當代各種道德底線一一失守的複雜局面下，脫離當時的特定歷史，繼續用失節作為一條主線來解讀周作人，很難有現實價值。因為私人閱讀並不是政治課本，不需要為讀者擔心太多。

由於這本書前一部分是講稿， 而後一部分是續寫的。出於書齋的東西其表達自然比不上出於課堂和講堂上的更易於理解。這本書後一部分中其實包含著巨大的有價值能引發思考的內容，而且隨著思考的深入，我發現每每能走向問題和現實的核心，惜乎讀者們被阻隔於純學院化、學術化的語言之外了。縱觀全書，作者在寫作中處處體現了一種「反求諸己」的意識。也就是說，無法改變外界環境和社會輿論，只得從自我出發來思考變局和教訓，對敏感歷史的批判處處注意不形成自己尖銳的結論。說明白一點，就是把社會現實衝突轉化成學術課題在學術層面上進行思考。作為一個普通讀者，我雖然不盡滿意，但也確實給人很多思考的發端。考慮到我們沒有親身經歷過的歷史，以及這些歷史對一個學人長年以來形成的各種精神負擔，我讀了這本書，仍然需要向這麼一位勤於思考的先生致謝。

2008-2-9 於核桃書屋

# 讀《風雨前行——雷震的一生》

1970年9月初，刑期屆滿的雷震從新店軍人監獄見到來接他的親人時，已經是垂垂老者，十年風雨，一朝得脫，正和十年前不由分說地被限制人身自由一樣，急促，匆忙，使人深切感受到所謂體制和規定的嚴肅面孔，官方為避免到時媒體雲集的民主英雄歸來情景，故意提前了開釋時間。這一年，七旬翁雷震開始了他受監視的最後的人生歲月。

作為一本傳記，范泓的語言之簡潔、選擇、鋪陳材料之精當，給人留下了很深的印象。人們讀人物傳記，尤其是全傳，除非是極感興趣的物件，一般對其幼年經歷往往有所忽略，直奔他在歷史上最著名的那些事蹟的台前幕後。這種取捨多半時候是有道理的，而且即便是作為成功學教材的傳記，別人的生涯也很難以和讀者自身比較，更別說是這樣的歷史人物。但是，另一當面，也和傳記作品本身在描述傳主這些時期用力深淺有關。傳記作者必定深知讀者這一偏好，但如果過分簡化這部分又有可能使歷史人物的生涯和某些作為缺乏理由，形成斷層，這樣一來就形成了傳主早年經歷材料運用上的矛盾。而這本書我覺得很好地解決了這個問題，那就是選取最典型的材料，以簡潔的筆墨來說明問題。書中介紹雷震早年的情況，讀起來並無疏遠之感。尤其是通過史料展現出雷震母親這樣一個不凡的女性以及雷震當年出席國民參議會時的情況等。通過這些，完整地展現出當年一個有為青年逐步成為一個有建設性的政府官員的歷程，使人對當時社會的細緻情形特別是「個人在社會發展中的作用」這種古老而永遠說不完的話題有了進一步的感覺，而且是在摒棄了政治形態所謂「光明和黑暗」對史實的干擾之後。

這本《風雨前行》據說是大陸第一部雷震的傳記，且是全傳。在我們這種號稱有民主事業追求的國度裏，這樣的人物直到現在才有了傳記，從這種現實中我們能感到宣傳同真實之間的距離。但是，面對雷震這樣的人物，卻真是不好寫的，以我有限的視角來看，一部關於雷震的傳記起碼要能清楚地回答這樣兩個問題：一是，像雷震這樣的資深國民黨黨員，為什麼會在49年以後離開政黨專制下的官方越走越遠？二是，為什麼會有「雷震案」出來？對於後一個問題，這本書用了濃墨重筆，說得很清楚了。前一個問題，書中似乎有言而未盡的地方。那就是，單純以民主建政思想的傳播對一代知識階級的影響來談，雷這種轉變還是顯得生硬。這個問題其實很困難的。我們知道，在上個世紀二十年代初，國民黨是紅色的政黨，而且是唯一成氣候有自己獨立綱領的革命政黨，一個嚮往革命、希望通過一個政黨理想的實現從而促成個人理想實現的青年，那麼他選擇國民黨進而接受國民政府，並且相信政府的能力和合法性，這些都是再正常不過的了。而且，和胡適這樣愛惜羽毛、習慣停留在理論層面擔當啟蒙者的知識份子不同的是，雷震是那種言而行的人，是有實踐能力的成熟政治家，長期在政府裏工作，當然這種工作的性質由於意識形態不同各方的評價也不同。但是如果我們設身處地來體察，在1949年以後他認同並長期躬身努力其中的政府日漸式微的情況下，他們這樣的人對政府的感情之複雜，則不是我們靠一面的材料足以解釋清楚的。

從書中提供給我們的材料來看，《自由中國》的來歷本來就值得人深思。或許也可以這樣來說，《自由中國》之所以從前身一個鼓吹「反攻」、接受軍方大量訂單的官方色彩濃重的刊物逐步演變成批評政府、鼓吹民主和憲政的「陣線」，——以雷震為事實發行人的同仁行列之所以能這樣容忍他們這個刊物有這樣的發展演進過程，就確實地說明了他對官方感情之複雜。當一切塵埃落定，真正複雜難以解釋、難以看清楚的轉變就在這時開始了。

當然，你也可以這樣來解釋，那就是民主憲政是主流，是大勢所趨，一時一地，一但社會穩定以後，民主的呼聲隨時就會再度高漲起來。但這種解釋下得太容易了，我深知，真正的歷史遠比可用文字流傳下來的要複雜的多。

以前，我讀到49年以後胡適的歷程中關於《自由中國》「祝壽專號」史實的材料時，由於太過專注於胡適本人的思考，從而忽略掉了對這個歷史事件的全面審視，於是也並沒有注意到一個歷史的弔詭之處。1956年10月31日，蔣介石七十壽辰。蔣故作姿態，婉謝祝壽，並「以六事諮詢於國人，均盼海內外同胞，直率抒陳所見，俾政府洞察真情，集納眾議，虛心研討，分別緩急，採擇實施……」。並透過官方媒體傳佈島內。在這樣的輿論環境下，雷震與一些主張自由民主的人士共同策劃了一組系列文章對「國是」提出了自己的看法，形成了當期《自由中國》半月刊的「祝壽專號」，針對蔣連任「總統」、軍隊國家化等敏感問題形成了廣泛的社會討論。胡適的名文〈述艾森豪總統的兩個故事給蔣總統祝壽〉便刊於這一期「專號」上。這一期刊物出來以後，在當時臺灣社會引起了極大反響，再版十三次。同時也引起當局的極大反彈，官方媒體聯合向《自由中國》發動了輿論圍剿，雷震等《自由中國》以及一些對《自由中國》持支援態度的雷震的老友，都在不同程度上受到了打壓和誣衊，承受了巨大的心理壓力。在事實上，「祝壽專號」事件不但註定了《自由中國》後來的命運，也形成了雷震同當局的徹底決裂。龍應台曾經評價當年「祝壽專號」為「這正是雷震十年牢獄之災的關鍵點」（參見本書174頁）。縱觀這段史實的全程，看著這個日期，會讓人難免想起半年之後，想起1957年的夏天那更有名的「陽謀」，而且規模要比之大的多得多。就在相隔不長的時間裏，一條海峽的兩邊發生了相同的事情，兩邊都是中國人，都是官方同知識份子開的一場冷酷的玩笑。作為一個國人，對此真無法解脫。我們的「謙虛」，總是以極大犧牲為代價的。

晚年的雷震和所有傳統的老派中國人一樣，有條不紊地為自己選好墓地，自題了墓碑，辦理了身後的諸多事宜。生而為人，可以在有生的日子裏這樣從容地看待和處理自己的身後，這可以說是國人幾千年來對待生命的達觀和豁然，然而作為一個傳記的讀者，瞭解了一個歷史人物曾經的奮鬥和漫漫風雨歷程之後，一路走來，再看這樣的達觀，頗使人心中難以解脫。其實，多數中國人在特點的時間裏作的那些一致的事情，而這些事情，以及從中透露出來的他們的心境，則最能感人至深，這絕對超越成敗得失和王侯布衣。

出獄幾年之後，雷震有一次在家中接待前《自由中國》社同仁（聶華苓夫婦），友人向他提了一個問題：「……假如你再有機會，你是不是還要做你十四年以前所做的事情？」雷震大笑，說：「不可能了！不可能了！」友人大出意料。

2007-10-21 於核桃書屋

# 用斷頭臺作紀念品
## ——讀《帶一本書去巴黎》

《帶一本書去巴黎》這本書做的很漂亮，色彩秀麗，很滿足拜物教小資們的口味，但要說這是林達的成名之作未免牽強，因為更有分量的無疑是他們的「近距離看美國」系列。這大概只能說是其「發跡」之作，因為很多人都是通過這本書新認識了林達，結果是「近距離看美國」系列作品一印再印。這本書是標準的林達式的「旅行・閱讀」寫作路線，也是他們的書一向最吸引人的地方。不過在我看來稍稍有些苦難：真正的旅行者會覺得這本書在路線、方位、名勝這些方面介紹的不夠多，而由《九三年》勾引來的那些讀者又會覺得書中對大革命的反思、討論和對歷史事件的串聯也不夠多。說徹底一點，就是對於這次早期的旅行，林達們的遊人心態要稍稍重於歷史感，或是故意舉重若輕。即便如此，又有誰會想到要帶著揭人傷疤的《九三年》去巴黎呢？只有林達。

讀者偏好在這本書中可能會有較大的差異，旅行者眼中只有腳下的路，而像我這樣的人，大概讀的時候滿眼只有法國大革命。法國大革命，世界上近代最有名的暴力革命，歷來被人們拿來同美國革命作兩廂最極端的比較。之所以這樣，往往是由於法國大革命給人感覺最極端，也往往使人最能感到革命的恐怖之處。我們也是一個有近代革命歷史的國家，你要是從民國元年算起近百年了。但是我們也往往像些最愚蠢的人們，以為自己的革命根本是最先進的，只有別國以後借鑒的份，而絕沒有可以從別國歷史和革命中吸取教訓的成例；哪知道自己對待革命這件事也和其他事情一樣，是內戰內行，外戰外行。何況，我們這裏還沒有說到革命的代價，無法說起，因為簡單的言語背負不起這種種代價。但是，法國大革命卻不能尋常對待，看這段短暫的革命，能使最頑固的老左感覺到革命的迷亂和恐怖，其他國家可以在自己的革命事業上沉睡在「先進」的美夢之中，但不能不為其所觸動。這大概就是這場著名革命的歷史遺產。

林達的書中其實基本上梳理了這次革命的許多重大史實，比如攻佔巴士底獄，國民會議，路易十六和著名的斷頭王后的結局，雅各賓俱樂部和專政，斷頭臺在革命後期恐怖的醒目，包括拿破崙的復辟帝制等等。其中很多都通過實地進行了尋訪，然後在歷史現場展開對史料的思考。比如尋訪路易十六的斷頭臺，從斷頭臺最初出於人文關懷、避免人們遭受延遲的處刑痛苦的設計出發，講到了為什麼這種刑具在革命後期被廣泛使用，結論居然僅僅是因為「犯人」太多，處刑需要機械化以彌補劊子手們工作業量的不足，這真是充滿了對人類的嘲諷。更意外的是，在今天那著名的處刑處已經蜷縮成一塊有字的地板，其他都渺不可尋了。而且也只能見到當年斷頭臺的複製工藝品。把斷頭臺當作工藝品來紀念，充分顯示出這個古老民族看待歷史的特點。但是對此，卻也不適合作不謹慎的評價，因為外人、今天的人們，對此的懵懂太深。其實法國大革命、甚至是人類的所有暴力革命也像這滑稽而殘忍的處刑設備一樣，往往是從美好的人文理想出發，最後陷入到各種恐怖猙獰的境地。路易十六的瑪麗王后上斷頭臺時踩了劊子手的腳，她連忙道歉，然後接受了行刑；誰還能想起現在這找尋不到的斷頭臺前，當年有它最鼎盛的時期，那時它的周圍總是擠滿觀賞行刑的高度亢奮的平民觀眾，歡呼如潮、同樣的麻木和正義……高高的斷頭臺成為標注人類文明的恥辱柱，高貴與猥瑣，文明和蠻荒，代表和被強制代表，先進和反動，在這裏和其他革命聖地一樣被錯亂扭曲地糾纏在一起，想整理清楚太困難。

難以解釋清楚的還有很多。對於法國大革命，令人印象不得不深刻的，不是革命爆發的原因和革命理想的美好蠻荒，而是革命演進的過程把革命本身和結果推倒了荒謬的極致：首先是激進和保守在討論，接著是兩者的爭吵；這時激進贏得了民眾的支持，激進開始對保守取得批判地位，隨著民眾的揭竿而起，一切開始分裂；激進變成了革命，保守的一部分加入了革命，於是另外一部分變成了「反動」，最先滅亡；接著，原先激進的力量開始和民眾一同開始尋找到了暴力，加入革命的保守開始訴諸於民主；在保守的革命力量開會的時候，激進的革命者已經搗毀了王宮和監獄，判處不合者死刑；民主成為軀殼，激進革命完全奪權，保守革命力量開始逃亡或者等待被捕、被宣佈為新反動；革命後來愈演愈烈，激進的革命力量中誕生出更激進的力量，把稍顯遜色的部分判處新新反動；接著在最革命的陣營中不斷被甄別出比較不革命部分，這一過程越來越快，昨天剛剛宣判別人處刑的人今天已經登上了斷頭臺，行動稍慢的革命力量已經被更快的革命力量宣判，行動快的革命力量又被仇家尋仇暗殺，直至革命三巨頭也一個個被革命報復和判決……狂躁的民眾每天忙忙碌碌，尋找更徹底的革命領袖和方向。今天我們看這樣的過程，很容易由恐怖的感覺，轉而得出對暴力革命本身的否定結論。事情本來不是這樣簡單的，但由此推導出來的結果和已經能看到的結果過早地使人認識了這種現實。

另一個難以解釋清楚的是民眾。在領略了像法國大革命這樣的「多數人的暴行」之後，我們該對民眾做怎樣的評價？特別是，對一貫以來把民眾視為社會弱勢的態度來說，如何正視這個事實？我想，這不能用民族文化傳統來解釋。林達的這本書，有一個很顯著的反差，就是巴黎整座城市彷彿都彌散著對歷史和思想文化的膜拜和尊重氣氛，而當年的法國大革命也正是在這裏轟轟烈烈，殘酷的史實往往是伴隨著文化古跡而後出現。有著這樣深厚的歷史和文化成果以及有這樣現代高度文明的民族，竟然能和近於蠻荒的血腥革命聯繫在一起嗎？這真不可解釋，如果以此而論，那它就完全是精神分裂的；但事實上，在大革命以後直到今天，那所有的暴力和處刑彷彿沒有影響這個民族的性格，至少，很少能看出心有餘悸的情況。這段歷史的倒退或是「先進」彷彿從來不曾有血腥的消解，或者是已經被歷史長河所包容，法國大革命成了旅遊點的櫥窗展臺。這不可解釋，或許，這就是歷史的翻頁，帶走所有，留下的安之若素地背起從前。在我們看來，民眾似乎天生就處於弱勢的地位，特別是在我國，芸芸眾生的現實在每一個時代也確乎如此。我們最後成功的革命，就不可置疑地賦予了民眾以「貧窮」這樣的美德，把「大多數」的行為和利益當作堅定不移的守護目標，也曾經過互相攻陷、人人自危、群眾轉暴徒的年代。那麼，民眾在革命中，是如何在很短時間裏從弱勢的地位轉化為暴徒群體的呢？其中起決定性力量的究竟是什麼？

上面的這兩點，其實也是我們都很熟悉而且體驗過的現實。法國大革命的最後結局是帝制復辟，按照革命的評價體系來說，極不光彩；按照常識來說，它革命過程中出現的血腥更是人類文明的極大不光彩。然而直到上個世紀八、九十年代，我讀到的我國官方歷史教科書上還在對法國大革命的那種摧枯拉朽作著高度評價，鼓吹著巴士底獄被攻佔時民眾那種不可阻擋的力量和標誌性。這就是說，我們仍然沒有能解釋上面所說那難以解釋的問題，也沒有機會廣泛地審視它，甚至連全面客觀的材料也得不到普及。法國大革命真的成了暴力革命成功後的國家們頭上的達摩克斯之劍。或許，反省一場革命比反省人性本身要容易的多。

2007-9-29 於核桃書屋

# 圖書館不是藏珍樓
## ——重讀《上學記》

「圖書館不是藏珍樓」——是何兆武先生回憶性作品《上學記》裏其中一節的題目。我覺得這句話恰好可以用來概括這本書的視野。對於何兆武先生回憶所涵蓋的那一段歷史而言，我們是沒有機會經歷的，所以每當面對它的時候，總有一種類似對待藏珍樓的心理，每當史家將那些歷史片段信手拈來，人們每每視若珍寶。而何先生卻通過這本書告訴讀者，那是圖書館而不是僅供束之高閣的藏珍樓，既博大而且可以隨時取用，要去體察、思考而不要止於欣賞。

然而，在談論何先生的人生經歷時，其實我是免不了把他視為藏珍樓的。僅就這一部《上學記》而言，何先生的求學經歷就很值得人們珍視，特別是他在西南聯大的學生歲月。那是一個動盪的年代，人們生活得很樸素，是民族危亡與解放的年代，也是民主可以被大範圍自由討論的年代。最特別的是，那是重視歷史的年代，是《中國通史》作為大學所有專業的公共必修課的年代。現在它已經成了發黃的黑白照片，但在我眼裏卻是一個黃金時代。最直接的理由就是：那個特殊時代培養出來的知識份子，像何兆武、王浩、何炳棣這樣的人現在是不可能再培養出來的。何兆武先生曾在書中寫道：「我是廢品，我們是報廢的一代。」這可能是他把自己同胡適那一代人來做比較的。謝泳先生在談這本書的時候，曾經援引了這句話，在概括了知識份子精神的失傳之後，他說這還是「知識上的差異」。他其實要說的是獲取知識途徑上的差異，何兆武先生他們這一代人求學的渠道和空間，那種自由和開放，那種求學的心態，確實是令人羡慕的。如果照何先生的說法，他們那一代人已經不復先賢的風華，那麼今天的讀書人又該停在什麼樣的層面？這種可怕的比較顯示出現代社會裏不可挽回的知識份子精神的巨大斷層，也表明當代學人經歷上不可重現的缺失。

何先生的書有一個很顯著的特點，就是可以用很簡練的語言說明問題，沒有太多的裝飾，也就是說可以在很短的時間裏給人很多思考。

比如他在書的一開篇就談到北洋軍閥政府同國民政府的區別，用一個有沒有「意識形態灌輸」、「黨化教育」來談。北洋政府沒有自己的意識形態，間接形成了民間思潮的相對開放，這就直接解釋了諸如蔡元培當年何以能造就北大之「大」等諸多問題，可謂一語中的，對沒有經過那個年代的人來說，這是最直接的思考方向上的幫助。

書中這樣的地方還有很多。抗戰勝利後，聯大回遷北方，何先生因為家事，輾轉來到臺灣，在一所中學任教。有一次，他去商店買東西，像在大陸一樣習慣性地和老闆砍價錢，說減點錢吧。對方竟然說：「不，這不是你們中國。」何先生因此深受刺激。因為「這不是你們中國」，就是說不認同你和他們是一個國家。語言不通，文化疏離，長期被異族統治，同大陸隔絕，一種歷史上由來已久的對被遺棄的反激情緒，這個事情在私人記錄文本中可能只是細微的一點，但是卻很深刻地說明了今天台海局面的歷史淵源。這其中透露出來的歷史的真實情況，這種深深的「不認同」，對人們狹隘的民族主義觀是一個衝擊，有助於人們的思路從單方面政治宣傳覆蓋中掙脫出來。

何先生在書中回憶張奚若先生講課的事情。張奚若先生講《政治思想史》，將馬克思的學說當作一門專門學問來講。何先生由此談到政治和學術的關係，大段的論述都很有趣。比如說到上個世紀五十年代西方一些國家中的社會主義黨派，也曾經參與民主競選，而且選票數一數二，未必要通過暴力革命就能獲得政權。還有一個現象很奇怪，就是馬克思主義的理論既然是先進的工人階級的理論，應該在工人階級數量最龐大的國家廣泛流行才對；但是實際情況恰恰相反，他們的力量反而很小。今天的讀者現在來看，確實是這樣，我們在《資本主義與二十一世紀》中就可以找到對應佐證的大量史料。另外，何先生還對「專政」一語有簡潔的分析：所謂馬克思主義學理上的專政指在政治上剝奪資產階級的權利，而我們現在沿用的專政概念，是經過前蘇聯實踐後的畸變，也就是單指「思想專政」。這使人讀了之後生出一種困惑：如果原先的理論是有普遍科學性和規律性的，那麼，現在就是對馬克思核心學說的原意的背離，所謂「創造性地發展」與背離是不是只有一牆之隔？是不是符合時代潮流的變化？還有，我們是不是可以說，早期的社會主義政黨本來有參與民主政治的機會和實踐，但前蘇聯的極權年代和專制模式敗壞了他們在世界範圍的形象和實踐成果？

這本回憶錄還有很顯著的訪談口語化的特點，如何先生講他就學期間曾經買到一本《世界名歌選粹》，提到其印刷很好，說明這是一個文本，現在看來這大概是一本歌譜集。但是後面又說：「這本書裏選的歌並不多，……第二首是舒曼的《夢幻曲》，聽了真有一種夢幻的感覺……（〈你是否知道哪個地方？〉）聽了以後，我覺得彷彿到了另一個天地，感覺美好極了。」這裏似乎語焉不詳，可能是他後來聽了這本歌譜集中的樂曲，和書聯繫起來回憶了，似乎有些混亂。但是人們時常談話，其實就是這個樣子，因為人的感受往往是多方面的。所以說這本書真的是見字如面，它的口語化往往拉近了和讀者之間的距離，降低了人們感悟何先生「上學」那個時代的門檻。很多事情就是這樣，尤其是一段不遠不近的歷史，閒談所得總是要超過政治理論和官方史觀分析，也最能滋養後人，使他們獲得一種有益而真切的歷史感悟。口語化的保留，是這本書最成功的地方。

另外一個特點就是何先生談人生幸福的地方很多。這是很令人深思之處，因為一般人在他的年齡上是不怎麼談這個的，原因很簡單，他們已經思考得太久，經歷的太多，可以說已經到達了某個彼岸。在這個境界，得到與否都已經化作了豐厚的回憶了。其實，豈止是那樣的年齡，即便是我們這代人，也不怎麼談幸福，因為覺得這實在是太奢侈了。而且，我們也不是習慣探討幸福的民族，因為民族的苦難就好像無窮無盡一般。而何先生就不是這樣，相反他仍然在思考人生幸福這樣的重大命題。何先生談幸福， 似乎也是認為人性的血肉要勝於理性的機器，認為保留求知慾比無所不知要好。而在和王浩先生直接探討幸福的本質時他說：「幸福應該是blessedness（賜福），《聖經》上有云：『饑渴慕義的人有福了。』可見『福』的內涵是一種道義的，而非物質性的東西」。……簡單的信仰也不能等同於幸福，因為它沒有經歷批判的洗練，不免流於一種盲目或自欺，只能是淪為愚夫愚婦的說法。一切必須從懷疑入手。幸福觀，是最能見證一代人的思考特點的。如果讓我來妄評老先生的這種幸福觀，我想他說的是不是「未經省察的人生沒有意義」？在何先生求學的年代，他們這代人的幸福觀往往是這樣，他們追求的是一種「有懷疑」的精神財富。而在今天，這種超拔的、非物質的幸福觀，很可能會在漫無邊際的閱讀荒漠中面臨「物質」的猛烈反撲，我們這些人，何其「幸運」。

何兆武先生他們那一代人，我感到從他們的老師們那裏承襲了那個時代的思想特點，並且獲得了較高的起點。他們有舊學功底而又對西方社會思想耳熟能詳，有傳統的一面，同時已經不再把反傳統當作主要任務，而是自然地選擇一種現代的生活和思考方式。但同時他們也有一代人的矛盾：既超越了傳統的中國式幸福觀，又對西方哲學意義上的幸福觀有疑問；既執著地討論和探索過幸福，後來又要「把名字寫在水上」。他們那代人中，傳統的理工科和人文學科的分際，無論從目的還是過程都開始出現模糊，他們這代人中出現能寫出哲學著作的理科專業人才其實是很正常的，他們趕上了一個空前的做學問的好時候。

2007-8-22 於核桃書屋

# 民國是怎樣的故事

## ——讀《民國年間　那人這事》

民國無疑是一個黃金時代，對於現代讀者來說，矛盾在於：雖不能也不願回到過去，但心嚮往之，因為那個年頭的人和事。在那種看似混亂、紛爭不斷的社會生活中，很多事業正在以一個很高的起點中規中矩、有條不紊地開展著，而且它們的現代同行自認不及。從那些年頭裏走出來的特別醒目的人物也已經不可複製。傅國湧的新書《民國年間　那人這事》輯錄了大量的民國故事，對那個年代作了體察。和以往不同的是，這樣的民間故事越出了書生、報人、出版家事蹟的範疇，把視野投向了更廣闊的行政、工商、金融等關係民生的領域，為讀者提供了當時社會事業的一個全景的速寫。

這本書是作者專欄文章的結集，對篇幅有一定的束縛，但也促成了體裁上的到達程度，在很短時間內使人聞到一種彼時的社會氣氛。我覺得這是大量閱讀的結果。老實說，這些故事的材料來源，那些文字，很多我都比較熟悉，有些涉及到的書就在手邊，不難整理出一個書單來。但是這些材料整理在一本書中，再通過作者在材料之間的聯繫，就形成了一種難以言傳的厚實的感覺。這感覺大概就是歷史感，而且這歷史感是脫離以往固有的道德和意識形態的。我們曾經長久地活在一元的歷史講述中，在以前是道統，在今天是意識形態下的整齊劃一。這是不正常的讀史體驗。判斷一個歷史人物，他這個人站在哪個陣營就決定了，他的歷史貢獻要為宣傳服務——這是太粗暴了，也太草率了。在這方面，民國人物是再典型不過的例子。似乎和軍閥一沾邊，文人一和政治聯繫起來，那這個人的歷史就得不到正面評價。這種情況不應該再持續下去，現代史教科書有精神上的先天缺失，當代獨立寫作的歷史讀物應該有「還原歷史」這個擔當。

民國究竟是一個什麼樣的時代？對於今天的人們，更有必要去思考它。事業究竟是要靠人來做的，人的性格和操守註定了事業的發展方式，所以說到底人是決定因素。偏偏在民國這個時代裏，人才輩出，這些人不但有學識和專業技術，還有一種更可貴的時代使命感，這決定了他們的歷史價值。今天的人可能從事的是同一種事業，但他們的精神負擔太重，有過慘痛的經歷，精神狀態被體制戕害太久，這就是為什麼我們看今天的許多社會事業，甚至是基礎的民生事業，都有種歷史的倒退感。這是不正常的現象，歷史不應該成為現代人的負擔，而是值得繼承的財富。從人和事入手，是理解時代的法門。當然，這前提是，可以得到比較確實的材料。傅國湧先生這種對私人記錄、日記、回憶的關注，在我看來，正是獲得史實情況的正途。我們判斷任何一種材料，都只能做到相對確實。私人記述文本雖然也存在著當事人的種種隱諱和不同的觀點，如果它們要公開的話，也是要寫給後世的人來看的。但它的視角和現場感卻比二手轉述的材料更有史料價值，這也就是我對傅國湧先生的「民國史」比較認可的原因。

對於我這樣普通讀者來說，讀民國充滿了對未知價值的覬覦，但大概沒有這樣宏觀的體察歷史的理想，我們往往是衝著一些具體的歷史人物去的。比如陳光甫，這樣的金融鉅子和他在抗戰時期的奮鬥事業如果不是因為胡適駐美大使任上得到他的資助而頻頻出現在胡適日記中，恐怕只能留存在艱深的行業發展史中，不為多數人所知。而這本書中寫到的幾個工商界的人士，也是這樣，比如穆藕初。七十年後看他的實業、教育強國夢，其境界和視野不知比今人超前多少。他不但自己新興實業，而且還用專業知識向棉農介紹植棉科學，獨力出資搶救昆曲藝術，長期捐資助學，幫助羅家倫、段錫朋、周炳琳等出國留學，所選受助學生均為一時之選、受過五四洗禮的青年人。這些年輕人學成歸來，很快成為國家有用、學界聞名的人才，後來這些學人發起「穆藕初先生獎學金」，助學佳話遂成為回饋社會的傳統。1933年，穆藕初先生在回答《東方雜誌》「新年夢想」徵文時寫下了「政治清明，實業發達，人民可以安居樂業，便是我個人夢想中的未來中國」之語，集中體現了他的實業、教育報國理想，顯示出其人實業家之外的知識份子氣質和對國家的深切感情。（見該書100頁）而在傅國湧先生的書中，當年那一代實業家，穆藕初並不孤獨，還有盧作孚、范旭東等一批懷有同樣理想、同樣氣質的人。

其實，像穆藕初先生這樣的人，在他生活的時代受到廣泛關注，而在今天被大面積遺忘，類似的事情數不勝數，這是我國歷史的怪異，是傳承環節上出了問題。如果說，這樣高揚的人格是一種可以作為傳統的東西，那我們無疑丟失了傳統，損失慘重。所以，儘管這本「民國故事」充滿了閃亮多姿的關於個性的故事，我們實在是不應該忽略掉今天這最慘重的損失。

2007-8-15 於核桃書屋

# 從門縫裏塞進來的民主

## ——讀《我反對——一個人大代表的參政傳奇》

「姚代表請您將材料從門縫裏塞進來」，這是用粉筆寫在一個人家門上的話。在一個任期之內，這裏曾經是平民唯一可以寄託希望的地方。當他們懷著惴惴不安、素昧平生的心情在傍晚靠近這一家的時候，突然看見了這句寫在門上的話，馬上就有了勇氣。從這句話中我們可以明確地感覺到一種樸實的誠意，也能感覺到這個人對現實很深刻的認識。輾轉讀到《我反對》這本書時，書中的這句話像冷槍一樣擊中了我，書中寫的那個現代化的中國，民生之凋敝，民願之微小與無望，要實踐那寫在書本中、倡明於法制下的個人權利之艱難，使人徹夜難眠。

這是一本紀實作品，是關於一個人的奮鬥故事，以前只存在於傳說之中，而現在真實地在我的手上。我現在才發現，這本書講述的人就是曾經轟動一時的姚立法，一位普通的、曾經的市級人大代表。這個人是一個公民，我這樣說的時候心裏很矛盾，因為如果這樣說，我本人，我們很多人，在對待自身民主權益、對待別人的民主權益這件事上根本就不配自稱為「公民」。當我們在選票上畫圈的時候，當我們很茫然地做了這件事以後，會有多少不安？我們又為這種不安做了什麼？姚立法這個公民形象像一座刺破夜色的燈塔，是一個耐人尋味的存在，襯托出我們這些城市平民長久地生活在「形式民主」假像中的麻木和不堪。今年（2007年）是大選年，我回憶起自己履行公民權利時的情景，同時希望朋友們也能想想自己那時的情景。

這個人確實是一個巨大的無法回避的存在。他是當地第一個也是全國稀有的獨立人大代表候選人（相對於「內定」候選人），歷盡艱辛，後來他成功了。然後他又成了第一個主動向選民述職的人大代表。在當地，他是第一個在人代會表決時上投出反對票的代表。那句出人意料的「我反對」成了空谷足音。之後，他又成了少數的專職人大代表。在任期內，他以平均每週一個建議案的效率工作著，反映了大量已經成為歷史循環和陳跡的民選問題，並且局部地促成了多數問題的改善，醒目地履行著憲法賦予人大代表的權利和義務，也兌現了自己當選時那些個性十足的承諾。他度盡劫波，也遠近聞名；他曾經遭到全面性的打擊迫害，同時也蜚聲海內外，被視為最有社會影響力的人物，美使館請他參觀美國總統大選；他是城市平民，靠送液化氣罐為生，是單位和當地政壇的邊緣人，同時也深受在社會底層苦捱生活的民眾的信任和愛戴。他簡直是一個超人，意志堅定，精力充沛，家庭支持。經過學習，他迅速成長為一個精熟法律法規、懂得宏觀政策、對體制流程特別敏感、觀察力出眾的合格基層人大代表，姚立法幾周的走訪所獲得的材料數量，一個工作組三番五次下鄉、曠日持久也無法達到。他個人的經歷，就是一部基層或者所謂草根民主逐步成熟起來的歷史。

姚立法這個人最打動我的，除了他樸實無華的平民價值取向之外，是他始終在憲法和法律的框架下來開展所有的維權工作。這顯示出他對法制的尊重和敬畏，如果不是敬畏，他，以及我們很多人，就不會對一些離奇的侵權問題有驚訝之感。同時，也顯示出姚立法個人思考的理性。這種理性是非常罕見的，一般人處於現實困境和苦難的生活，很容易失去這種理性。歷史告訴我們，代表正義的激情，一但失去控制就會走向目標正義的反面。另外，從一開始起，姚立法就自覺成為普法工作者和草根民主的啟蒙者，而且對自己這種社會角色有著清醒的認識，這一點更使人吃驚，特別是參考了姚的成長經歷之後。有人會驚歎：他，一個和我們一樣普通的人，甚至在生活狀況上還不如多數人，為什麼他成熟得如此迅速？或許，有的人天生就是公民。而有的人註定永遠要作意識形態的提線木偶。

遺憾的是，我們的基層民選現實並沒有伴隨著姚立法個人政法素養的成熟而有所改善。由於個人的顯著而反襯出社會陰暗面的醜陋，出身民眾的姚立法終於遭到了工於心計的流程「設計」與多方的配合行動，無奇不有的我國基層民選現狀又譜寫了嶄新的傳奇：2005年任期屆滿，再次參選的姚立法終於落選了。那個忠實履行自己職責的人大代表，那個送液化氣罐為生的人大代表，那個翻牆越戶、衝破封鎖去送普法小冊子的人大代表，落選了。這也就是說，當我們讀完《我反對》這本書的時候，姚立法現在是一個普通的市民，一個小學教員。我回想開始時的情景，起初我興致勃勃，因為長期的威權一但受到挑戰，往往表現出一種滑稽的茫然來，這是很多人都喜聞樂見的。但是後來我陷入了沉默，無盡的沉默。我深信，任何一個讀者讀到最後，都有點徹骨的失望。有人說，打開書，我們獲得了一個世界。而現在的情況是，闔上書，我們失落了整個世界。

西方早期國家理論曾經一度把他們定義的「國家」設計成一個「巨靈」。所謂「巨靈」，就是在處理國家事務（更多的是社會實務）時，政府的能力空前強大，而且無比智慧，可以很好地處理各種難題，並且在處理各種問題的時候可以保障個人的自由和權利不受侵害。這是對「國家」的設計憧憬，事實上，一切未經實踐檢驗的程式和制度設計都有潛在的危機。更多時候，所謂國家，在現實面前往往是無能為力的，它的力量遠沒有我們想像的那麼強有力，而它組織結構上帶來的破壞性卻遠比我們可以估計的大。對於個人來說，在國家機器運轉失靈的現實中，姚立法們則更顯得像作者所說那樣的一粒微塵。我們現在的現實就是這樣。當我們把這樣規模宏大的「機器失靈」同「微塵」的舞蹈放在一起對比來看時，這種情形幾乎將要摧毀我們的心靈。這種情況一再發生，以至於現在一提到「微塵」，有人就忍不住痛哭，本能地想起自己和別人今後的人生。人們陷入了深深的矛盾之中，一方面為姚立法們的人格力量而在內心深處激蕩不已，同時又歎息於自己的渺小、真正意義上的當代公民的稀缺。

最後我想說，雖然這本書是講述一個人的故事，但是請不要忽略本書的作者朱淩，也不要忽略這本書在紀實創作之外的東西，書中援引的大量材料和書籍、它對材料的取捨、敘事的節奏和感情的合理釋放誠然都是值得我們在技術上學習的。但我更想請朋友們特別注意這本書在整體上的平民價值取向和感情底蘊，它對平民生活狀況的深切關注，它對平民言行的深刻同情和理解，它對民主權利的珍視，這恐怕才是最可關注之處。我們實在應該打消自己曾經的一些很狹隘的顧慮，記住這種有擔當的文字，不要忘記它對我們每個人公民意識的呼喚。正是有了這樣的傳奇人物和忠實如此的記錄者，《我反對》這本書才具有了擊中人心靈的力量，才使它從一問世就享有「被查禁」這樣在歌舞昇平的年代裏最崇高的榮譽。

「我反對……」

2007-7-18 於核桃書屋

# 重新上演的現代中國

## ——讀《封面中國》

我們沒有多少歷史特寫作品，特別是好的歷史特寫，長久以來，這是一個現實。當一切聽命於意識形態的所謂紀實宣傳都很快被丟棄到時代的字紙簍以後，當那些一時的虛幻和喧囂引退，我們發現自己依然蒼白。為什麼要重視歷史特寫？這涉及我們同歷史的關係。紀連海老師說，我們普通人讀歷史，是為了從中獲得一種對歷史的感悟。要獲得這種感悟，歷史特寫的張力應當說是最強的。它針對特定的、足以改變以後歷史進程的事件，投入大量的精力，選擇最有代表性的觀點和直觀的視角來反映它，資料最密集，感情色彩最炙熱，對讀者的衝擊也最大。但是，歷史特寫也有它需要甄別的地方，像《人類群星閃耀時》這種偉大的作品，我們也應該看到它文藝性的一面，在更多時候，它是以一本文學作品的藝術魅力而流傳於世的。這是歷史特寫值得討論的地方，究竟是由藝術感染力引向人們對歷史的感悟更重要，還是通過不同側面的史料客觀地形成對歷史的感悟更重要？我覺得，李輝先生的新作《封面中國——美國《時代》週刊講述的中國故事1923-1946》，對此有過一些技術性思考。

我猜測，即便如此，這本書的寫作應該是一時興起，這當然要把作者常年以來對現代中國的思考興趣結合起來談論。

這是我最關注這本書的地方。因為我們知道，現在的歷史讀物有一種寫作趨勢，就是從細緻入微的地方入手，從歷史人物的人之常情來寫，或者從尋常百姓的柴米油鹽之類的生活場景來寫，從而使現代讀者身臨其境，把自己的感受和思考同當年的歷史人物進行心理置換，從而達到深切地感受歷史細節的目的。這基本上都是發微的讀史。時至今日，宏觀角度的歷史讀物是不是還有打動人的可能性？一般來說，這是令人疑惑的。我覺得這種情況實在是拜我們的那些觀點和價值都很局限的歷史教科書所賜，如果歷史真是那樣純潔而簡單，那它也就不值得後人來重溫。

李輝這本「民國史」或者說是國民革命史卻正是以宏觀角度來寫的，他選用的材料，《時代》週刊上的那些西方觀察不必說，即便是其他一些私人回憶，截取的也多是宏觀的判斷和感覺。因此可以說，李輝對他這部資料豐富的作品有某些還原「正史」的意圖。這從他在這本書中所用的語言和敘事就能看出來。李輝的語言特點我是不陌生的，往往給人一種感情豐富的印象。但在這本書中，除了在某些凝重的歷史片段處還留有一些以往的行文特點，全書基本上是採用了完全不同的語言風格。也就是我們常說的那種史家的語言。全書最大的新意是引入了美國傳媒巨頭《時代》週刊在同一歷史時期對現代中國的描述，特別是那些紛紛入選《時代》封面的現代中國曾經的風雲人物，以此來串聯起史實和觀點，這種影像感更使全書作為歷史特寫而發揮出它表現歷史時刻的生動。而以《時代》為代表性那些已經褪色的西方觀察，則處處顯示出他們對那一段歷史時期評價的朦朧和深刻，有時令人捧腹，有時卻使人心情沉痛。這種情形一望而知，作者希望通過這些不同側面的材料來盡可能接近當年真實的情形，也希望在中西方不同的價值判斷中使人對固有的史實作再次的領悟，還原它們的價值和厚度。

我感到，這本書雖然講述的是一段人盡皆知的歷史，但它講述的姿態很令人注意。儘管作為歷史特寫要強化的地方，比如說七七事變和西安事變等史實，這本書在材料運用上似乎缺乏足夠的力道，沒有充分表現出這些特定史實對全局和後世的深刻影響。但是在描述1927年以後和抗戰時期，全書的視角一直在國民政府及其周邊和抗戰正面戰場，特別是重點表現了抗戰正面戰場上那些浴血奮戰、馬革裹屍的國軍戰士，還有那些在內外交困、國力羸弱背景下的中國外交官殫精竭慮地爭取國家利益，這些表現出一個亂世同時又是一個黃金時代裏國人的犧牲和奮鬥。這確實是令人稱道的，這種客觀不可多得。長期以來，這些犧牲和奮鬥因為意識形態的關係而被漠視、被遮罩，是令人無法容忍的。今天我們讀這本書的時候，可以想像得出作者在寫作時對歷史充滿敬意的樣子。這確實是一種還原歷史的態度。

這本書涵蓋的歷史時期截至在1946年，這一年解放戰爭開始。書中「民國史」在這裏停止了，沒有續寫後來「封面中國」的故事，這多少使人感到有些遺憾。李輝說，這本書是專欄文章結集，由於專欄已經告一段落，所以這本書也就到這裏了。他希望有機會能續寫它。那麼專欄為什麼要在這裏結束呢？我看著這個年份，想起了很多。1946年以後，要贅述那之後的年代，恐怕本書在寫作上已經無法保持上述這樣的視角了，那樣的話會有很多艱辛等待著它。我見過很多的歷史著作截至在49年以前，還有一些歷史讀物把這「後來」的一段表現得過於輕鬆。因為眾所周知的原因，這後來的歷史尚不能被客觀評論，我們拒絕它走近。但是我知道，這「後來」裏蘊藏著當代人更應該感悟的歷史和價值。

2007-7-12 於核桃書屋

# 知識份子評傳

## ——讀李零的《喪家狗》

最近一直在讀李零先生的《喪家狗——我讀《論語》》。因為這本書前一段時間引起一些爭議，因為怕受到事先的干擾，加上我一向對新書有些抵觸，因此讀這書有點滯後。不過作為一個普通讀者平心而論，這書確實能叫人讀的下去。

首先，《論語》本身讀起來就讓人會漸漸有很多反省的地方，當然這個是因人而異。可以說我們這一代人沒有趕上傳統的古典教育，由於體制的問題，當代教育往往被人嗤之以鼻，所以諸如讀經這樣的事情也連帶會受到牽連，一談起四書五經，我們這一代人最先的感覺就是可以聞到一股腐朽的氣味，當然這是偏見。隨著年齡的增長，這種偏見就會被感慨所代替。即便如此，《論語》裏所謂「敏而好學，不恥下問」、「己所不欲，勿施於人」這些句子也是我們最早讀到的文字之一，因此對《論語》是又陌生又親切。親切的是其中的某些觀點早已經滲入骨髓，陌生且遺憾的是以前沒有能夠讀過它的全貌。《論語》作為一部記載聖人同其學生行述的筆記體的經典著作，它在很不便利的傳播途徑下能星火燎原，最後還成為王道，入主其他同時期誕生的思想派別，這個現象在千年之後來看也是令人想不清楚的。這次跟隨李零的「讀」，特別是倚重他這樣介面比較「友好」的「讀」，從客觀上來說，確實使人若有所悟。我想這達到了他寫這本書的基本目的。李零敘事的特點此番也很突出：一是習慣同讀者很快建立默契，行文多短語、短詞，有時話語之間是沒有銜接的，對讀者來說有一點考驗，不過這一點適應了就好了。二是針對原典得出結論時個性鮮明，有針砭時弊也有個人如何應對潮流。他寫注釋也很有個人特點，他的注釋裏不但有資料的補充，更多的是自己觀點的延伸。這不失為一種可資借鑑的地方。偏頗一點來說，注釋比原文內容多，這應該可以看出作者著作的態度。對讀者來說這樣的書可以說是比較實惠，引人注目。在我看來李零的觀點十分實在，尤其是在當下這樣浮躁的時代裏。這可能就是起爭執的地方。 另外還有一點就是他給讀者的資料很多，不管是相關的書籍還是學界較為一致的看法，或是推翻前人的觀點，書中所提供的都比較恰如其分。在質疑前人觀點時，由於李零先生在考古學方面的經歷，引用了較多出土文物和文獻，無疑為「一切史學都是史料學」提供了好的注腳，這是這本書的長處。在我看來，今人讀原典，若是要解釋給同時代人來聽，基本上就是這樣子了。如若不然，它就會和中華書局出的豎排典籍一樣只有收藏價值而缺少現實意義了。首先是要獲得讀者，這是基本的。作為普通讀者，這樣的解讀經典首先要完成原著基本觀點的完整和通俗化，要保證一種核心觀點的趨向。至於某些至今模稜兩可的地方，或者不同解讀的比較，不是一般人的價值訴求，討論起來就是學術圈中人的事情了。當然，李零的解讀還可以再討論。

回過頭來再談孔子及孔門。其實我一直有一個疑惑。那就是夫子對自己的核心觀點有沒有譜？我看這裏面有不穩定的時候，所以他的言論有些飄搖的地方。作為他心中人生的最高價值的仁，究竟是什麼樣的，並不是最早就確定下來的，是通過一生的時間來不斷擴充的，也就是把他認為的價值都陸續往「仁」裏來裝。比如《論語・公冶長第五》是專門臧丕人物的，有人請孔夫子評價他幾個大弟子，他逐個評點，有可擔大國之「賦」的，有可擔地區之「宰」的，有適合做外交官的，但如若問起他們是否已經接近「仁」，夫子說他們統統「不知其仁也」（公冶長・孟武伯問）。即便如此，即便他是以一個堅守價值原則聞名於世的人，他的「仁」也有不穩定的地方。比如說那句「仰之彌高，鑽之彌堅。瞻之在前，忽焉在後。」（《論語・子罕第九》）這句話今天人們經常用來形容其人之深不可測，學生把個夫子形容得神乎其神。這句話是什麼？這句話可以這樣來解釋，那就是學生們和孔子的思考方向和價值觀根本就不在一個層面之上，所以有南轅北轍的感覺。如果我們假定學生們當年是純正地學習和繼承孔夫子觀念的，那麼，這就是說學生以夫子昨日之言論思想來和今日之夫子談話，發現其中有很大差異，也就是說夫子昨日之觀點同今日之觀點有所不同，所以學生們才有這種迷惑失去方向之感。這句話反映出來的，正是孔子不斷擴充他的核心價值觀的過程。當我們這樣來看待《論語》裏的孔子時，發現他的堅持原則也是相對的。

在將近讀完這本書的時候，我才開始接觸對這本書的評論，自然也不可能避免所謂的爭議。我的第一感覺是，要不是這本書出來，人們也真的沒想到現在會有這麼多新儒家。但是，所謂「文化保守主義」和「自由主義」這都不是新鮮的概念，他們的爭執根本就不用詳細去讀就知道是什麼。我想體察的，是作者寫作的實際意圖。「我想思考的是知識份子的命運，用一個知識份子的心，理解另一個知識份子的心，從儒林外史讀儒林內史。」這句話或許應當引起我們的注意。《喪家狗》這本書作為對《論語》以及孔子生活的時代的解讀，最大的特點我覺得是條理很清楚，特別是孔子同他學生們的關係，夫子同他所處的社會所發生的關係，這方面說得很多，很接近尋常人情。這具有某些評傳的特點。所謂評傳，即以身世線索來輔助反映思想歷程。任何人的行述非得要和他的時代對應來看，才能得出接近歷史真實的結論來。《喪家狗》對《論語》的解讀是一個明確的線索，而另一條線索，也就是李零在解讀儒家經典過程中的思考方向，我覺得就是從孔子出發綿延到對歷史上的知識份子的思考，和對現代知識份子的性格傳承的思考（這裏都是指我國傳統的「知識份子」概念）。另外再加上《論語》本身行述的特點，所以這似乎是一本知識份子評傳。從這一點上來看，這本書中有那麼多作者個人的觀點，實在是再正常不過的了。

就這一點來看，很有意思。儒家思想或許無法作為中國傳統文化的代表，但就千年以來的實際影響力來看，對一代代知識份子的安身立命有無法言說的造型意義。如果從《論語》出發來看待知識份子思想和行為的發展變化，那麼這種情形就和「查三代」一樣，是找到「根兒」了，只不過這之間卻跨越了千年。我們從這裏能看到什麼是「原教旨」，什麼是後人的超拔或者逾越，什麼是好的，哪些又是墮落的，通過比較能使人思考這個漫長的歷程。在我看來，李零這本書雖然是解讀原典，但其實關注卻在歷史上的知識份子的言行經歷，這才是評傳的重心。那麼，如何開始呢，這就需要先把歷史上的聖人還原為凡人，還原成一個普通的思想家。因此李零說「我們需要的是一個真實的孔子」。這本書名為《喪家狗》，儘管這個題目的出處還存在分歧，也有一定的誇張性，但確實是在原典中有出處，而且也在某種程度上象徵了孔子的一生，從中可以看出李零的思考理路來。更接近實質的還原還不在這裏，而在於他對孔子成聖這個歷史事件的描述。孔子身後，他弟子們的名氣越來越大，也有被「聖化」的趨勢，但是孔子先師不能稱為聖人，他的弟子何以為聖？於是就有了子貢發起的尊孔子為聖。李零這樣的解釋可能會有爭議，但是對今人如何看待處於或聖或儒之間的孔子，卻提供了很有現實感的思考。我們看到，在書中，凡涉及到直接評價孔子思想和道德的時候李零都很謹慎，著重強調的是對聖人的普通生涯的還原，而談論今天的知識份子言行則有更多自己的觀點。這是很恰當的。

對於一代代孕育於儒家思想一路走來的知識份子，特別是現代知識份子的言行，李零又是採取怎樣一種態度呢。可以說，以批評為主。比如在那句人盡皆知的「三人行，必有我師焉」後面的注釋中，他認為這句話對「批判知識份子有用」，而且認為與此相關的批判是盲目尊大和勢利，諸如此類。千年以來，知識份子的道德一向被人盯得很緊。這是一件好事還是壞事？我說不好，只是深感老一代文人身上那種傳承而來的儒家氣質還是非常吸引人，那氣質會留在一處，久久不散。李零對知識份子的認識非常客觀，也非常實在，這是難得的。從還原一個古代知識份子開始，對今天有所反思，讀這本解讀經典的書，使人發現，我們今天的讀經其實是在重複一個古老的故事。

2007-7-9

# 一個人的「思想國」
## ——讀熊培雲的《思想國》

「思想國」，遵循作者熊培雲的本意，是出於雨果《九三年》中的人物戈萬所說的「我要一個思想共和國」，熊培雲將這個「思想國」同柏拉圖的「理想國」形成一種對照，並把自己的「思想國」定義為「一個開放的公民社會，是一個人人可以自由思想的共和國」。

這本書是作者的專欄文章結集，作為讀者，這就免不了要適應一個文章時間上的跨度。可以看出，作者對「時評」這樣的文體期許甚高。我想，這不但說明了作者一度選擇寫作方式的原因，也表明他對這種文體價值上的觀點。時評其實有它一望而知的缺陷，首先是有特定的寫作背景和時期，這註定了它無法擊敗時光；其次，時評最大功效實現的前提是：與第一時間的讀者建立默契或者親密感，要讓讀者很快瞭解文章的內容，不可能有過多的隱喻，所以它在語言上未免要做一些價值讓渡，要盡可能貼近時人的理解習慣和表達方式，有可能出現過度的形容和不恰當的比方，從而影響文章整體的氣質。這些我想每一個做時評的人都應當事先明白並包涵它。在我看來，熊培雲選擇這樣的體裁首先是一種生活方式，其次，我感到他在追尋一種時評文章在歷史上的傳統，追尋一些遠逝的人物，這些人物當年曾經用這種文體書寫了一個時代的衰榮。

讀這本《思想國》的時候，作為一個普通讀者，我總的感覺是：熊培雲大部分是我們的人，而「思想國」還有待建設。

要在專欄文章結集中尋找整本大書的脈絡是很困難的事情。這本書收錄的文章有的寫成於海外，有短小的時務，有訪談、演講。有趣的是，反倒是訪談和演講這樣的形式，才使我開始對熊培雲的思考有了做結構上看待的可能。在我看來，「思想國」的思想譜系大致是：一、法國文化，當然這與作者的經歷有關；二、胡適思想及西方公民社會理論對其的支持。三、多年對時政的關注、對西方國家一些政體的觀察和思考，因為政論正是匠人那與眾不同的手掌，同時這也應合了我上面說的那種對傳統的追尋。

全書第一部分是「法國往事」，是記述旅居法國時期的一束文字。出於法國文化對熊培雲的思想歷程影響頗深，我們可以預見到這裏不可避免要有一些文化比較。確切的說，不是文化優劣，而是對待文化的態度。但是，我擔心這裏可能會被誤讀為前者。然而對待文化的態度同文化的歷史本來就有牽扯不斷的血緣聯繫，老實說，空間的轉換往往可能使人有恍若隔世之感，優劣感、疏離感等一切複雜的情緒都可能油然而生。比如《思想國》中提到的對傳統建築和文化古城的態度問題，這使人想起了《城記》。但是，如果叫梁漱溟老先生來談，他可能會對「法國往事」裏的部分觀點會有意見。從根本上說，剛剛進入現代的中國當年既然能誕生梁思成這樣視野開闊、高瞻遠矚有國際水平的古建築專家和城市規劃大師，則我們就無法否認中國文化的傳承和借鑑能力。我想，這裏有必要廓清一個干擾因素，那就是意識形態的干擾。它是一個尚未隱身的幽靈，盤桓在文化的身邊。現在已經是新的世紀，但是意識形態無時無刻不在尋找機會狙擊文化，不論是傳統文化還是西方文明的優秀遺產。五十年代我們沒能保住老北平，損失慘重。但至少當年還有一個梁思成懂得它的文化價值。如果不預先把意識形態扼殺、把一時一地的政治得失這個因素排除出去，這顯然是不夠公平的。今天，我們當然要靠比較結果來鑑別，這也是啟蒙的一部分，但是更要思考如何回歸文化的自我，任何全盤接受在我看來都是可疑的。

在讀熊培雲的「思想國」關於個人價值同國家利益之間關係的內容時，每每使人感到另一個「幽靈」無處不在，即胡適「幽靈」。胡適當年談個人的自由同國家的自由，很多人聽不懂，或者聽懂了但認為是天方夜譚，又或者感覺當時的中國社會異常複雜，積重難返，胡博士過於理想。因為在胡適的時代裏他無疑是超越的。今天我們對胡適開始若有所悟，而熊是運用了西方公民社會理論來支援他對胡適關於社會改良的深度理解。他的時評，其實是以今天的新鮮故事來說明當年被低估的觀念。這因為如此，今天人們大談特談的自由主義被他把「主義」抵制去了，這背後正是胡適的時代裏人們難以認同的「多談談問題，少談談主義」。因此，儘管《思想國》裏思想紛呈，它的思想譜系卻是胡適「幽靈」在當代投下的背影。所以，人們對「思想國」的現實預期顯然過高，「思想國」裏更多是啟蒙，而不是成建制的新成果，這就是說，這個「思想國」著眼於當代，在未來它還需要建設。這不是見識可以補成的。

即便如此，《思想國》中仍不乏真知灼見，比如它在談個人價值同社會價值之關係時的提出的「參與時代書寫者」的幾個獨立。尤其是倡導不受大眾輿論的制約：「要獨立於民眾，……一個參與時代的書寫者，應當忠實於自己的經歷、學識與良心，而不是所謂的人民。」可以說，倡導個人的價值和個人爭自己的社會權力，部分地是為了抵制歷史上的和現實中的「人民」被大面積非法利用和代言。儘管我認為熊提出的三個獨立地位（獨立於威權和商業、獨立於自己過去的榮辱、獨立於民眾）充滿了理想主義色彩，在現實中難於運行，但卻承認這確實是當代掌握話語權的人們理性建立的開始。

另一個引起我關注的問題是《思想國》中談到的——民主啟蒙者如何對待民主的缺陷。這其實是當今一代民主啟蒙者及其追隨者的思想困境。為民主和自由鼓與呼，無疑是現下我們這個社會極需的。但是在西方國家中民主已經高度發展的社會形態中，已經出現了民主缺陷和制度缺陷。近年來，西方的一些娛樂性的影視作品，一直在尖銳地反映這種技術上的深刻矛盾，每一個經過精心改編過的故事情節，都對這個問題作了毫不留情的反映。當代的啟蒙者、這些來自古老社會的先覺者，絕不可能對此視而不見。於是他們陷入了困境：一方面要面對自己國度貧瘠的民主觀念和頑固的現行體制對民主的阻礙，一方面又要面臨他們的反對派對民主、民治的現實模型的大聲質疑。這兩者的民主進程完全不在同一個層面，這就使他們無法倡言現實民主的缺陷。或許，這是啟蒙者必然遇到的困境。這可能是技術問題，我們私下平心靜氣來想想這個問題，確實是非常困難的，很容易使人陷入困惑之中。作為個人，啟蒙者們這種種的困境卻反映出自身可貴的精神狀態。

《思想國》這本書還給人一個感覺，儘管目前我國社會問題重重，矛盾深刻，但熊培雲對社會開放、革新的積極甚至樂觀的態度，比較認同它大的方向。他說：「……，今天的中國，比80年代有一個大進步，而且這種進步是腳踏實地的進步，是不停留在理想主義或浪漫主義層面的進步。」對這個問題，你可以說是在思考中找到了同現代由政治推動的社會潮流的契合點。但我以為要說明這個問題，還是要從胡適說起。前一段有朋友問我一個問題：胡適何以不給《觀察》寫稿？當年儲安平曾經幾次給胡適寫信約稿，《觀察》也一直把胡適作為撰稿人在封面列名，然而幾乎沒有後文。一貫提倡以個人獨立的地位發表負責任言論的胡適，當年為什麼對《觀察》這樣的文人論政的輿論陣地很少給予支持？我想了又想，最後得出的結果是：《觀察》是抗戰勝利後創辦的雜誌，儘管它的言論宗旨是「希望在國內能有一種真正無所偏倚的言論，能替國家培養一點自由思想的種子，並使楊墨以外的超然分子有一個共同說話的地方……」（參見《儲安平與〈觀察〉》），但它對國民政府的批評姿態從一而終。但經過抗戰一役，特別是由於胡適曾經為民族的解放事業參與其中，曾經感到了「國破山河在」，也深切意識到「青山」同個人的關係，他已經對國民政府產生了很深程度的認同。所以此時的胡適，已經還原回了最初的改良主義者的本色。而無論是哪一種改良漸進的社會思想，它的前提都是要一個穩定、統一的社會環境。在這樣複雜的心理中，胡適只能取現在人們看到的這樣的態度。熊培雲的「思想國」也是這樣，他那種社會改良者的血脈傳承決定了他的思考前提的理性。

但是，大量的社會現實其實也不可能使熊培雲的「思想國」盲目樂觀。我覺得這是當代社會思考者最大的思想困境，這個困境就是理性與激進的深刻矛盾。當代所有的社會改良者，特別是偏重於從文化建設入手的社會改良者，無時無刻不在自己的漸進思想同社會現實帶來的不安和憤怒之中掙扎。《思想國》當然無法代表熊培雲的全部思考，但在其中很多的文字中，我們能很明顯地感到他類似的矛盾心理。當然，這已經越出了本書的範疇。儘管我們未必都能同意熊培雲這樣的「思想國」，但他在書中表現出的建設性，作為一個普通讀者，卻迫使我無法駑鈍；在這樣大面積放棄思想的年代裏，他說的「每一個人都應該有他的思想國」我卻深深認同。

2007-7-1 於核桃書屋

# 《1984》：從烏托邦到「理想國」

## 幽默

如果就奧威爾的兩個傑作而論幽默，《動物莊園》有壓倒性的優勢，《1984》為了製造一個人間地獄，將黑色幽默的風氣隱藏在大量的敘事之中，你如果可以不走神，或者投入精力重讀，才能注意到這一點。除此之外，人們往往一開始就陷落在小說整體的壓抑氣氛之中。對於一個樸素的讀者來說，發現《1984》的幽默，不在於貌似嚴正實則奄奄一息的社會意識，而是看著溫斯特這個老男人在生活中的樣子。在真實中，洗盡鉛華的老男人一舉一動本身往往就具有極強的娛樂性，何況溫斯特是在小說精心塑造出的喪失人性自由的生活場景之中呢。

由於小說一開始就選取了讀者做為主視角，因此有一種逼真的影像感，於是上述幽默就被發揮的淋漓盡致。人們看著溫斯特在滿是竊聽器的房間裏，背對著遮天蔽日的監視電幕，走來走去，默默地做著自己認為是非常隱秘而危險的事情，喝著集體公社生產的劣酒，用精美的箚子偷寫日記，按時做廣播體操和上下班，夢中醒來後不停地咳嗽——在變態的極權的侵害中，自以為是地保衛著思想的自由，並且認為這是神聖的，積極地尋找著同志……小說中這種基本的敘事，顯示出現實年齡和虛幻時空（一九八四年）的雙重幽默，甚至，基於現實年齡帶來的幽默大大增強了虛幻世界的幽默感。所有的黑色幽默都是這樣，使你覺得殘酷和極端，同時又不得不承認這是幽默，有可笑的依據。

當代人讀《1984》，往往不自覺地會在小說裏尋找王小波的翻閱痕跡，因為王的《2010》中的「老大哥」我們認識的較早，讀到《1984》有遇到故人的感覺。王小波曾說過不應該將《1984》混淆成科幻小說，今天的讀者大概很少會犯這種錯誤，因為今天的人們對民主和自由越來越敏感。不過，正因為如此，人們會不會把《1984》當作政治恐怖小說來談，則很難說。

## 恐怖

《1984》確實是令人有些冷的。當小說裏的人們低沉地念誦「B－B」的時候，當他們失去了婚姻最美好的意義，當青年少女腰裏綢帶成為反性同盟者，當子女精神亢奮地揭發父母，當社會分成了不同的謊言世界——這些都使人受到了很強的衝擊。對於溫斯特這個老男人來說，小說第三章為他設置了一個地獄。然而這不是這個人物身上發生的最恐怖之事，因為讀者進入這一章之前往往做好了足夠的心理準備。這個人物身上發生的故事中，最令人齒冷的是他的工作：專門負責修改歷史資料。這是委婉的說法，其實就是官修歷史制度下最常見到的篡改歷史。這個老男人從事的就是這種職業。一天，溫斯特偶然間發現了足證一個彌天大謊的紙片，使這種給人的恐懼上升到了高潮。他提出了一個邏輯——儘管過去的很長時間人們可以知道所有新聞都是假的，但是這時突然出現了一個充分的證據來例證，於是一切對偽造歷史的感覺變成了現實，這種時候，才最可怖。試想，我們這些普通人某天看到一個資料，而這個資料可以反駁先前自己知道的一件事——你確定無疑地記得這件事的官方說法，然後你就興致勃勃地去圖書館去翻那天的報紙，當你找到了真相，而且確實無疑地發現真相被抹去了。這種時候，你會怎麼樣？

《1984》多年以來被認為是反烏托邦或是反史達林主義的作品，小說本身的命運正如其中所描寫的那樣：內容被抽出來壓縮成許多版本，然後被貼上「反對」的標牌。後來又有一種權威的解釋，強調該小說是旗幟鮮明地反對極權主義——這種觀點一看就是想回避矛盾，或者是回避審查，從而保全小說本身能有機會被更多的人讀到。如果這本小說是籠統地展示極權主義的巨大危害，遠不會這樣用筆墨，也不會給人這樣的恐懼。讀這本小說時，人們往往更恐懼那些經過層層授權、嚴格執行據說是「老大哥」的決策的各級組織，這些組織中的那些面無表情、彷彿被洗腦一樣、時刻準備揭發的普通人，才讓人不寒而慄。因此，《1984》對烏托邦的疑問更像是小說的主題，它希望給人看的，是理想教育的極致。這個極致就是理想變異成為狂想或者幻覺。小說希望把這樣的景象給大家看一下。至於讀者用什麼樣的道德批判來對待這種景象，就不是小說在意的了。

國內的讀者因為優秀的譯筆，無形中對《1984》的情景有更深切的恐懼。這是因為他們親身經歷或者知道小說中的部分場景。小說的恐怖，正在於這種親切感。只有這樣，我們才知道自己要提防理想教育，警惕完美世界，我們才知道自己真正要的是什麼。把想像推演到極致給你看，你才知道自己怎麼選擇，這正是小說的價值。

## 激情

1948年寫成的《1984》，其中不乏「激情」，黑衣少女裘莉亞走進了溫斯特的生活，帶來了其中一種。小說的第二章，寫溫斯特遇到了第二個春天。這一章在全書中也是我特別喜歡讀的部分，因為正常的激情甚至愛情，暫時消退了小說給人帶來的種種冷意。上述的那種年齡上的幽默在這時明白地顯現了出來。溫斯特接到了寫著「我愛你」的紙條，他的心理變化，他去秘密約會的樣子，他對黑衣少女的心理體驗等等這些都令人忍俊不禁。同時，兩人在閣樓上營造的荒唐的家庭生活，他們兩人對正常感情和物質生活的嚮往，在精神扭曲、變態道德高懸的世界中又顯的那樣令人感動。這是小說中最清晰的人性的一閃。

在整部小說結構上，我對裘莉亞的出場非常迷惑不解。這個腰纏紅綢的少女，一個年輕無疑的身體，表現出單純而直白的對激情的渴求，同時又有把偽裝自己成典型教徒的嫻熟本事。她遠比老男人溫斯特的眼神要好的多，一眼就認出溫斯特是個同類。他們一起加入假想中的兄弟會，事發被捕後她又飛快地背叛了溫斯特。這一切，沒有所謂同志的概念，而只能把這個人物簡單解釋為對激情和越軌的純粹追求者。她不能忍受塵封，於是找到溫斯特來釋放感情；後來她又不能忍受虐待，於是很輕易就出賣了情人。——如果只是這些意義，那麼除了對人性自由的渴望，我看不出如此多的內容放在這裏有什麼別的意義。在故事情節的安排上，這個稍顯俗套的激情故事，在今天看來，似乎只是出於男性思維的定式，認為在感情上出軌是最大的背叛和反抗。也許，對正常生活的還原，對於整部小說有著特殊的意義，而我們在時代的這頭無法給予足夠的解讀吧。

曾經滄海？

看看錶，一九八四早就過去了。我們還要等嗎？

2005-8-17

# 要怎麼爭取，先怎麼思考
## ——讀傅國湧先生《文人的底氣》

《文人的底氣》作為傅國湧先生百年中國言論史系列最新的一本著作，2007年1月由雲南人民出版社出版。隨著《筆底波瀾》、《歷史深處的誤會》等書一路走來的讀者可以看到，在這本書中，言論史的結構已然變得清晰，相關材料在日漸豐富的基礎上同這個結構的結合也更密切了。言論史的脈絡和傳承在普通讀者中也漸漸獲得了較為成熟的認識。然而我想，作為國湧先生而言，他多方搜集材料，考證材料的時代和歷史背景，進行長期的思考和比較，應當不僅僅是為了在思想史中強化言論史的概念，他思考的最多的東西也正是我們作為普通讀者對歷史的一種感覺。那就是為什麼言論自由註定要用血寫成，為什麼為言論自由而立言力行就一定要與強權發生衝突？或者，我們更有這種感覺：為什麼20世紀二、三十年代人們遭遇的言論自由問題，我們今日每天還總是遇到、還沒有解決？

這本言論史中出現的那些人物，那些犧牲者，那些事蹟，我們有必要去重溫，特別是要重溫他們那種堅定辦報論政的知識份子特質的選擇，特別要重溫他們的犧牲價值。今天的人可以設身處地想一想，不為功利，不為名義，只為一種論政的地位和思想觀點去犧牲個人，我們有沒有這種勇氣？在今天有多少重現的可能性？他們這些人，往往是以個人名義來「發表負責任的言論」，也就是說往往是個人的行為。也可以說成是他們爭得是個人的自由，但是由於有了他們，社會有了自由和民主的跡象，這就是為什麼說他們也同時是為社會、為民眾爭他們的自由。所謂爭自由是不是一種自私，這裏應該可以看得很清楚了。

讀這本書的時候，我常常想著胡適的那句話：「爭你們個人的自由，便是爭國家的自由」。歷史的是非很明顯，也很模糊。自我這一代人有記憶以來，聽到的社會輿論總是要叫人們犧牲個人，服務社會，看到的總是個人同集體、同社會、同國家種種不可調和的深刻矛盾和衝突。如果言論自由曾經是一種天賦人權，可以說，從前我們有過，也失去過多年，更經歷過恐怖的年代，今天有人問起這項基本權利，我們仍然回答不利索。因為我們知道，某種跡象不能作為全盤判斷，某些積極的社會活動有它的時限。於是有人說，這不是好的時代，也不是壞的時代，這是不好不壞的年代。

我想，先前自己的疑問，是不是可以從國湧先生的研究材料中，從那些久逝的遠年追憶中去看看，看是否能解釋這種情形。從典型上說，魯迅、胡適這一代人，我們都知道他們所代表的思想有很大差異，觀點不同，有歷史上的分歧，但是他們當年在社會上享受到的一點自由，即言論自由；享受到的一點民主，即觀點主義不同而能在社會上同時立言——在他們看來這已經是受到了壓制。我們今天看來，卻是一段佳話，一段很難追溯的時光。這就是說，追求自由、民主的人從這樣的史實中看到的是美好，他們要爭更多的自由，更大的民主；而未來的專制者們也從這種種材料中總結到了關於自由和民主的其他東西，這些東西看起來有時是很危險的。於是，追求自由者學習到了如何爭自由，專制者以史為鑑，也認識到了自由和民主對專制的威脅，總結出了更多合理合法遮罩這些危險品的方式和途徑。我覺得，這是人們從社會活動上很難對今天之言論狀況作非議的原因，而稍稍有體制分析經驗的人，就能清楚地看到這一點。

對民主和自由的懷疑也是有歷史的，胡適當年就認為純粹的民主程序是幼稚園。有人說，民主和自由這兩種東西都是鹽水，你要用其來解渴，就會越喝越渴。這話的潛臺詞是，今天的言論氣氛和環境已經是非昨日可比，已經在前進，已經進化發展到相當的程度了。這一點沒有人否認。然而衝突和矛盾依然存在，所不同的只是涵養和受教育程度。當你讀這本厚厚的《百年言論史》的時候，這種感覺就越來越強烈，甚至快要陷自己於歷史循環論之中了。 在所有的民主權利之中，言論自由是最基本的，也往往是最尖銳的。歷史可以比照，也很不容易比照，用前人的遭遇和時代背景來和今天比照，有一些不公平在裏面，這是我們最容易誤讀歷史、也誤讀這本言論史之處。可以這樣說，國湧先生這個言論史希望解決的問題太深邃，他還在通往解決的路上努力，而且現在也還遠沒有徹底說完這個問題。我們普通讀者看到的紙本的書，看到上面那些盡可能豐富的材料，很容易陷入無盡的歎息，陷入憤世嫉俗不可自拔，也還遠沒有貼近作者的思考方向。胡適之為我輩所最可佩服之處在於，他能在爭民主和自由的過程中，始終保持著貼近實際的理性。他們這一代的功過不是我們有學力評價的，但是這種理性足可學習。我不認為這本言論史是一段知識份子抗暴史，儘管它浸漬了犧牲者的血汗，因為這樣就失之簡單了，它想解決的問題是特別複雜的，走的是一條困難的路。我們想證實自己的歷史感悟，或者甚至要想清楚整個問題，首先應該試圖去走近這條路。

2007-4-30 於核桃書屋

# 胡適的問題卻正在沉重地壓在心頭

《師門五年記・胡適瑣記》是兩本書的合集，《師門五年記》原名《師門辱教記》，寫於抗戰前夕，是羅爾綱先生記述師從胡適的一段經歷，因為羅先前寫太平天國專著中的史觀和受材料所限得出的結論，受到了胡適的批評，故名於此。抗戰軍興，此書未及廣為流布；1945年，修改後曾擬重印，48年胡適為其寫了序。58年胡適將書名換作《師門五年記》，加了後記，親題了書名，自印，作為饋贈友人的手邊書之一。因為這本書裏曾經詳細記述了羅先生的研究發端和早年歷程，特別是談到了胡適對其研究的指導和自己的研究觀點，為胡適所非常看重，有「這本小小的書給他的光榮比他得到35個名譽博士還有光榮」一語。胡適晚年往往用這個自印本來送人，特別是當年中國公學同仁、學生出身的友人。胡適逝世當天還曾經提到該書。時過境遷，這書後來被三聯書店新印，是為95年新版，新版中加入了羅老先生新撰寫的回憶同胡適相往還的文章，1997年感於作者仙逝而著述未完，三聯出了這一版的增補本，增補的是羅老先生續寫的《胡適瑣記》文章和《胡適自記》和《世人記述》部分。「自記」是羅老先生根據後來出的胡適《年譜長編初稿》中同自己記憶有關聯的內容作了摘錄和補記，《世人記述》收錄的是一些學界關於胡適的紀念文章。2006年，據上一個「新版」

也近十年，胡適研究方興未艾，談胡適的書越來越多，三聯又出了最新的新印本，新印本改換了版式，增補了多幅歷史照片和相關材料，訂正了當年的錯漏，是為「三聯問學」叢書之一。

我手頭的就是這個增補本，這個增補本還是補充了一些比較重要的內容。比如在「自記」裏作者澄清別人盜用其名寫的胡適批判材料等。97版沿用95年的新版，比較端莊，最新的印本改換了版式，失之簡單。這書作為胡適研究的一些側面補充，很有可讀之處。比照《師門五年記》和《胡適瑣記》，一個行文上很明顯的變化，就是作者對胡適的態度：從前者言必稱先生、執弟子之禮甚謹到後來的可以從客觀角度來談論胡師，充分顯示出作者思想的成熟，也顯示出胡適逐漸成為歷史人物、負擔歷史人物所必要的譽謗相隨這樣一個變化過程。我們看《胡適瑣記》裏的語言，能很顯著地看出這種發展。

書中有記胡適三十年代自滬回平的事，這次回平確實具有特殊的意味。胡適一班人當時正因為發表一系列批評政府的時論，正是〈人權與約法〉、〈我們什麼時候才可以有憲法？〉、〈知難，行亦不易〉等經典時論剛剛誕生不久，不但把矛頭指向當局的行政合法性，也深入國父思想的腹地，用哲學和實踐兩方面提出了自己的觀點，非常尖銳。這無論從政治還是執政黨所尊從的教義上都是釜底抽薪的言論，必定要受到政治打壓。因中公備案事（中公是私立大學，不在政府教育部門備案文憑將不被承認）胡適不得不離開中公校長任上，返回北平。這段回平的歷程恰是作者隨伴胡師的時間，作者在書中記述這段時，刻畫了一個非常危險的局面。因為據說有暗害的事情發生，胡適不要親戚子弟來送，在滬的朋友來送行的也很少，氣氛很壓抑恐怖。甚至還有兩個細節，一個是說到當時同行的人都已上車，胡適剛要上車，從遠遠的站臺上飛快地跑來一個學生，說自己是中公學生代表來送行，要拍照留念。等到拍了照，此人又飛快跑走了，可見當時氣氛的緊張。還有一個細節是說車開以後，車廂裏來了兩個沒番號的兵士搗亂，作者判斷，如果當時胡適出面制止極可能有生命危險。這段史實由於沒有胡適本人的日記相映證（胡適日記當天有記在滬朋友來送行），因此余英時先生在《重尋胡適歷程》（廣西師大版）中評價：「這是他（作者）想以濃墨刻畫出一種極其恐怖的氣氛，所以才虛構出這樣一篇繪聲繪影的絕妙文字來」。以前後的史實來判斷，余英時先生的推論是有道理的。因為如胡適日記中記載的送行朋友，包括徐志摩、徐新六等人，都不是沒有膽氣的，胡適在這種局面下離滬他們決不會不來送行；而所謂匪兵上車來鬧事，當年已經不是軍閥割據時期，或以當年屢屢發生的暗殺事件和國民政府還算比較看重清流與輿論來看，大概他們也不敢在這種場合公開傷害胡博士這樣有影響力的名人吧。這種現象很有趣，是一個無法說清楚的故事。此案如果是胡博士親自來斷，恐怕他對前面余先生的判斷也很難認可，因為「胡適日記」也是一個孤證，沒有當時報紙的報導相佐證，而作者羅先生卻是親歷者。從胡適提倡「傳記文學」的一貫態度來看，他對私人口述的史料價值之推崇是不言而喻的。不過作者在這裏重點要談的當時對胡適的政治打壓環境，氣氛這種東西有時在同行之人中也會有感官上的差異，作者對風雲變化、滄海桑田的那份歷史感慨也是希望後人所能感知的。

對於羅爾綱先生他們那一代人來說，真正的滄海桑田還在後面。《胡適瑣記》中就作者本人名義被用來批判胡適，有摘錄胡適書信談這件偽造的事。1961年在晚年最後的時光裏，胡適還在給友人寫信要讀收有該文的這一輯《胡適思想批判》。因為他要讀原文，他不相信這真是羅先生的手筆，他憑藉的是自己對羅的瞭解。在生命最後的時期，胡適還常常遇到這種事情！我們今天來看這段史實，有時不得不說胡適這種判斷的確切，因為，他做這種判斷的依據是人性，是傳統文化培育成的道德觀念。所以，他的判斷有極大的證據，他用來判斷的證據有極大的合理和正當，能使我們想到人生的種種美好。這不是什麼政治手段可以改變的，類似於羅先生遇到的這個被偽造、被假名的事情就足證這一點。相對而言，令學生攻擊老師，令兒女揭發血親，使用這種手段的組織，不管它是不是可以代表最廣大的人群，其拙劣和不恥，也真使讀者感到可悲。

然而其時身在海外的胡適，終究想不到那些留在大陸的相識者和學生們遇到了怎麼樣的局面，也很難想像他們的處境。《胡適瑣記》裏有一則是記〈胡思杜〉，通過作者自己的瞭解和見聞分析了胡思杜當年的去留和思想，在我見到的材料中，這一篇雖然篇幅不長，但是其分析可謂鞭辟入裏。當年羅先生曾經執過胡家的教席，和胡思杜有過近距離的接觸，比較可能瞭解這個當年的年輕人的想法和感受。這一篇中分析胡思杜當年受到激進、極端反帝思想的影響證實了我讀《胡適日記》時的感覺。49年以後，胡思杜選擇留下來，經歷了後來的種種，莫不與此有關。那麼胡思杜這個年輕人又給作者什麼樣的影響呢，書中寫了作者自己的一些思想變化，文字上還殘留著一些當年寫思想彙報的痕跡。比如其中有：「我在家鄉未經學習，還不懂什麼叫劃界線。而胡適的問題卻正在沉重地壓在心頭。……我看後啟發我認識到胡思杜與胡適還可以劃清敵我界限（案：指讀了胡思杜的批胡文章，該文尚無定論），我做學生的，更可以與老師劃清敵我界線了！」從文章語言的蛛絲馬跡中，我們可以看到作者當時正處於強烈的心理鬥爭中，此處材料不多，不知道作者其時是不是正在「過關」，是不是同老師劃清敵我界線便可過關。在當年批胡高潮的時候，胡適先前的友人、同仁、學生幾乎大多數都必須經過這個過程。胡適日記裏摘滿了當年輾轉得到的友人對自己的批判稿和發言稿。從上面這些話看來，大概作者也有這種遭遇。早年曾寫過《師門五年記》而現在要「劃清敵我」，作者內心之痛苦，是我們所無法體查到的。羅爾綱先生這一代知識份子，身上或多或少有一些當年接受思想改造的「實績」。以《胡適瑣記》來看，也能看出一些餘跡，比如文中稱呼先賢和長者才說「先生」，凡稱呼同代健在的人，作者一律稱之為「同志」。我們看這些老輩學人，在他們後期的行文或者發言稿中往往是這樣稱呼。在後人而言，看他們這樣稱呼其實是非常生硬的。這個稱呼以前沒有，49年以後變得很自然，現在又不見人們這樣稱呼了。而老一代的知識份子們以前肯定沒有這種習慣，況且彼此之間的追求意趣都不盡相同，沒有理由互稱同志，同當局更沒有任何歷史淵源，他們言必稱「同志」無疑是被後天「訓練」的結果。這一代甚至這幾代知識份子的言行，註定要具有一種悲劇性的啟示意義。

作者同胡適的關係和精神交流不是時間可以輕易抹殺的。《胡適瑣記》成於羅爾綱先生的晚年，之後更有《胡適自記》，都是作者平時留心胡師的相關材料、著意收錄的結果。老人的這個舉動，很有一種對舊日時光的留戀意味，是對自己問學胡師的那一段歲月的追溯。雖然時代在他們身上打下了深深的烙印，但是這種感情卻是超越時代的。

2007-4-19 於核桃書屋

# 再讀王小波

聽說現在在大學裏頭，多數男生都願意表示：我已經讀過王小波了。這句話大概的潛臺詞是——「我現在想什麼，已經不是別人能做的了主的了，而且現在我想點男人們本能想到的事，也很平常了。」對於以上這個年齡段的群體來說，我覺得他們讀點王小波沒有什麼不好的。不過是否讀對了王的書，卻很難說。一直以來，伴隨王小波這個名字最多的莫過於「誤讀」這個字眼。你也讀，我也讀，大家都讀；你說他誤讀，我說你誤讀，這就讓人弄不清到底什麼才是本來面目了。王小波的書裏到底寫了些什麼，說了點什麼？說實在的，多數人的作品都是小說比雜文易懂，小說稿子那些主題，那些情節設置，那些表現方式往往一看就知道作者是哪一路人，可是王小波的東西我覺得卻正相反，所以你要知道他基本上是怎麼想的，去翻他的小說，那就太費勁了。那些情節總是一再重複，一再複述，好像是隔好久寫一點，每次動筆前已經忘了先前寫了點什麼；而且總是繞來繞去，要想獲得一點認識太累了。一般人讀小說，總是先對小說講了個什麼故事感興趣，要把主線情節串下來，再讀可能才會注意到這小說的語言表達，後來再讀才會看小說的結構，以後再讀才能評價這種結構的特點，手法高不高明。王小波的故事主線情節總是很簡單，語言又七顛倒八，比如《萬壽寺》，很多人根本沒等到注意小說的結構和寫作目的已經扔下書跑了，其實經常讀外國小說的，對《萬壽寺》那種寫東西的手法就看著習以為常。因此不妨去讀他的雜文，讀了他的雜文就知道，王二也會不囉嗦，也會不重複，也會不性幻想。那他幹麼在小說裏那麼寫，這也得從他的雜文裏找答案。

## 話語

話語是社會形態的一個不耐煩的反映，卻能恰如其分地說明問題。話語是權力，永遠是一個沉悶的現實。事是這樣的，但爭奪話語權不一定用嘴的。總是反覆在談話語權的，不是根本就被排除在話語權範圍之外，就是根本不知道話語權是個什麼東西的。那些已經獲得很高層面話語權的，往往是不怎麼當著別人說話的，只會行動。因此，沉默與話語圈的兩立這種現實狀況，並不是很多人講的「於沉默中對峙」的格局，而是在特權的體制壓制下，你不得不和別人說一樣的話，說時興的話。說自己根本就不懂的話，說自己骨子裏很厭惡的話，這當然是困難的，因此才會發生王小波小說裏那個傣族老鄉喊口號的事情；其次，這也是危險的，西方諺語有云：「今夜你在他耳邊悄悄講一個故事，明早他就會告訴你自己昨夜夢見了一個故事」，聽的多了，本來沒有的事情就漸漸變成了真的。沉默不取決與是否張口，比如像王小波說的即使寫了也不給人看，這才是一種真正的沉默。在這個基礎上，沉默與話語圈的劃分具有了廣泛的意義。王小波在《沉默的大多數》中講述了他最初變沉默的原因，希望在小說裏以他的早年生活輻射他們一代人的精神生活經歷。「話語」問題像以往一樣再一次濃縮了他的主要感受和想法。

當然，「於沉默中對峙」的情況，也是有意義的。有的人在認識到現實之後，失望之餘，開始對話語表示出極大的不屑，也就是說他確實是不願意說話，而不是在忍受沉默。主要的原因是他對一般層面的話語沒有興趣，因為這種話語就如同一陣吹過門廊的風，說過之後毫無作用。這種或許是有大野心，也或許是天性使然。那麼，不管好壞的話語圈，都對他沒有影響。他只遵守自己的規則，認識自己的敵人，然後以自己的方式（不僅是沉默）活著。不過，在我看來，這真的是一種美好的願望罷了。因為，雖然你不理會別人，「話語圈」會主動來找上你的。

近年來，我之所以對教育和傳媒窮追濫打，不是出於別的，正是因為這兩種東西都有廣泛意義的話語權，而又都不怎麼地道，成了社會公害。不過話說回來，可能今天像我這樣的人很多，我們的邏輯是：話語權倒不是看的很重，但是該說話時一定要說話，不然你恥談的事情有人還以為你喜歡，那麼不地道的事情會一直有，真夠心煩的。這樣的邏輯有其時代背景，因為我們趕上了比較可以說話的年頭；另一方面，也說明我們很幼稚，缺乏經歷的教訓。王小波說「話語」對他來說是一池冷水，使他一身一身起雞皮疙瘩，但不管怎麼說，人來到世上，彷彿是來遊戲的，遲早要跳進去，只是沒想到自己會保持沉默直到四十歲。坦率地講，我們這代人沒有這種切身體會和認識，我們只習慣在人多的地方大放厥詞。再遠的說不上，近代人中沒有經歷過上個世紀六七十年代的，就都不知道什麼是話語，我們的時間還多，要有這個覺悟，認真學習話語。

## 陰陽兩界

在《沉默的大多數》開頭，王小波就開始解釋他的「陰陽兩界」。知道了他說的這個東西是什麼之後，反而使人有點失去了興趣。因為這個東西以前有，現在有，將來也永遠會是這副樣子。王小波想讓人們能遊走在陰陽兩界，能認真想想具體的事情，無非是尊重客觀，理性思考，而不要盲目聽別人胡說八道。但是現在的情況是，叛逆成了大眾所追逐的東西。所以，現在唯一的變化是人人都有了一顆寬容之心。從前是反面的東西不准露頭，即便出來最後也落個既可笑有可鄙的下場，電影裏的反面人物從一上場起，大人就開始嚇唬調皮搗蛋的小孩：「別鬧啊，你看誰誰出來抓你了！」現在是默認原來的反面出來，擺在那裏，據說可以引起人們廣泛的思考，有社會性的，有時代性，總之是各種思考。這個「廣泛性思考」就成了諒解備忘錄。這麼一來，這個原先的正反兩界開始混淆。有不良企圖或牟利的人，開始利用這種「廣泛性的思考或者反思」來做壞事，其結果卻正是背離了理性與客觀，做出了超脫於各種意識形態之外、失去了人性基本特徵的事情。現在出來的有些「反面」是真反面，真陰暗，比以前的那個一元的正反標準更不怎麼地。這就是說，從前王小波用小說來引導人們立足自我，從「正面」中挖掘材料，開展理性思考；而今天的人們卻要開始衣甲鮮明地與那些明火執仗的社會醜惡來鬥一鬥法了。就是要抓住那些利用「正反思考」來攪渾水的傢伙們。

願真相和真理與我們同在。這就是我能想到的話。

## 話語圈

正如我前面所說，甘願安靜的人會發現，你不去招惹話語圈，它自己會跑來找上你。以前是各式各樣的文山會海、思想彙報，現在是主流媒體的全頻道覆蓋，都是一樣的。其實人怎麼可能純粹待在話語圈之外呢，這種想法多麼的可愛啊。王小波在雲南的時代裏，不存在「各種話語圈」或者說各個階層的話語圈不是被清洗，就是隱蔽的很好。從「陰陽兩界」這種說法可以看出，當時只存在一個話語圈。王說他是自動放棄的，「因為進了那個圈子就要說那種話，甚至要用那種話來思索」，顯得我們自己語言非常貧乏。其實貧乏不是主要的，主要的是他信不過那個話語圈，因為當時有許多事情可以佐證他的觀點。今天的事情起了變故，以傳統的正面角度來看，我們又回到了過去那樣的多種話語圈林立的局面，很多人因此就耐不住沉默了，儘管這時並沒有多少證據說你可以不用保持沉默了，現在發生的很多事情，都反映出人們走出沉默的腳步。

當年王小波不再沉默，為沉默的「大多數」代言，成了這個「大多數」話語圈中的一員。今天面對眾多的話語圈，人們更有理由看看哪個話語圈，可以使自己失去沉默，但是這麼一來危險的是，他們選擇話語圈的出發點是狹隘的利益層面，而很少真正注意精神領域，這是其一；另一方面，現在為弱勢群體代言的很多，寫一點厥詞就迫不及待地拿給人看，已經失去了原先沉默時的含蓄。更主要的是，他們打破沉默後的主要活動，受到主觀情緒的影響很大，仍然是要將「正反」明確無誤的割裂開，這就和原來沒有分別。時至今日，話語是無論如何無法重現昔年那個廣博的「對立面」，無法重現那個可愛的一元化的陰陽兩界。而某些打破沉默之後的「話語」，透過字面，卻令人害怕的發現具有1978年之前充斥中國大陸的文本元素，其中暴露出來的人性特徵與思維慣性竟純然一脈相承。這就絕不能簡單解釋為「還沒有找到真正值得代言的東西」，這種反思，值得我們去做一些。因此，對於今天各種各樣的「話語圈」，不僅僅應當注意到傳統的利益層面，也要注意到那些依靠某一種「意識」而結成的「話語圈」，經驗告訴我——如果一件事情開頭的認識就是錯的，從文字中不一定能夠馬上覺察。我們每個人都要珍視自己的話語。

近來出版了一本新書，是一些推崇自認「王小波門下」的網路寫手，模仿其寫的一些歷史小品類小說，屬賈雨村言的一個合集。在這本書的序裏，我看到李銀河博士這樣寫到：「別給你們的師傅丟臉」——我覺得這句話的意思是，首先盡力去尋找真的王小波，再就是以其精神來走自己的路，發現自己的話語。「沉默不沉默」這個選擇，本身沒有任何意義。而最重要的，是不要急於焦慮自己的話語，而先要做一件更困難的事情，那就是：認識自己。

在一個人皮暢銷的時代裏，想想自己原先那些沉默的日子。

2004-11-19

# 小說《2010》名詞注釋

毋庸置疑，《2010》是我見過的王小波最具幽默感的短篇小說。由於版本不同，《2010》收錄的地方也不一樣，最多被收錄在《黑鐵時代》之中，它講述的故事發生在離我們很近的未來。在未來，環境已經變得使人們不堪生活，天空總是佈滿了各種顏色的煙塵，然而使人們生活變糟的原因卻主要來自特權階層：首先是很多人文專業且才華出眾的人被安排進入技術部門工作，因此社會上各種行業都非常混亂。社會所有優良的資源都被特權階層以「危險品」的名義占為己有，普通大眾只能發揮潛能，利用其他的資源來維持自己的基本生活，加上沒有專業的幫助，於是造出種種拙劣的產品。比如：因為鋼材被控制使用，人們只能用球墨鑄鐵來替代，很多笨拙誤事的鐵質怪物因此被發明出來，例如鑄鐵做的刮鬍子刀，刮臉時非常危險；再比如用柴油替代汽油，用來配合鑄鐵造的發動機。所以街上的汽車不僅形狀古怪，而且發出令人難以忍受的噪音。飲用水實行配給，洗澡時水管裏流出來的水要先用試紙測試其酸鹼度方才能安心使用……諸如此類。在這個亂糟糟的世界裏，主人公王二成為單位的「老大哥」，在這個荒誕的身份和角色上，由於其本人也荒唐無比，由此引發了一連串的事件。在長期的壓抑之中，使王二等人後來以一種極端的方式爆發出來。他們在市郊專供領導享用的別墅區開了一場小規模的派對，誰知事情的發展不受控制，這個派對竟然吸引數以萬計的人們前來參加，同時還帶著大量的經過非法途徑搞到的奢侈品。派對成了一場狂歡，人們群情激奮，越軌的事情發展到不可收拾，影響極為惡劣。後來王二其人被認為是整個事件的主犯接受了鞭刑，最終離開了我們。整個故事情節荒誕不經，然而整個過程又符合情理，而且按照現在我們社會結構的實際情況來推導，很有可能產生出小說中那樣的結果。

王小波的小說往往在主線情節、人物設計上非常簡單，他強化的是事情的過程。正如在《1984》中奧維爾創造了一系列有名的概念一樣，《2010》中也出現了許多深入人心的說法，既然情節和人物是弱化的，那麼，小說中的這一些說法就不能不提，比如：

老大哥：這來自於《1984》，但決不是「老大在看著你」那種殘酷專制的代名詞，老大哥即一個單位部門的常務副職，就是實際上主持工作，而且因為辦事公道而深受信任，處處「托底」但是有名無份的人。在小說中，每一個單位都有老大哥，以至於開派對時，供電局的老大哥將市府家屬小區專用發電機調來支持他們，以至於那邊陷入一片漆黑之中；後來王二事發，警察局的老大哥和他說：該，誰叫你們開派對時沒邀請我們。這說明哪個單位的情況都差不多。於是王二及其所在的單位就獲得了一種代表性，這是小說對未來社會組織結構的設計。

數盲：這麼多老大哥出來，引人注目，相對而言「正職們」就比較謙虛，不見蹤影，這是因為他們都得了一種嚴重的疾病：數盲症，由此成為人人羨慕的白癡。王二就一天到晚都夢想自己一覺醒來變成了數盲，而且念念不休。數盲是一個杜撰的概念，也是小說中創造的最幽默且深刻的東西，由此如果展開，則必將把現存的特權階層嘲諷到令其崩潰的地步。比如，數盲既然不識數，分不清大小多少，於是有關數字上的一切都不能有任何感覺，所以可以對虛假的世界視而不見；數盲一開會說講兩句，其實講了兩千多句，沒完沒了，因為他們分不清兩句和兩千句有什麼不同；數盲獨自走上街頭是危險的，估計不辨東西南北，於是只能享用高檔進口轎車（不是柴油車）；再比如數盲同志們是為了工作而積勞成疾，因此有必要配備女秘書和享受其他舒適的生活……等等——而最大的幽默在於數盲這種人是真正的身體障礙，而不是藉口。

老大哥與數盲之間看起來只有一個級別之差，在小說卻有著階層的鴻溝。比如說，如果王二每天早晨起床前能從一數到十，那麼他就還不是數盲，仍然必須要到部門裏去上班，仍然要為其他同事承擔闖禍的責任，同時還不得不忍受實習女生的各種騷擾，過一種獨身的生活。老大哥屬於平民，不能享受種種特權，這種人也要時時受到壓制和禁止，他們在年輕時代也曾以出軌越製作為人生目的，做到老大哥的時候，已經有了曾經滄海難為水的感覺，能自覺抵制很大程度上的誘惑，比如女實習生的挑逗；也能及時發現愚蠢的欺騙，比如來自數盲的鼓勵。因此這種人不太容易得上數盲症，卻容易淪為鬧事的核心人物。這種二元的社會結構，對立的兩種人群，很自然地取材於我國社會千年的歷史，《2010》也不能免俗。

特供品：在小說中指所有的好東西，進口商品，奢侈的消費品，沒有污染，不會發出可怕的噪音，是特權者想出來的冠冕堂皇地享有特權的說法。當時經濟崩壞，環境惡劣，剩餘的一些好東西應當盡著數盲同志們用。這種邏輯由來已久，不僅僅發生在小說裏，現在讀《2010》的人們也是這樣活過來的，這是現實中的幽默，每天我們都要遇到。「特供」意味著少數優良的資源，大到不可估計、小到刮鬍子刀等等，將以合法的名義又復流入更少的一部分人手裏，任其享受或是浪費。小說《2010》在這裏還是發揮了科幻小說的一部分功能，——儘管它不是一部科幻小說，在未來其實最可怕的地方正在這裏，而不是什麼屬於哪一個主義的社會。少數人合法地佔有大多數人們的優良資源，巨大的不公平與一貧如洗的人們，社會就此危機四伏，病態叢生。假如現在有一個嚴肅的閱讀者，他很可能會從《2010》中得到這樣慘痛的認識。特供品是一種危險的東西，因為可能誘使人們思想變壞，由此更加瞭解這個世界，然而將它們從人們手裏剝奪的結果正如小說中所說：當這些東西都沒有的時候，人們也就沒有了活下去的意義，於是變得更加危險。很多年以來，均貧的觀念被認為是一種樸素的美，在現代社會，這種美很可能要遭到鄙夷——按照實際情況來看也是這樣的，人們對自身的認識較以前大大加深了。

傍肩：看到這個詞不由得令人會心一笑，這種叫法很多年沒有遇到過了。這提示我們作者的老北京背景。「傍肩」是北京土話，現代北京人要表述這個意思也不這樣叫了，但是當年不僅北京，一些北方城市也這樣說。它主要指的是：情人，專指婚外情人。男性或者女性都適用。在小說《2010》中女性稱呼自己的情人為傍肩，小說中的很多女性都以此為榮，而對照於男性，比如王二，則比較木訥地稱之為「我前妻」——這是王小波式的古怪思維；在小說中，很多人都是獨身，它們有過婚姻，但是因為後來並沒有如願成為數盲，愛人就離開了他們，投入了數盲的懷抱，成為首長夫人；但這並不僅僅意味著要追求一種高品質的生活，因為她們也時時利用獲得的特權來照顧自己的前夫。王二曾經說過，一但他變成了數盲，前妻就會回來。這一方面應證了特權階層對社會資源掠奪時的瘋狂，另一方面也反映出王小波小說中固有的荒誕性，不斷地提示讀者不要忘記這一點，有了這種荒誕性，《2010》才真正從《1984》的背景中走出，獲得了自己的獨立的魅力。王二與其前妻的故事非常引人注目，因為它提出的是在特殊環境下的感情。他們兩人之間存在的是知己式的愛情，小說中有兩個地方給人的印象特別深刻：一個地方是當年前妻押送王二赴堿場去砸堿，後來在冰天雪地之中爆發了狂野的性愛，這符合王小波小說對性愛一貫的炫耀態度；另一個地方是在小說的結尾，王二受了鞭刑，但沒有因此離開人世，傷好後被軟禁在醫院寫交待報告，他前妻為了營救他聚眾鬧事，後來也被施行鞭刑，王二由此心痛而死（這是根據小說的隻言片語作的比較合理的猜測），這一段是由其前妻的口吻對讀者作了最後的交代，敘事者從語言和文本上都是直接變換，沒有任何過渡之處，小說由此謝幕。這個地方是小說創作中的一個技術處理，也就是可以直接用來處理故事情節的技術手段。這種敘事者的突然換人，使人猛然間注意到那一直存在、並且相伴於讀者的一件事，那就是王二曾經獲得了富有詩意的愛情，不免令人生出一種惋惜之情。

紅毛衣、藍毛衣、老左：除了王二的前妻，小說還創作出幾個很有意思的女性。從這一點來看，人們會發現作者似乎對自己小說中女性總有些嘲諷的意味，儘管她們往往都是男性的知己。紅毛衣和藍毛衣是兩個實習生，以衣著或者其他的關聯之物來命名，是王小波作品語言的一個特點。王把這兩人都寫得很美好。一個偽裝成涉世未深，模仿《1984》裏的人物偷偷給老大哥王二手裏塞紙條，老奸巨滑的王二參透了其中的奧秘，很輕易就解決了這個問題，複製了一個與自己當年經歷相似的故事，將她和心上人送往城場。另外一個則成了問題，這個藍毛衣一心要特立獨行，喜歡捉弄中年男人，先是帶頭鬧事將自己和老大哥雙雙送入黑牢，之後又莫名其妙成為王二的同案犯一同接受鞭刑，揚言要成為未來第一個接受鞭刑的女性，這個人物後來不知所終，具備了一位行為藝術家那種表演完後驟然消失的勁頭。

老左這個人物的出現，是小說中的一個怪胎。因為很複雜的歷史原因，王二有義務定期去見老左，並和她過一種家庭生活。這使我們突然想起這世上有些荒謬的事情，就是這樣和和氣氣地每天發生著，抱守著一種可笑的感情，滿足著一種鄙陋的虛榮與內心平衡，這是一個人精神的完全丟失，對人類的感情生活的滑稽性是一種徹底的嘲諷。我們可以用王二的視角來看看一個中年男人每天都會遇到一些什麼樣的事情，這說明，從一種貌似合理的道德邏輯出發就有可能引向極大的荒謬。

鞭刑：小說裏復活了鞭刑這種古老的懲罰。談到它，人們不禁沉默了。在小說中，《鞭刑》一節內容是小說的高潮部分，萬人雲集，電視直播，領導長篇講話談問題，武裝戒嚴，氣氛肅殺，——這是取材現實的場景。而王二與藍毛衣在刑場的舉動又體現出小說濃烈的冷幽默感，正是用幽默來表現社會機器的冷和硬，來表現官方荒謬和愚鈍，而這荒謬與冷硬聯繫起來，釋放出強大的暴力來，人們在這種暴力面前是軟弱無力的。鞭刑這種形式早在它被廢止的時代和國家中，就被認為是對人格與人身傷害的極致，而正是因為這樣，小說在這裏對全篇作了清算。可以說，不是王二他們受了鞭刑，而是小說使人們在靈魂深處受了一次鞭刑。

我控訴：……（該書無此內容）

2006-9-28

# 《黃金時代》：時代及其敵人

王小波曾這樣談論小說《黃金時代》的創作：「（黃金時代）從二十歲時就開始寫，到將近四十歲時才完篇，其間很多次地重寫。現在重讀當年的舊稿，幾乎每句話都會使我汗顏，只有最後的定稿讀起來感覺不同」。這個長期的修改過程很可能是這樣的情景：重讀時，一發現小說中的情節在形式上缺少荒誕不經的成分，或者在行為上缺少表現力的，一律刪改，直至成為現在的這個樣子。無怪乎有些王小波的批評者說他的作品故做特立獨行之狀。但是——特立獨行有不故做的嗎？在創作上我很懷疑這一點。王對《黃金時代》他的這個寵兒慎之又慎，因為「王二」正準備從《黃金時代》中出場，由此奠定了其寫作的姿態和小說創作的基本形式：可想而知，必須使「王二」深入人心，接受王二，即接受這種敘事風格的表現力，然後才可能有小說實現它生命的可能。

## 性與愛有關

誤讀勢所難免，而對《黃金時代》這部小說而言則有耐人尋味的意義，通常人們的閱讀，存在著基本誤讀與其他誤讀。基本誤讀即這本書是「色情小說」，是為了滿足男權的釋放和意淫的需要而作。其他的誤讀就五花八門，不能指出某種閱讀是「第二誤讀」，但也都是基於小說的表現形式上的。雖然我們大都不是傻瓜，但基本誤讀仍然成為一道屏障。長期以來，民間閱讀與專業審美都對小說中表現出來的張力缺乏心理適應的準備，王小波遂成為「文壇外的高手」，這一點，極具王小波式的黑色幽默。

王小波為什麼要給自己製造這種阻力？小說中過多的性情節描寫意欲何為？決不僅僅是為了表現力。該「性」與愛是否無關？回答前一個問題需要追尋《黃金時代》所屬的時代，回答後一個問題，以當代人的經歷就可以判斷。在小說中，知青王二在山間插隊時遇到了另一個隊的女醫生陳清揚，她風塵僕僕從山上下來，來向他請教古老而變態的倫理問題——自己是不是破鞋，繁複的性愛由此展開。這些性愛穿插在敘事之中，或者成為敘事的主體。兩人的交流充斥著對峙和互嘲，似乎不帶有任何感情。其性愛也顯著地缺乏獵豔時的趣味。然而人們往往可以看出，該「性」與愛有關，此「愛」便是同類之愛。王二生就的混亂不堪，在這渺茫的機遇中，在這個人性的基本尊嚴殆盡的年代裏，卻一眼看見一個同類。這個同類和自己一樣，內心和外在行為都在同時代做著長期的反抗、並且正在尋找機會和世俗做個徹底的決裂，以表明自己的「異類」身份。

尋找同類，使每個人抨然心動，放之特殊的年代，這件事便十足的吸引人。《1984》中的老男人溫斯頓・史密斯長年以為找到了一個很有默契的同類，結果錯了，因此受盡摧殘；王小波的小說中。王二決不會找錯了對象，這便是王小波小說的故事性，是小說與讀者之間最深厚的交流之處。

## 時代，時代

《黃金時代》的時空背景是文革期間，王二是當年千萬下鄉插隊的知青之一，不瞭解這段歷史，誠然不會理解小說反映出來的精神反抗的基調。而更值得關注的地方，一是小說對這段歷史的反思態度，二是其方式。近年來的一些反思文革題材的小說，其中透露出來的意識是叫人生疑的。比如它們無不沉痛地指斥革命風暴對文人的迫害、對知識的粗暴拋棄和嘲笑、特別是對人性尊嚴的摧毀。在忍痛的同時，字裏行間、內心深處傳遞出來的，實際是對當時那種極端體驗的念念不忘、對打壓權威的快感的回憶、對混亂社會的重構「理想」。這些固然是文人的天性，不能從道德上予以干預，卻決不是真反思和追問！《黃金時代》裏的王二，在那時是個十足的「當代流氓」，作風問題惡名遠播，一貫地目無領導和尊長，做事情不遵守鄉村道德規範。但是，他的行為卻表現出了對精神壓迫的絕對反抗和永不妥協，對荒誕的所謂「極端體驗」快感進行了徹底的嘲弄，他更真實，反思最深，堅守人性最持久，所以他的言行令人神往。正是這種原則，建立了王二這個形象在《黃金時代》之後的作品與讀者的默契，建立了王小波的小說創作的基本思考和姿態。

荒謬中反映真實的背後，顯示出小說對時代本質上的忠於。《黃金時代》引領我們回到的，是當時人們的精神狀態，或許，敘事的過程中，只有這些才是最真實的。王小波在談論本小說中的性描寫時提出一個很強的邏輯：「眾所周知，六七十年代，中國處於非性的年代。在非性的年代裏，性才會成為生活主題，正如饑餓的年代裏吃會成為生活的主題。」邏輯嚴密是王的特長，性愛和飲食一樣，如果不能將其同等看待就是一種人性的障礙。這是個好的說法，不過卻不足以解釋王在表現方式上的選擇：是看重展現人性的自然反應，還是更看重時代對性愛在表現力的默認？這樣，我們就又在談前述關於性描寫的疑惑。我們的倫理是包裹的倫理，包裹意味著含蓄與平靜；換句話說，包裹容易成為禁錮，含蓄正是刺激的書面語。這種鄉村倫理逾越千年，異常穩定。所以裸露必定會遭到千夫所指，而坦誠的性愛則成為一種極端，超越了一般的道德規範，超越了「村民」的心理防線，足以讓「指人者」瞠目結舌，不敢說話或者不復有興趣。小說中有一個小的總結之處，就說明了這種情況：即大家懷疑一個人是「破鞋」時就有很多內容和談論的興趣，而一個人真正成為「破鞋」之後人們反倒不再怎麼關注了。因此，這種荒誕無恥將註定成為王二與陳清揚對禁錮年代反抗時毫無疑問的目標。他們決定成為村民與軍代表中傷的那種人，這樣就名副其實，這種「名副其實」中潛藏著巨大的快感。他們先是旁若無人地在一起，後來上山找到了密境，沒有顧及地做愛，接著在批鬥會幕後把「土飛機」演練的非常嫻熟且藝術，後來王二竟然在寫這段經歷的交代報告時找到了最好的寫作狀態。正是在這樣以極端來與極端搏鬥的過程中，他們一邊表達著深深的反抗，一邊在精神貧困時期尋找自己存在的證據和意義。在《黃金時代》之後的幾部小說中，王小波延續了這種寫法，因為倫理體系沒有革命性的改變，由此無不獲得了成功。

# 敵人

確實是敵人，像《黃金時代》中的王二和陳清揚這樣的人，純粹是時代的敵人。他們自然地生活在大家之中，做著和大家一樣的世俗的工作和生活，卻也總是能發現某種莫大的和諧中包含的荒誕性，如果不是被逼到無路可走，他們也不會有興趣順應所處時代的社會主題；社會價值和審美體系被視做草芥一般，他們有自己的價值和審美觀，因此這些根本不能對他們施加影響；時代寵兒和社會精英路過他們身邊時會感到很失落：他們連眼皮也沒對自己抬一下；最後，當代權勢終於發火了，要對他們進行嚴酷管制，送他們進集中營，他們卻做起了遊戲，並且影響所有管教和身邊的人也開始認為「當代」不過是個玩笑。時代的洪流，浩蕩無比，無法淹沒他們的聲音。大多數人聽憑社會時尚擺佈而蜂擁向前走的時候，有的人從遠處路過，戲嗤一陣走開了。

這些異類，對他們可如何是好？他們在有限的生命中享盡了精神食糧，他們能輕易獲得大眾，更致命的是，他們始終手握人性和真理。

小說結尾是這樣的：「陳清揚告訴我這件事以後，火車就開走了。以後我再也沒見過她。」我猜測人們可能會說：謝天謝地，終於收場了。

而王二會說：別了，同類。

2005-7-15

# 教育是我們的魂魄

## ——讀《教育放言錄》

這樣的一個書名首先就很有意思，彷彿有一種壓抑的釋放，百無禁忌。但是最初這書中的文字卻是兩個作者化名發表在《中國青年報》的《冰點週刊》上的，這很耐人尋味。以丁東、謝泳這樣成熟負責任的學人，該做什麼，該說什麼樣的話，自己就去做了，不會有什麼迂迴。這有他們的作為來映證。

這本書延續了《思想操練》（廣東人民出版社 2004年版）以來的對話格局，談論的話題主要是教育業界的事情。由於當時受到報紙篇幅的限制，所談之事正如有些讀者提出的那樣是點到為止。人們讀了覺得不解渴，很多話題沒有深入展開，這是很自然的事情。一個是這些話題深入人心，讀者自然有很多自己的心理訴求，希望能在書中找到；其二是很多涉及到的問題是常識，常識是用來普及的，而不是把它拿來當長篇小說來消磨時光。但是，常識受到漠視，又正是當下這個社會的一貫臉孔。我們現在這個時代，正是老年人對常識不行的事情早已疲勞，年少人又不瞭解歷史、不能感知常識的時代。

關於對話的意義，丁東先生在這本書的序言裏說道：

> 對話不是訓話，對話意味著雙方的平等。在學術領域、文化領域應當平等對話，已經成為知識界的共識，也有

> 較大空間。但是在官民之間，對話的平臺還有待發育，對話的機制還有待生成。公民議政，是憲政的題中應有之義，是建設和諧社會的必要條件。在這方面，關心國家前途的中國知識份子理當有所作為，也是我和謝泳的追求所在。

這說的很有意味。我們這個國度，很多傳統都有可怕的穩定性。即如所謂的「對話」，這裏面就隱含著很深的心理因素。吾國人往往是在社會同一個階層上來對談才能「放言」，無所顧忌；一但對話的雙方身份、背景發生了變化，出現了錯位，那麼即便能對話，講出來的東西也就失去了價值，因為都經過了嚴密的包裝和掩飾。在社會最廣大的層面上，其實民間和官方歷史上從來沒有對話出對社會文明有大影響的東西來過。那麼，在這種歷史背景下，比較能說話，能講出有價值的東西，而且較少有各種各樣複雜心理負擔的，是一代代的讀書人，這倒不是因為他們不知道人間冷暖，而是對國家的感情已經超越了考慮個人的遭遇。

在這本書裏，提到了很多教育業內有意思的話題。比如談到「師範大學與吃飯大學」。這並不是僅僅的諧音，提及的原來是早年所謂「十年寒窗」苦熬出來的應屆高中畢業生，成績優異而又家境艱難，所以放棄理想、選擇有補貼的師範類院校作為自己的「第一學歷」成了很多人的故事。我們說，師範類院校畢業出來的學生，走上社會，成為教師的比例應該說還是很大。因為我們很多人都對此深有體會，那就是大學裏的專業對就業的束縛其實很大。在學校「大工業生產」化的時代裏，一個人選擇了一個專業，和被訓練來做一個行當其實是一回事。專業是一個敲門磚，沒有這樣的一個平臺，即便你有從事另外一個學科別人望塵莫及的才華，你進不了門，很多事情都無從談起。教師這個行業，有過它輝煌的年代，享有無尚的榮譽。即便今天被教育體制熬盡精神，但是也不能不說是一個社會上層面較高的職業。那麼從表面上來看，因為經濟困難這樣的問題，把師範院校當作「吃飯」大學，這樣的選擇從物質和經濟上來說，是一個最優的選擇。但是，這樣物質的選擇對個人的精神生活上來說，卻成了今後人生一系列功利追求的開始。從個人體驗上來說，一個人從事了他事先和事後都感到沒有興趣的專業，——以後這個專業就變成了職業，可能會伴其終老一生，這件事其實是很痛苦的。從經濟學的角度來說，把人力資源配置到不適合他產生價值的地方，也是不經濟的。最重要的是，我們從這裏就看到一代年輕人的夢想是怎麼消逝的。那麼現在來看，當年這樣把「師範」作為「吃飯」大學解決生存權的選擇，今天也從來不少。我身邊很多親友，面對同樣的困境，往往也只有兩個選擇，一個就是念師範院校，另一個是念軍事類院校。因為這兩類院校現下都對來讀書的學生有不少的補貼，起碼學生在校期間不會在生計、伙食上發愁。如果你夢想要接受高等教育，當前又沒有基本的經濟能力，除了在應試流水線上湊足那個分數，也不得不接受這樣的選擇。

很多人都認為，這麼多年的教改成果，其實就是直接把今天的學校變成了企業。學校也要向社會、向市場要效益。回顧歷史，在我們的現代教育從一個比較高的起點開始的時候，也有類似的情況。我們讀一些回憶錄，經常就會讀到傳主談他當年因為某某學校學費很低、補貼很多而做了類似的選擇，決定了一生的起點如何如何。但是，從前的學校裏那種對經濟困難學生的特殊照顧；以前教師、教授對學生的發現、鼓勵和幫助這樣的傳統，今天就沒有了。從前對待年輕人受教育這件事，是既談經濟、又談傳統，又談從權；今天是只談經濟，不講傳統，不知道傳統。相同的是年輕人那種選擇接受教育時的無奈，日光之下，並無新事。

又如書中所提出的這樣一個問題：現代中國大學的校訓因何雷同？書中援引一則材料說，現在中國大學的校訓似乎存在著一個定制，多數為「四詞八字」的口號式的校訓，比例高達75%。校訓中多數帶有「勤奮、求實、創新、團結、嚴謹」等辭彙，區別在於前後順序。丁東先生對此說：「校訓雷同現象，表面看來是一個格言警句的選擇問題，但實質卻是一個文化問題。雷同本身並不可怕，可怕的是單一和不能自由選擇。清華大學和廈門大學的校訓中有一句話也是相同的，但這並不影響兩校各自的風格。為什麼現在大學校訓雷同？道理其實不複雜，因為如今的大學只有一個模式，雖然學校有大小的不同、文理的差異，但現在的大學從制度和管理模式上，在教學理念方面，完全相同。要在這樣的情況下，找出有獨特風格的大學本來就很難，要找出大學在制定校訓上的獨立思路就更不可能。」（見該書相關章節）

校訓是一個學校的精神追求的高度濃縮體現。產生雷同校訓的原因只可能有一個，那就是近親繁殖，就和很多機關辦公樓的建築風格、粉刷顏色雷同一樣，是把事情當作定制來做的結果。在大學而言，就是把辦大學變成了開工廠。不要求它的精神內涵，只要求它的穩定、順利的產出。從學校的校訓，可以看出我們辦大學的現狀來。以我們這一代人接受中國高等教育的親身經歷來說，確實感覺自己具有一種流水線上產品的特點。我們的教育過程是進行完了，但是大學本身也失去了它的意義。而且很多老牌大學、全國一批和北京大學歷史一樣久遠的老大學，不但丟失了當年的好的傳統，還陷入了現行體制之中不可自拔。很多老大學，有這樣的一種意識：就是對它的學生有一種「負責任」的感情，即「入得我們，就是我的學生，務必要使他們全部順利畢業」。那麼，學生只要按照學校設計好的教學過程走完這一次，也就可以順理成章地畢業，進入社會。這其實是學校和高等教育自我精神的雙重遺棄，自然也是學生沒有大學教育精神這種概念的原因。

對教育的審視和關注，不僅僅是這一代知識份子的本能，而是幾代人的本能。我們可以回憶一下，當年的胡適、傅斯年這些人，想想他們對教育的重視程度。那一代知名的知識份子，那些今天的大師，很少有不和教育業產生關係的例子。他們有的人可以說終身服務於教育業，因為當時有一種觀念說服務於教育業就是最好地服務於社會；有的人年輕時代自己努力接受新教育、新觀念，學成歸來後第一選擇就是將所學提供給國內大學的課堂，留下了數不清的佳話；更有一類人，身在其他行業，卻無時無刻不關注著國家的教育，在政治風雲變幻的時局之下，不惜沾濕羽毛，努力地同當局斡旋，只為了求那份

「容得下一張書桌」的安寧。回顧民國年間的舊事，給人印象最深的莫過於一代名校的校長如蔡元培、胡適、蔣夢麟等人，在學生運動風起雲湧之時，不停地在告誡、勸解學生要以學業為重，不受各種主義的蠱惑、不參與各種激進的暴力活動，努力求學以報國的言行。現在看來，這種態度才真正是為國家辦教育該有的態度。後世有的人因為這些大師當年做出了逆流的選擇，就對他們不屑，這是不能靜下心來體察歷史的表現。

其實，從那一代最優秀的知識份子身上，我們應該發現，那更有價值的共同點在於他們那種始終對教育寄予重望的信念，終老一生，或遠隔重洋，至死不忘。在那樣的亂世之中，對社會、對國家保有信心，對教育不放棄，能做到這一點使人既感且佩。今天，當我們對教育的信任幾乎湮滅、看著它積重難返的時候，才發現保持這種內心深處殷切的信任之不易。

丁東、謝泳這兩位學者，你如果去追尋他們的思考歷程，或者僅僅通過他們正式出版過的著作來看，他們對教育也是念念不忘的。丁東先生的每一本隨筆合集中都有很大篇幅是在談教育，謝泳先生對民國教育傳統的系統考察集中體現在《教育在清華》和《大學舊蹤》兩本書裏。當年他們兩人的書因為印量較少，也是我在舊書店苦苦尋覓的書籍之一。找來以後我就讀了，讀過才發現他們兩位也是這樣，對教育始終不死心，對教育批評較多，正是平日裏悉心關注的結果。丁東先生是（上個世紀）50年代生人，謝泳先生是60年代生人，在他們的人生歷程之中，能夠不被日常俗務所干擾，在自己的專研之外分出精力來，堅持幾年做這樣的一個對談專欄。而且不畏專欄文章連續時長、吞噬話題的特點，談起來觀察廣泛、胸有定見，不能用其他理由來解釋，只能說明長期以來對教育的關注。這是不是正接續了上面所說那一代知識份子對教育不放棄、不拋棄的傳統？

「放言」其實是一代代知識份子安身立命的夢想，生在和平年代，又趕上思想自由的社會，他們的夢想就有更多的人知道，有更多的人認同。如果錯生了年代，他們的夢想就只能化作後世無盡的歎息。把教育當作教育來做，也是知識界一貫的夢想，事實證明，一代代的知識人心中最惦記的，不是他們本專業能不能解決更多的社會問題，我感覺他們在內心深處一直對教育寄予熱望。我們如何對待教育，正如如何對待國家，批評它是想叫它更好。

2008-12-15 於核桃書屋

# 輯二

# 筆底波瀾

# 從真到偽

胡頌平先生著《胡適之先生晚年談話錄》出了簡體橫排本（新星出版社，2006版）。據編者所言，此版本只是對「不合適處」進行了修訂，改換了一些（大陸）習慣用法和稱謂，其餘一律以初版本照錄。我手頭並無聯經版原著，因此對內容出入無法對照，待細讀。而所謂對「習慣用法」的修改，參考同是胡著的《年譜長編初稿》卻是看見了一些。比如說，中央研究院變成了「中央研究院」。

其實這種改法和提法早就有了，49年以後，除了民間，不管涉及不涉及到政治，多數飄洋過海的機構和人事無一例外都被贈予了有特殊意義的。「將」這樣使用照漢語的約定俗成意思再簡單不過，就是「偽」，表示著一種對其名義的嘲諷和不認可。離開政治範疇，這種對真偽的強調其實是有問題的。還以「中央研究院」為例。

國立中央研究院1928年成立於南京，當時的組織法規定它「直隸於國民政府，為中華民國最高研究機關」。據中研院簡介云：「民國十六年四月十七日，國民政府定都南京的前夕，在南京舉行的中央政治會議第七十四次會議中，李煜瀛（石曾）先生提出設立中央研究院案，決議推李煜瀛（石曾）、蔡元培（孑民）、張人傑（靜江）三位元先生共同起草組織法。此為設立本院最早的紀錄。五月九日，決議設立籌備處。七月四日，將正在籌設的中央研究院改列為中華民國大學院的附屬機關之一。十一月十二日，大學院院長蔡元培先生，聘請學術界人士三十人，在大學院召開中央研究院籌備會，展開籌備工作。十七年四月十日，國民政府修改中央研究院組織條例，成為不屬於大學院的獨立機關；二十三日特任蔡元培先生為院長。五月，啟用印信；六月九日，舉行第一次院務會議，宣告正式成立。」（參見中研院院史）

中研院創立之後，的確成為學術中心，得到了很高的地位。其所屬很多研究所都取得了可查考的成績，比如人們耳熟能詳的中研院史語所。1949年國民黨敗退臺灣，該院部分人員隨之遷台，沿用此名。50年代中研院遷至臺北南港，58年，胡適接受院長一職，從海外歸來。南港逐漸成為海外華人學術中心之一。

中國科學院以原中央研究院、北平研究院的部分研究所為基礎，於1949年11月在北京成立。成為「國家科學技術方面最高學術機構和全國自然科學與高新技術綜合研究發展中心」。

中研院與中科院是不同歷史時期下國家的最高學術機構，由於其遭遇特殊的變革時期，很難公平地評價兩者，然而兩者之間無疑是具有血脈傳承的。龔育之先生在一篇談中科院的文章中提到：「……這（兩者）中間的繼承性，沒有明白地說出來。當時強調的是新舊政權新舊時代的本質變化。但是在本質變化中也有歷史傳承。中國科學院建立的主要基礎，就是中央研究院留在大陸上的研究機構，中央研究院留在大陸的自然科學方面的院士，基本上都被聘為學部委員，人文社會科學方面的院士，多數也被聘為學部委員。這就是事實上的繼承性……」（〈我所知道的陸定一〉），可以說，在自然科學方面，凡49年未離開大陸的原中央研究院院士基本上都成了中國科學院的學部委員，只有在人文科學方面，留任的原中研院院士較少。比如當年同胡適、傅斯年共同負責48年中研院院士評選工作並當選第一屆院士的陶孟和，在50年已經成為中科院副院長（見羅爾綱《師門五年記・胡適瑣記》，三聯版）

由於這種無法割裂的血脈聯繫，當年在學術領域繁榮時期出現的一大批教授學者，雖然在50年代由於時局而風流雲散，但不能說兩個機構的學術水準和學術態度因此而有何厚薄。南港中研院的研究資源在胡適回歸之後得到恢復，大陸百廢待興，兩院在五十年代初都處於重組階段，研究秩序通過學人的努力和政府的支持都在逐漸恢復當中。對這一時期的二者厚此薄彼恐怕是有失公道的。

據謝泳先生的研究表明：在1949年赴美、赴台的24名原中央研究院院士中，有10人是人文組的院士，也就是說，原中央研究院人文組的28名院士中多於三分之一的人離開了大陸。這顯然是考慮到當局對人文知識份子的一貫態度和歷史宿怨。補缺的是當年的延安知識份子，如陳伯達、胡喬木、周揚、艾思奇、胡繩、范文瀾、尹達、張如心等。這些人大都是專門負責意識形態和文化部門的所謂文化官員，其後可想而知。於是經過50年代之後，中研院與中科院逐漸有了本質上的區別。這個區別就是兩者的社會地位與社會角色有了區別：「『中研院』是學術的最高權力機關，而（中科院）『學部』則更像一個管理學者的機關」。從人文領域來看，不能說中科院多年以來碌碌無為，但是缺乏一個獨立思考和獨立言論的身份始終是一個驅之不散的夢魘。

滄桑巨變，時間到了今天，南港的中央研究院對於當代的大陸學人來說已經變得非常隔膜，變得神秘，它的歷史似乎已經消失。只是我們還能在網上讀到文人氣很重的中研院簡介和課題簡章：在人文研究方面，「憲政理論與實踐研究」仍然位列中研院近年主要研究課題之首。而今天的中國科學院特別是人文研究部分，在早一輩學人的漸次故去、為意識形態控制服務多年之後，已然變成了一個和其他文化機關沒有什麼區別的單位，背離了當初設立時的宗旨。象徵終身學術地位的院士授予制真的變成了「形式驅逐實質」的實例，缺乏一流的學術研究成績，以至於出現了海外漢學家笑傲國際學術會議的局面。

時至今日，已經沒有了爭執某一個機構的名稱真偽的實際意義，那些可笑的權威、名義是要靠一流的成績來得到別人的認定的。回首過去，本來是好的學術機構，裏面的人還是那些人，為什麼一到了海外就成了偽機構了呢。這種「從真到偽」顯示出來的是什麼呢？是狹隘！真偽難辨，是因為有各種不同的比較口徑，但學術水準的真偽卻是一個客觀標準。以自己的「瀕危」談別人研究水平、國際知名度的「偽」，這是狹隘。而這種狹隘一直延續到了今天，成為傳統，成為沿襲，成為出版物稱謂中的修改慣例，作為文字記載下來，這是敏感，其實恰恰又是不敏感。想起這期間經過的漫無邊際的歲月，實在是使人歎息不盡。

2007-1-24 於核桃書屋

# 自由主義是一種生活方式

## ——紀念胡適先生誕辰116周年

這是我迄今為止最喜歡的一句話。它樸實無華，有確實的指向，而且指向我們每個人的實際狀態，把學理上的一切所謂裝飾都拿掉了，使「自由主義」這幾個字走下神壇，走出學界，來到普通人身邊，而且隨時讀來都使生活在濁氣中的人們產生一種清新的感覺。曾經記得在胡適先生的一篇文章中見過這句話，這句話是不是先生最先提出來的則還需要探究。但這是沒有關係的，一個人說什麼可能會在特定的一個時間裏給你某個概念和印象，但他的一生是不是用自己的實踐來履行前面所說的給你看見才更重要。就自由主義而言，胡適先生曾經作過題為《自由主義》的專門演講，也較早把「容忍與自由」的關係作為討論帶給後人。所以在學理上，他也沒有少下功夫，更重要的是，他用自己的一生，確切地使後人看到了大寫的「自由主義是一種生活方式」。

前面說，自由主義是一種生活方式，把自由主義的氣質帶到我們普通人的生活中來。那麼，這裏如何解釋呢？這些年我看到很多確實的解釋，看來看去，謝泳老師的解釋大概是最實在的了。那就是：自己活，也讓別人活。看了這樣的解釋往往使人很有感覺。首先，正常的個人生活，或者說所謂個人的人生選擇，應當有他自己做決定的時候，也就是成為自己想成為的人，做自己想做的事，個人要走的路不受干擾和脅迫。我們今天作為一個普通的平民，想走自己的路，往往有說不盡的干擾，難以置信的是，更有很多脅迫。多少年來，來自世俗的偏見是我們遇到的最大脅迫。個人走得路越多越好，這也就是王小波的「參差多態」，如果不能實現「參差多態」，也就無從談起他追求的「有趣」。這就是為什麼王的小說裏會有那麼多荒誕不經，（最荒誕不經的是王式小說現在幾乎不受任何出版檢察的干擾。）也就是對世俗評價的反彈。同時在另一方面，我們可以從這裏明顯看出世俗輿論對個人選擇生活方式的脅迫。這是個人生存的困境，然後是對別人的態度。我們常說，民主國家裏生活的人，千奇百怪，他們做的事同樣千奇百怪，突發奇想。我們常常接受的國民教育是，西方國家的公民們，精神頹廢，道德淪亡，每天和反動搖滾樂與毒品為伍，故此千萬不可變成那樣。哪一個國家人們的生活都有問題，人間哪有真正的伊甸園？我們關鍵應該想一想，這種千奇百怪說明什麼？是不是說明自己活，也讓別人活？是不是說明，可以容忍別人按照他的選擇來生活，或者，甚至比自己活得好？

自己活和讓別人活，這兩者之間有深刻的關係。我有時候常常想，是不是正因為我們獲得自己想要的生活這麼難，才對別人怎麼活很介意？才「不讓別人活」？如果是這樣的話，就有兩條理由可以解釋：一、我們是一個有幾千年歷史的國家，每一個歷史時期都有主宰社會道德輿論的標準，歷史負擔太重，血濃於水，故此不可能向沒有歷史的國家那樣可以從頭開始，把選擇個人生活方式的權利留給個人。二、生活方式是不容易任人擺佈的，個人很難擺脫有傳統的生活方式。正是王小波在雜文裏寫的：他經常看一個鄰居，生活本來溫飽，但總是四處收集廢品，而且偷偷往廢紙箱板的夾層裏澆水添分量，長此以往，結果他自己後來走在路上，碰到廢紙箱板也不由得「多看兩眼」。這就是潛移默化的影響。別人、多數人的生活方式沒有太大餘地的選擇，沒有太多不同的類型，我們自己也就成了被小木樁拴在地上的大象，沒有太多想法。這並不可怕，想不想是一回事，能不能是另一回事。荒謬的是，我們的生活方式總是古怪地與道德緊密關聯。於是選擇了離經叛道的生活方式，也就和背離了道德規範是一樣的了。

對於國家而言，其實局面和個人是很相似的。國人常說，家國天下，家國是遞進關係，實現了「家」之後才能進一步走向「國」。所以，我對現實的理解，是只消把上述中所說的「個人」換成「國家」，把個人生活方式換成國家生活方式就可以了。我們追求國家生活方式的出走，正如人們追求個人生活方式的出走。我們可以看看國家生活方式遇到的是不是相似的問題。

基於這樣的現實和歷史，再來看胡適先生一生所倡導這叫做「自由主義」的生活方式，看看他一生的個人生活方式和對國家的作為，才能看出這其中的不平凡之處來。承認自由主義是一種生活方式，就是要承認「容忍比自由還更重要」。但是，這是多麼難得又多麼艱苦的「容忍」啊。容忍，是對別人多麼大的一種尊重，對國家又是多麼大的一種熱忱啊。自由主義是一種生活方式，今天我用這樣一句話來紀念他。因為他不但使人們能知道有這樣一種可以選擇自己生活方式的生活方式，還給我們看他是怎麼做的。

2007-12-14 於核桃書屋

# 有財產的負罪感

小說《夜幕下的哈爾濱》當年被搬上螢幕和電臺，經過王剛先生的演繹，成為一個年代人們的重要精神食糧之一，留下了不可磨滅的記憶。小說中有一個主要人物李漢超，是一個家有薄田的成分不良子弟，在求學期間接觸到老馬經典，逐漸成長為一個堅定的馬克思主義者，感到自己的家庭在「剝削與被剝削」的階級鬥爭中處於道德絕對劣勢位置，自慚形穢，不但寫信回去要求把自己名下的土地分給佃戶，更家庭出身「更有問題、更有勢力的女性對自己的熾熱追求當成了另一重的精神負擔，顧慮重重。這個人物很鮮活，可以說很有代表性，在當年現實中，確實生活過一大批這樣的年輕人，老馬的那一套經過組織的宣傳，在他們腦海裏起了很大影響，道德、價值這些東西已經紊亂，不尊重常識，不知道歷史，每天生活在自身的各種矛盾之中。

回憶起當年學習老馬著作的一點皮毛的時候，我們這一代人卻沒有受到這麼大觸動，這倒是拜時代所賜：首先我們對學院生活所接受的一切都有本能的排斥，其次，我們看到的結果是經過改良的帝國主義看起來萬世常青，老馬理論的終極指向似乎不攻自破。是不是有一種可能，老馬解釋了全世界範圍內資本家獲得財產的罪惡性質，結果導致希望改變生活質量的工人團結起來，為大家一律赤貧而在精神和道德上稱為富翁提供了強大理論支援。我有時候特別感激年輕、感激年輕帶來的逆反，在接觸皮毛還沒有侵入骨髓的時候，提供了強有力的同流行思潮相制衡的支持。再後來，時代發展的結果迅速接手，我們於是可以腳踏實地地生活、工作和學習。

《讀庫0705》刊有一組珍貴的〈城市記憶・解放〉文章，其中收錄有不少解放前夕報紙上的讀者來信，有一些看了叫人不免心生感慨，下面特錄兩則：

編者先生：

今有數事相詢尚希詳予刊覆為謝。

一、鄙人家鄉原有土地房屋於前二年因家人在津全部被分，現值全國解放，居津人口刻欲返還家鄉，不知房屋土地能否按人口分配之數退還？或由他家之地、房分給？

二、回家後能否向村中交涉索回自己房屋及四分之土地？

三、由津回家人民政府能否給出證明回家領地？

四、鄙人在津經商七年有餘未回家一趟刻欲回家不知津方人民政府能否給一證明保障返津時之隨便？（唯恐到家後不許返津怕耽誤津方事業。）讀者

張某某敬上（具體人名省略）

編輯先生：

我有以下幾個問題，希望解答。

一、我過去在自己的土地耕種上，無勞動力，這當然是地主成分，但我由民國二十二年因為經營商業上的需要而遷出，並非是蓄意違反革命政策，是否就是逃亡地主？逃亡地主的構成條件都是什麼？

二、聽說逃亡地主是反動的，都必須追查，那麼逃亡地土應得的懲罰都是些什麼？

三、什麼樣的地主，應當追捕減租減息，像我這樣的地主，是不是也應當進行追捕減租減息？

孫某某上

這是解放前夕，發表在不同報紙上的兩則讀者來信，只節錄了來信，沒有摘錄覆信。既然是選擇了通過報紙諮詢上述的事情，而沒有直接諮詢官方管理機構，當然是出於各種各樣的顧慮。這個寫信人的選擇應當是重重考慮之後的行為，比較自然，沒有被強迫，只是出於山雨欲來風滿樓的感覺；百姓人家對前途的遭遇看不清楚，又不便直接去問，這從來信的措辭上就能看出來。儘管沒有摘錄覆信，或許覆信中的回答也不儘然，總之，等待這兩家人的遭遇還未可知。今天我們來看看這兩封信，你會有什麼感受？反正我是沒有多少階級仇恨，而只會長歎民生的艱辛、感歎有財產的草民在時代大變局面前的無依。我們看那信的措辭，能看出寫信人的心態和認識正處於新舊交接的關鍵時刻，而那種莫名其妙的對自己通過合法勞動佔有財產的那種負罪感，此時正在誠惶誠恐地滋長著……

我們今天的人，遇到類似的資料是難於理解的，我們這些幸福的人們，與生俱來、天然地把自己勞動所得和接受遺贈的財產看作是天經地義的，或者，把超過自己勞動付出的超額彙報、甚至是那些不勞而獲也一同視為天經地義，每天晚上可以安心睡去。誰可曾想過，當年的人們一覺醒來，半生辛勤而來的所得可以憑一張文告被人拿走，隨時可能失去自己的財產、失去生活來源、失去尊嚴，成為上個世紀後半葉大部分時間裏人們每天最大的惶恐。最荒謬的，還不是這種奪走平民財產的方式和理論，而是通過大量現實和損失使人們腦海之中形成的根深蒂固的對自己擁有財產的負罪感。

現在，我們有了物權法。後來，我發現當今人們的思想確實有了質的飛躍。有一天，我路過一片臨街的舊房子，看到每家每戶都用白布黑字楷書寫了「堅決履行物權法」、「保衛家園」諸如此類的字句，這些規範的用語大大改變了我的成見，先前釘子戶們維護自己合法權益時往往使用辱沒文明古國的國罵和最徹底的詛咒之類事情已經很難看到了，同時，我們欣喜地看到，在用白堊大寫的「拆」字面前平民的防線堅強如鐵、一如往昔。我們這個時代的進步在於先期克服了對擁有財產的負罪感，獲得了生存下來的物質底線和尊嚴底線。當然，我們同暴力機關爭奪自己合理合法財產權的博弈和鬥爭不會消滅，這漫長的抗爭歷史、這歷史中充溢著的血色，不是一部新時代的法律可以輕易消解的。我們已經沒有這樣天真，這就是生在我國的荒誕。

我們永不會輕易忘記歷史，也不會愚昧地以為自己已經站在發展變化的尖峰而忘記歷史，因為歷史是從過去毫無斷層地走來的，我們的父輩祖父輩曾經長久擁有的那種深深的惶恐、那種種鋼鐵對血肉打烙出的不正常的負罪感，人們尤其不會忘記。

一根稗草，也能投注下它自己的影子。它低頭，是為了看看自己的影子。

2008-2-7 於核桃書屋

# 我的棋王時代

上個世紀九十年代末，經朋友介紹，我頭一次聽說有一部小說叫《棋王》。倉促之間一時找不到現成的紙本，只得找來一個電子版本，現在看起來有點說不過去。這書又不是禁書，沒有什麼好理由讀電子版。其實禁書大多數不好看，或者讀了以後會有很不好的感覺，只是由於出版檢查，有人絞盡腦汁，那些本來平常的故事就成了禁忌。吾人偏偏越是禁忌越追逐，於是成了寶貝。很多的所謂禁書哪能和《棋王》這種小說相提並論。

這本小說寫的是當年一個平凡的插隊青年取得地區象棋大賽冠軍的故事。小人物在特定場合表現出來的不平凡的作為和精神狀態，是小說著力要表現的。

一般對待這本小說，人們往往忽略了小說中的「我」，其實他才是一個特立獨行且易引人發噱的人物。在食物極度匱乏且精神異常貧瘠的年代裏，靠著家裏的經歷和見聞，常常把先前見過的各類美食講得天花亂墜，引得眾人流涎，「發一聲喊，把我按倒在地上，說像我這樣兒的人實在是禍害，不如宰了炒吃。」由是觀之，這個人頗像是王小波小說裏的那些荒誕不經的人物。「我」不僅順利完成了以主視角串聯全部故事主線的任務，而且在小說中可謂極其出彩。我注意到，小說中只有「我」這個人物同王一生在一起是相適應的，這一點很有趣。比如他在敘事過程中同王一生的交流，特別是他對王一生吃飯時的觀察，尤其是王吸溜油湯時的那種「虔誠而精細」，不是貼身相處是不會出來那般文字效果的。可以說，「我」這個人物藝術加工痕跡比較重，相比之下，王一生必定有原型人物，或者是被提煉過的很多真實存在過的人物的合成。因為這個主要人物使人感覺非常真實，如王一生下棋時那種大氣，常常在對弈者和看客們還沒有看出高下和結果之時就開始重新擺棋子：「再來一盤吧」，那種「暗示死刑」的架勢使人回憶起童年的街頭巷尾，我當年那些自命不凡且棋癮極大的鄰居們也往往這樣顯示出很中國的含蓄風度。但也有加工：王一生在火車上講過一個故事，而且這樣開頭：「從前哪」——笑了笑，又說：「老是他媽從前……」而這個故事是老掉牙的「巧媳婦平時藏米饑荒時救濟大夥兒」的故事，這一處描寫其實有失水準，不過卻能看出王和「我」確有臭味相投之處。

小說裏的人似乎無不對吃這件事有著各種各樣的憧憬和個別體驗。這種感覺只有在饑荒之年生活著的人們才有深切的體會，我們今人紅口白牙，站在乾河岸上，是無論如何不好理解的。時代不同，現在是腦袋決定屁股的時代，那時是肚子決定腦袋的時代，今人如果不想做蠢材，就最好由己及人，在別人的年代裏考慮別人做的事。這個「吃」的通覺，是一個年代悽惶的記憶，可謂小說裏的一個大背景，是事實使得它有趣而令人心碎。

小說的高潮在第四節，其他章節儲備、鋪墊的張力都留在第四節了。這一節有兩個可注意或者可思考之處，一、象棋比賽只不過是那個地區一次運動會的棋類比賽，而且已然結束，怎麼會搞到最後幾千人空巷來望，這個盛事是如何發生的？二、王一生在比賽中的精神狀態是怎麼回事？下面我就這兩處分別試著解釋一下：

前一個比較好解釋，首先是在一個文化落後精神貧瘠之地，人們在哄完肚皮之後基本上無可消遣；其次國人從眾心理是有歷史的，互相容易感染，喜歡看熱鬧，看完別人的喜悲和遭遇自己能獲得一種莫名的快感，只要不是發生在自己身上，看熱鬧不怕事大；喜歡跟風，因為怕漲價會學著別人把雜貨店買空。再有就是象棋這個東西的特殊性。中國象棋之誕生和流傳，有其深刻的國民性的淵源，在人生現實的較量中敗北或者天性懦弱的人，可以在這小小方寸之間用棋子來廝殺對方，來挑戰，來反抗，在棋盤上把對手殺的體無完膚，也有一種很刺激的快感。於是中國象棋的對弈往往很見人性，很多人都是通過這個來觀察別人的。這是實話。小說中這種地區的運動會，本來沒有什麼新意，但是要和前三名一起廝殺，確實有一點挑釁的色彩，國人不分老少，多數對象棋有一知半解，可以看出高下，這些都促成了一個小小的行為演化成一場盛事，走向高潮。

困難的是解釋王一生在鬥棋現場的精神狀態。起初一見到人多起來，他就有點慌，感覺「要出大事」，說明王和「我」有本質區別，也和多數普通中國百姓一樣，遇到自己拿手的事先是心胸萬丈，一見人多事大就本能地有點害怕。後來進了場中央，場面已經做成，再無法退縮，王一生就橫了心，有種赴死的慨然，把自己的書包給了「我」，交代其一定要保管好母親做的棋，似乎要破釜沉舟了。——這一點不是很容易理解，下棋總有輸贏，結果是很正常的，本來無需這麼大的精神負擔。那麼卻是為何？我看了又看，透過很少的一點描寫，感覺他當時還是想贏怕輸。後來同伴給王一生找來了水，那時激戰正酣，入定一般的王一生對待那碗水的態度，又部分修正了我的判斷，或者是王本人此時心理又發生了變化。他那時分明已經把鬥棋當作了絕對神聖的事，而且已然把自身的潛力全部激發了出來，正馳騁在個人能量釋放的巔峰之上，本能的含蓄之下實則激情四射。大概我們用這樣的一個歷程方才能把王一生的精神狀態變化解釋清楚。這次對弈之後，王一生已經完全無法從原地自己站立起來，精神已經到達幾近崩潰的邊緣，充分地說明了當時他精神之高度緊張和集中，以及心理上有同自我作一決戰的經歷。最後，當他如夢方醒，啜泣之餘脫口而出的「媽，兒今天……媽——」表明了王精神和情感的最終到達之所，顯示出長久的壓抑之後的釋放和慰藉。小說至此乍然而終，又好似沒有結果，此種收放顯示了阿城對全篇的高度掌握，尤其值得注意。

《棋王》寫得其實是每一個時代青年人都能遇到的關於洪荒的故事。時間過了這麼久，如果我們平心而論，稍稍朝那個年代做點接近的努力，那麼我們應該可以想到：那種風雲變幻叫人看不清不知道如何是好的年代，運動一場接著一場，而且無不是高揚的信仰和社會理想的旗幟。在這樣的詭秘的氣氛裏，成千上萬的年輕男女從城市來到邊遠農村，——他們多數有文化，而且很多文化不低，在文盲率高的驚人的年代裏被稱為知青。沒有多少書可讀，沒有其他藝術，沒有家庭及其他社會責任，看不到前途有什麼正在等著自己，看不到自己未來會怎樣，很多人甚至不知道這種日子到底要過多久。正是天地洪荒，剛從學校禁錮中脫韁的野馬被流放到思想和物質雙重的不毛之地，奈何？或者不提什麼高貴的精神上的追求，說的庸俗一些：在這種情況下怎麼活下去？知識層面較高一點的，可能會在這種孤島上堅持自己的思考，抱成團來，互相影響和促成，返城後變成精神高貴的青年思想家；文化較低的或者基本上沒有生活基本來源的，還有就是像文中這兩個主人公這樣流浪的平民子弟，怎麼打發時光？基本上兩個選擇，一個就是戀愛。現在很多影視劇都這樣來找噱頭，說什麼個別道德不強的知青，在戀愛這種高尚的事業上留下很多孽債，確實是有事實背景的，這也是歷史贈與個人的沉重；另一個就是找點酷愛而且可以大量消磨時光的玩意兒。不過不是像王一生這樣，王是那種癡，整個人都進去了，但是誰都能看出他也是借用這個來逃避殘酷的現實，後來真的是沉浸進去而不自覺了。最典型的是王小波小說裏那些個靠解高等數學題混日子的人物，那倒是很有趣的。不過他們共同的困境還是做「老插」這件事本身。

然而，完全控訴一個時代，我覺得也欠公平。要控訴，應該控訴所有時代，控訴這片廣袤的大地。中國的老百姓的普通生活，不是一個時代能說明的，也不是一個時代能解決的。總有人在那個峰頂，可以個人的好惡和意識影響人們的生活，留下很多副產品和消極影響給民間，給社會底層。我這樣說，或許是已經對此由持續憤怒過度到絕望了。因為如此，正是那些長期壓抑和受欺侮、剝奪的最尋常的平民的日子，才能厚積勃發，才能不用心理準備就能使人潸然淚下。我始終認為，中國百姓實質的物質生活和精神生活究竟是什麼樣子的，其實和社會和國家的管理者，和所謂的主流社會是不搭界的，兩者或許有互相滲透點，但是要總體而論是兩碼事。如王一生這個人，他的身世固然可歎，他對象棋的癡迷固然可佩，但這個人究竟是個普通人。正因為他是個普通人，不是「王」，他做的那件「大事」也沒什麼驚天動地，他沒有心理準備，事先也不願意做，正因為如此，那種長期壓抑和積累下來的個人的力量爆發出來才如此氣勢如虹，他那種感情的爆發才最能動人心魄，使人見了心裏似悲似苦，又說不清楚。作為一個普通人，可能不惦記那些什麼風光的事業，卻可能會永遠記得一個瞬間的場景，某個人在那時說了那麼樣的半句話……

所以我才說，世代無法改變，我們都是凡人，與其永遠批判時代，批評那些個老死不悔改、不覺悟的體制，不如從《棋王》這種故事中好好審視那種普通人畢生中的那靈光一現。

人生如棋，棋如人生，這話顛過來倒過去，我現在覺得是廢話，是中國式的廢話哲理，是中國人的無用小聰明，極其無聊。有價值的是我們曾經的那個「棋王時代」，那時，「場上幾隻豬跑來跑去，個個兒瘦得賽狗」……

2008-3-26 於核桃書屋

# 歷史教育的殘酷和矛盾

## ——對「漢娜的手提箱」現象的私人解讀

這裏說的「歷史教育」，不是指歷史課教學，況且，我們的歷史教科書比別人的問題多的多，我不相信以這種教科書為綱的歷史教學能使人對歷史產生不虛幻的感覺；——而是指以活生生的史實和原物給現在和未來一點慰藉，以現實來使人知道今後該如何看待這個世界，明天又該怎麼面對各種各樣的問題。所謂「史學就是史料學」，確實太有道理了，心口相傳的東西，會給人很多想像，卻有可能和現實大相徑庭，真正不用醞釀和盤桓就能給你一種深切的內心感受的，什麼也比不上觸目所及的那些歷史實物。

基於我們特殊的歷史，我們一般談歷史，談歷史教育，想要不消極，想要保持良好的感覺，想要維繫一種美好的東西在那裏，確實是不容易的事情。但是，如果為了使孩子們獲得確實的歷史認識，而完全破壞了他們對世界的信心，這恐怕也不是啟蒙事業的目的，更不是教育的使命。我麼可以看到，這是一個悖論，業內人士憂心忡忡，普通愛好人文思想的朋友們提到這個問題，也是無法回避又無法解答。

我們看別人如何解決同樣的問題？西方國家，特別是那些經歷過兩次世界大戰的國家，他們在我們這裏所說的「歷史教育」範疇內最有名的就是「集中營教育」。「集中營教育」

集中討論的，都是面向所謂「反人類」史實的歷史反思：血統論，階級高下論，種族清洗，迫害，驅逐，誣告，限制直至剝奪人身自由，最後演化到極端狀態，就是集中營和大屠殺。在那些沒有顏色充滿血腥的歷史過去之後，這些國家往往在很短時間內就開始對其進行反思，興建大量的紀念館，闢出星星點點的殉難地原址。長年以來，前去追念和希望獲得深刻歷史認識的訪問者絡繹不絕。你知道，這類的地方所展出的物品中，哪一些是最使人起不忍之心和反省贖罪之意的嗎？就是那些手無寸鐵的平民，尤其是婦女，兒童們，在政治的硝煙和互相傾軋中被無辜裹挾失去美好的生命，然後遺留下來的那些最普通的生活物品，書籍，家人的照片和偶然流露在某頁紙上的當時的感受。這些東西觀眾都太熟悉了，因為我們也是平民，那些物化後的個人生活痕跡，往往是最動人的。無辜犧牲的人曾經是那麼真實地生活在腳下的這片大地，相比而言，他們遇到的暴行是多麼大的無妄之災啊。於是，對歷史的認識，就在那些美好和悠久之外，多了一些陰霾。就「集中營教育」來說，西方社會並沒有限制未成年人接受這方面的教育，上述的這些博物館和紀念地，基本上沒有拒絕向兒童開放過。這就是說，他們對這個問題的看法大致是：直面那些遠去的歷史，挑開那些所有未愈的瘡疤，給你看，叫你知道。

2007年9月，林達夫婦在國內出版了他們的新書《像自由一樣美麗》（三聯書店），這本書亦文亦圖，以數十幅「二戰」中猶太集中營被害兒童的倖存畫作為線索，寫一些人在死亡迫近之下堅守人的尊嚴、堅持美的教育和思考。某些觀點把這本書看作是反映那些普通的猶太家庭、藝術家一大批浩劫受難者的遭遇和他們不懈的精神追求。這當然是對的，但是就全書的主要落腳點來看，更像是對極端情況下本能的進行教育的可能性的討論。在一個文明社會裏，人們是不把教育當「事業」來做的，教育和受教育，那就是人生的一頁。教育與社會受眾，其實是不存在供求關係的。實質性的教育，特別是藝術和美育，是靠社會各個層面和領域的人合力完成的。不需要調劑大量的資源，也不需要多麼合理的組合，只要基本條件許可，教育就會展開。試想，如果不是出自文明的本能，而是用市場經濟來調節教育資源的配給，在戰亂這種極端狀態下，在集中營這種惡劣的環境中，就不可能出現教育行為，更不要說是書中所講的那種層面的教育了。《像自由一樣美麗》這本書其實是一個宏觀版本，它牽涉到另一本出自林達譯筆的書——《漢娜的手提箱》（湖南文藝出版社 2004年1月版），它詳細講述了出現在《像自由一樣美麗》中的集中營遇難者，小女孩漢娜・布賴迪和她的那只小小的手提箱的故事。

漢娜・布賴迪和哥哥出生在捷克一個猶太人家庭，二戰的陰雲過早的籠罩了他們，哥哥和漢娜先後被送往集中營，哥哥被送走後，音信全無。漢娜被送往集中營的火車丟下後，直接遇難，沒有片刻延遲；她遇難後，她那小小的棕色手提箱還放在站臺上……戰爭結束後，僥倖存活的哥哥喬治開始尋找妹妹並最終確認了她的下落。60年後，人們開始重新尋找漢娜，她的故事進入了更多人的視野，幾經周折，喬治也終於看到了妹妹當年的手提箱。人們把漢娜的照片裝上鏡框，把她的畫作裝裱好，寫出漢娜的故事。專門為她的手提箱建了一個展臺。又經過幾週緊張的準備，「漢娜的手提箱」的展覽會開展了。

喬治曾經說：「漢娜一直想當教師。即使現在，漢娜依然活在她的夢裏。」漢娜在集中營的時候遇到了好的教師，在那個時候，我們可以想像，她的教師夢無疑會更加炙熱。今天，她本人的身世和畫作成為一堂活的歷史教育課，這種情形很值得思考。因為這種課也就要觸碰到我們上面提到的困境。小小的漢娜，卻使我們背負著如此令人無法言語的歷史負擔。我們可以想像，如果這樣一個展覽，這樣一隻小小的手提箱出現在我們這個國度，完全開放，大家都去看，——我們這些普通人，還有那些孜孜以求做一些啟蒙的人，那些教育業內的人士，我們有沒有信心，那些未成年的觀眾看了展覽之後不會對這個世界和社會失去信心，——我們先自有沒有這個信心？

我們自己看漢娜的手提箱，都覺得殘酷異常，無法平心靜氣，——要知道我們這些人，可都是在世道不行的歎息和頹廢之下討生活這麼一步步走過來的，習慣了遭受社會的各種不平和歧視，習慣了在讀一本紀實書籍之後氣血流轉久久無法睡去，習慣了太多的不完美和太不完美……那麼，我們那些現在正於教育圈內接受所謂現行各層面教育的孩子們，他們看到漢娜的手提箱，此前完全沒有我們那些煉獄般的心理煎熬過程，他們會如何處理這件棘手的問題？

以我有限的觀察，不光是現在的青少年，「80後」以後的這一代代人，他們無一例外都有一個顯著的特點，就是特別善於平衡自己的心理，特別會注意保護自己的心態，遇到一件意外，他們很懂得「拯救自己的靈魂」。他們會在很短時間自圓其說，尋找到各種各樣化解它的途徑。我不知道這是不是一件好事，或者，不知道這是不是進化和進步。所以，對於上面的這樣的困境、對這種假設很可能會有兩種情形：其一，他們看待和當年同自己年紀相仿甚至年紀要輕的漢娜，對於她的身世，他們會在第一時間內會認識到世界的陰暗面，然後，他們會直接越過「深刻反思」這一過程，——因為他們不具備反思這種事情的基礎和習慣，——直接到達厭世、虛無和頹廢，這未免可怕。其二，他們完全對這樣的事情和相關的史實沒有感覺，不會把它和自己、和自己的過去和未來境遇聯繫起來，更不會昇華到用自己和別人對比，然後對自己的國度和社會有看法出來，產生自己的社會理想和社會責任。也就是對此完全沒有反應，只當作一個普通的歷史展覽來看，看過之後也就煙消雲散了。這未免太可怕。

於是，我們可以看出，現在這個關於歷史的殘酷教育的人道性的困境，已經顯得不那麼重要了，每個人都有自己要面對的現實，一個國家，一個社會也是如此，我們的現實就是這樣。關鍵是要能使人對歷史有感覺，有反應。這是基本，等人們對此有了反應，我們才可以談到怎麼樣從虛無和頹廢的手中爭奪青年的似水年華。

2008-5-10 於核桃書屋

# 談荒謬

凡是讀人們解讀史料的文章，往往能使人對自己產生許多莫名的懷疑。因為我們自己在立論之時，哪個不是有充分的肯定，以為自己的觀點既建立在對大量材料的閱讀之上，又建立在普通人的常識下，具有一種理性。這個時候，其實我們自己究竟受了何種思想的影響，根本不自知。所以在讀別人同類的觀點時，就通過他的某種荒謬或者鄙陋之中，發現自己那些有過之而無不及的荒謬和鄙陋來。我有一個感覺，寫東西出來，如果作者的思考深度是10，那麼以此出發，能用語言清楚的表達出來的，大概只有7，這還不把作者本身的表達水平考慮在內，而與此同時，暴露出來的荒謬到是俯拾即是。比如，你長久地進入某個人的作品中去，翻閱了他那浩如煙海的文字系列，經常在腦海裏模擬出他所處的環境和年代，企圖設身處地地從他的視角出發來理解他——這樣一來，自以為可以算作是進入他的作品很深了。然而事與願違，其實你是不能理解他的。

這種感覺用在讀周作人上，則分外強烈。因為，我們從小就是這樣來讀書的，首先是慕名去讀某個人的作品，後來就被其作品中文藝性所吸引，以為很有趣，此時，如果得知該作者與我們的道德觀是契合的，比如愛國。那他和我們一樣，而且又能寫好看的文字，那我們就應該更喜歡他了。正因為如此，讀周作人就很困難了，因為這種從自己道德觀出發的對文藝的愛，在這裏被顛覆了。這種時候，我們就不得不考慮外界給我們這樣一個普通讀者施加的壓力了。又或者，這種情況，這種影響首先是落在給歷史人物作傳的人身上，其次傳達到普通讀者。我曾經讀過兩種周作人的傳記，一本是倪墨炎的，一本是錢理群的。兩種都是全傳。最近又重讀了倪著的周傳，從中就可以看出傳記作者是如何面對這種外界的思想影響的。由於長久以來的左的思想，壟斷了言論界。從主義出發，主義的道德觀習慣干涉人們，人們也習慣被其干涉。所以這其中往往就存在著談一點文藝性的美、然後用一種風馬牛格格不入的道德來評價這種文藝之類現象。在倪著周傳中，可以很顯著地看到這種局面，全傳持有的是一種典型的唯魯迅史觀，即某一時期，對於同一歷史事件，魯迅當年的觀點就是作者的觀點，魯迅的評價判斷就是作者的評價判斷（這是因為官方長期以來即是以魯迅為主義之旗的，這種價值判斷也就是官方培育出的價值判斷，其實就是一種「左」氣），而當某些地方無法同魯迅當年的思考取得聯繫時，頓時就露出些孤立且草率來。比如在談到28年以後，周作人的思考在「左右」圍攻、前途不明下趨於消沉，避世，寫作產量減少的情況時，作者的判斷此為「散文藝術的下坡」，且文章內容也「談不上什麼藝術性了」，於是周的「散文創作就這樣進入了他的末路。」這種判斷未免簡單，「走上末路」未免嚴重。周作人在自稱「文抄公」之後的作品，在我看來，一直以來只是缺乏可以欣賞它們的眼睛，和可以理解、肯定它們的心態。即便不是這樣，對於像周作人這樣的思想型的大家，他的思考是持續的，有著深刻時代背景的，對於民族前途的不明，是曾經有過深刻而真切的憂慮的，是不是適合於做簡單的創作時期的劃分，是不是適合用高潮、低谷來判斷，這都是令人懷疑的。甚至是荒謬的。

由此可以看出傳記作者與普通作者之差別。傳記作者希望用一條條的概念來概括傳主的不同時期，而普通讀者則從原著的閱讀感受中得到自己的認識。概念搶奪真實的感受，在讀者而言這無疑是損失，因為如此，普通讀者當然要不以為然。立論過於強調注重歸納，很可能要超越材料來自說自話，無一不是失去了自己。

用道德來否決文藝，這未免是一種抽象的說法，這裏不妨仔細說說。一個人的作品不論是它的美感更突出一些，還是它的社會性更突出一些，總之它好的方面，放在哪里都是好的。為什麼要為了被灌輸的道德觀，而非要撇清文藝性呢，因為此種道德過於強勢，在很多人看來都是天生的，不容置疑，所以人就要本能地受它局限。從一種道德出發，來評價某一種文藝與思想，受這種局限是不能避免、甚至是無法察覺的。因為什麼呢，因為一種道德觀的養成它費了始作俑者曠日持久的工作，是從過去到現在的，沉在其中的人，那些從半路上被迫接受思想清洗的人們，似乎還經歷過轉型的痛苦；而所有後來的人則全部接受的是這種道德教育，從小被培育成人，這樣就從來不曾發現自己的感受，原來是別人早就給你的，而你自己什麼也沒做。在這種情況，怎麼可能要求他自覺地避免鄙陋去知人呢？

周氏兄弟在上個世紀二三十年代遇到的最大困境，我以為是「左右」為難。左的力量，特別是那些有強有力組織機構的左派偽文藝家恨他們不夠革命，無法擴大左的陣容；而那些真正的右，卻因為傾向昏瞶的當局而一直遭到他們的批評和詬病。幾十年過去之後，現在看來，在很多事物都已經消亡的時候，極端的左的思想對人們的剝奪，對人們精神的摧殘要可怕的多，一直影響到今天。我們後來的人，應當尋找一種常識和理性，將技術性的偏頗和人為的思想控制區分開來，因為，完全不受到其他道德的干擾去看待一種文藝同樣是不可能的，但是大可以提倡一種直面原著的習慣，多避免一些荒謬。

2006-7-17

# 報紙為什麼要有自己的觀點

單位桌上有一張攤開的報紙，本地的晚報，10點鐘送到，中午的時候已經被某個無聊的人用鉛筆戳了十幾個窟窿了；它還有其他各種用途，比如用來包紮各種各樣的東西。因為，這種報紙翻起來用不了五分鐘的，有時人們連大標題都懶得讀，上面的消息要麼滯後，要麼沒有價值，要麼是用通稿，它的生命就在很短的時間裏就消逝了。怎麼作報紙，才能使它免於被戳窟窿或者變成包裝紙的悲慘命運？在我看來，就是有自己的觀點，沒有自己的觀點，報紙的生命就註定要被葬送了。

作為一個普通的市民，報紙是城市生活中不可避免的閱讀，作為一個普通讀者對歷史的感悟，我覺得建國以來的報業發展可以作這樣粗略的概括：第一段歷史，是五十年代民營報紙被統戰的時期，那就是改組，改造，合營（官方政治指導），兼併，撤銷，消逝的過程，這段歷史現在已經為人所熟知，49年以前的很多具有廣泛影響力，有輿論導向作用的民營報紙往往有一個黯淡的結局，不是消失，就是完全變成官方的輿論宣傳工具，比如大公報，新民報，文匯報等報紙的結局，當海外的胡適輾轉得到香港大公報上登載的來自胡思杜的思想清算時，不知道他是不是想起自己曾經怎樣極力地推崇過這張報紙的社會姿態？在「死亡還是依附」的抉擇夾縫裏，有些依然存在的報紙成了傀儡，比如曾經引儲安平入甕的《光明日報》，那是一種被嚴密監管的「合作姿態」。

第二段歷史，是「日報」一統天下，除了全國性有影響力的「日報」之外，曾幾何時，我們這片土地上每一個行政區域都有以自己地名冠名的日報，而且這種日報乃「黨委機關報」是不宣而盡人皆知的事情，他們無疑都是人民的報紙，往往長篇累牘登載重大而與民生密切相關的新聞，讀者絕不怕錯過哪一天哪一期，他們知道什麼時候翻都不會錯過，因為新聞不新。很多其他一些報紙，雖然沒有冠以「日報」，但是實際上卻履行著日報的基本職能和行政職能。全球同此共暖涼，口徑一致，全面覆蓋。讀者沒有機會選擇。

第三段歷史是晚報的誕生。可以這樣說，晚報的誕生具有人文的復興意味，因為有了晚報，報紙可以登載的內容重又開始生機勃勃，因為有了晚報，讀者又開始有了娛樂，有了對報紙的精神依賴。我很難忘記當年剛有了晚報，每天盼著訂閱的晚報被郵遞員送來時的情景。儘管晚報的內容範疇有限，但在文化的荒漠之中，這樣一點特別的內容也像甘泉一樣，為人們眼前開了一扇小窗。特別是晚報的副刊，開始有了一些專欄和觀點。晚報雖然脫胎於日報，至今在辦報單位行政區劃上還無法完全與日報擺脫血源聯繫，但是多數晚報更關注具體而細微的民生，提供較多的生活資訊，是使很多人無法忘記的事實。

最後一段歷史綿延至今，或者可以說是九十年代以後才漸漸形成的趨勢，那就是「週報」的時代。還記得嗎？《南方週末》曾經被讀者評價為「中國第一週報」，聚合了一批有見識、有擔當、真正關注民生、對體制發問且發表負責言論的編輯和記者。以《南方週末》為代表的一批週報曾經引起國內讀者的廣泛關注，擁有一大批忠實的訂戶。今天的《南方週末》雖然在改組的影響下不復往昔的鋒芒，但在同行業的報紙中仍然以有自己的觀點而不凡。「週報」時代今天還遠沒有結束，它正在我們面前。「週報」時代這種概括只不過是一種稱呼，是因為南方週末為代表的一批報紙的運作方式和辦報風格而引起人們的廣泛關注，應該囊括所有非週報而以比較獨立身分在社會上發表負責言論的報紙。報紙恢復它在歷史上的言論傳統，是今天我們可以期望的事實。類似於《南方週末》、《南方都市報》、《新京報》這樣的報紙，已經恢復了「主筆」這樣一種歷史上的業內撰稿職位，有了自己的社論主筆；在這些報紙上，往往就某一社會問題的不同觀點在一起出版，有的是思想的碰撞和交流，不同專業背景、不同來歷的執筆者憑藉專欄成為讀者跟讀的主要對象，這些都表明了文人辦報、對社會進行批評的傳統復興的跡象。今天，我們看到這些報紙上的文章和觀點，不由得想起歷史上的那個輝煌的文人論政的時代，用獨立身分發表負責任的言論，對社會進行批評，容忍各種不同的觀點和思想在一起，又可以作為知識份子或者說讀書人可以寄身之所和存在的價值。

一份報紙為什麼要有自己的觀點，在今天來看，首先是生存的要求。因為今天沒有自己的聲音、只用通稿的報紙會淹沒在報業之中。我們不談人文，只以娛樂消息為例，只發基本新聞和通稿的報紙如何才能與擁有眾多專欄記者和寫手的報紙相提並論？在資訊發達的年代，消息的確實性已經不再是問題，問題是人們的看法，普羅大眾想知道的是就某一社會事件的業內看法和專業判斷。即便是一場新電影，眾口一詞，充滿匠氣的程式化通稿，根本已經無法滿足觀眾的需求，他們需要專業影評，特別是那些剛剛走出電影院的觀眾，他對這部電影已經有了自己的感覺，於是他想要的，是和業內的專業影評人，和那些電影學院的教授們在閱讀中做一次觀點的交流。這便是專欄的好處，也就是有觀點的報紙的絕對優勢。從這裏可以看出，今天的人們渴望思想的成長，可望在自己的閱讀中成長，而不是眾口鑠金，簡單粗暴地被灌輸，傳統的報紙無法給予他們這些。

上面是從市民基本的精神生活上來說，而報紙更重要的社會價值也在於自己的觀點，在以往那種全面覆蓋和壟斷的報紙輿論工作已經被時代遺棄在荒野，獨自飄零。社會現象需要評論，需要批評，需要更多的人來討論和關注，社會需要自發的輿論。我常常在想這樣一個問題：有自己觀點的報紙，它的「有觀點」究竟從何處可以看出來？我帶著這個疑問膚淺地去讀過一些老報紙上的文章。發現——從表面上來看，報紙上發表的是個人的言論，假定他們的言論是負責的。那麼，這種種觀點也歸屬於作者本人，和報紙無關，報紙看起來是平靜地提供了輿論的場所。然而，個人負責任的言論和觀點註定在某時某刻出現在某一張報紙上，卻是報紙自主的選擇。以專欄文章為例，我們都知道，專欄是一種有一定時間跨度的版塊，而且報紙的時效性要求也很高，在這種條件下，報紙無法對每一篇專欄文章進行控制。那麼這種情況只可能說明辦報人、版面編輯對撰稿人的一貫態度和觀點、對撰稿人的專研方向有深的瞭解，正因為這種瞭解，報紙才選擇了撰稿人，也正因為這種選擇，報紙的觀點就隨著撰稿人、專欄主筆的文章傳佈出來，在側面表達了自己的觀點。正因為如此，我們現在談起某張報紙來，才可以說：某某報是有堅持的。報紙有觀點，今天的讀者才會去關注它，接近它，看見它，如果不是這樣，它就有可能被遺棄，被作為普通的包裹紙，進入遴選體系被淘汰。這種現象用一句套話來說：這是報紙發展前途的一小步，卻是社會中普通讀者解讀能力和思考水平的一大步。

向並沒有遠去的歷史、向那些曾經存在過、有自己觀點的報紙揮揮手。

2007-5-12 於核桃書屋

# 談歷史負擔

記得在讀一位前輩學人談中西方歷史比較時，其中有一句話說：「他們沒有我們這樣的歷史負擔啊！」這大概是我記憶中第一次對「歷史負擔」產生了強烈的印象。那麼，什麼是歷史負擔呢？談這個問題，真是難免使人有些神神叨叨的。

我們這一代人在接受基礎教育時，和今天其實是一樣的，就是凡是涉及到歷史評價，比如說歷史教課書，那完全是一面倒的態勢。你要是沒有機會接觸其他同類題材的書，就根本是「不知有漢，無論魏晉」的。記得那時的歷史課本，在進入中國現代史、特別是清末民國時期這一段歷史的時候，往往只會給人一種紛亂畢至、不堪回首的感覺。以至於離開學校很多年，或者說沒有再能坐在歷史課的課堂很多年以後，這種感覺一直主導著我的記憶，久久無法驅散，形成一種固執的偏見。我認為這一段歷史時期幾乎無法張口去提它，只是一段屈辱、充滿血淚、民生凋敝、苦嚎無依的亂世。軍閥混戰，不同階層互相傾軋，人性之醜陋大面積爆發。它在我內心深處產生了強烈的挫敗感，以至於寧可去讀封建王朝迴光返照的康乾盛世，也不願談及這一段現代中國的發萌歲月。現在，有了大量的學人投入晚清、民國到國民政府這一段歷史的挖掘整理，書市上講述這些歷史的書籍層出不窮，那些一直湮沒在基本史實背後的人和事，其本來的面貌和歷程逐漸浮出水面，才使人對這一段歷史時期有了比較深切的認識。我們才發現，它大有可觀、可思考的地方，那個年代竟然是我國現代以來各界人才最豐富的歷史時期，很多事業如高等教育等都從一開始就獲得了很高的起點，那時出現的人物和事蹟已經不可重現，後者難追……我感到，自己先前那種種複雜難言或是諱言的本能感覺正在一點點地消散，取而代之的是心中可感的一種歷史的重量，這重量不再有帶意識形態的是非，也不再有淺薄的自慚形穢，對屈辱這種東西有了客觀的理解。我最害怕的不是壞結果，而是期間完全沒有成績可以談起。

我這樣的心理變化很令人難忘，對那種本能的諱言、那種歷史留給後人的無形的陰影印象深刻，什麼是歷史負擔，我想這種複雜的感情是不是就是一種歷史負擔？作為一介草民，他也有他本能的對國家歷史的好惡，誰不想自己的國家有一個強盛的歷史呢？

那麼我們現在來看別人的歷史，比如說美國的建國史。我們想當然地說，他們是不是就沒有像我先前那樣複雜的諱言，可能是的。因為他們的史實沒有那麼多的彎路、毀滅、失敗和重複，沒有那麼多足以把人壓抑地喘不過來氣的時期和人事。當然，你也可以這樣來說，他們哪有歷史，是沒有歷史的國家，所以也就沒有太重的歷史負擔。這樣的觀點背後頗有點站著一個老大帝國的意思。如果就有記載的歷史之長度來說，誠然。即便我現在身處的這個污染嚴重的北方中等城市來說，別看它悄聲無息，前幾年也過了它的第兩千五百年。你讀〈白髮蘇州〉這樣的文章，這種感覺就更強烈。但是這種觀點我基本是持否定態度的。歷史的長度可以使人有充實感，但在今天卻不能使人輕鬆，不足以緩解些什麼。而且歷史的長度可能其中包含著豐富的過程和成果，正因為這樣，它現在的走勢和給今人看的結果才更令人有慘痛且一再重複的感覺。很多跡象表明，我現在正不可救藥地滑向中國歷史循環論者，所以後來讀錢穆先生的《師友雜憶》，其中寫道私塾先生和他講「我們認准了道路就一直向前走，不再回頭了」我讀到這裏時就很感動。也就是說，不但要走得久，還要走的好。走的久，走不好，不可能沒有歷史負擔。別人歷史短，要看人家怎麼走，開始的時候怎麼走，有了方向以後怎麼堅守自己的方向，才能不走回頭路。胡適先生說，不要迷醉於好聽的主義，而要注意實際的問題，就是因為實際的問題可以確實地向別人學習。

有歷史負擔的其中一個壞處，就是迷信歷史的長度，以及這種歷史長度可以配合一種聽起來完美的社會發展理論。它的另一個問題是迷信自己對歷史的總結。本來，對歷史的總結當然是好的，但是總結的結果卻像山林中無數條枝枝蔓蔓的路，不可把握。我們看現代社會演進的歷史，總是使人感到任何一種烏托邦的社會理論，無不集中了人類的夢想，但是把它運行起來，有的居然就慢慢成了極權專制。這就和一個人一樣，年輕時候思想開放，待人民主，有理想；到了晚年把自己關在黑屋子裏讀《資治通鑒》，變得愛下棋，喜歡和人鬥爭，以為自己看透了真理，以為自己每天一挪步就裝著五千年的歷史經驗。我不知道為什麼會變成這樣。把這種變化完全歸咎於歷史負擔是不是合適，也很費人思量。但是不能說沒有起到一定的作用。還有的人終身尋覓真理，一但自以為找到以後就完全忘記了自己找尋真理時的精神，以為已經改變了歷史進程。

其實，真要談到改變歷史，在一個人的有生之年內根本無法得到驗證的，那需要社會的長期發展來驗證。美國建國費城制憲，你看他們的過程和結果，那完全是令人匪夷所思的，那些參與其中的思想家和政治家，那些人，那樣的思考，不是什麼年代都能隨便出現的；而那最後形成的那個文本性的東西根本就是一種烏托邦，後來還爆發了南北戰爭。但最後還是走穩，在漫漫發展路上逐漸得到驗證。他們沒有可以參考的已有的歷史經過，沒有後顧之憂，沒有太多中國特產式的圓滑和「智慧」，靠的堅定不移的對憲法精神的近乎笨拙的堅守。而不是沉迷於自己有了紙上的改變歷史的經驗總結。從這個意義上來說，歷史負擔真的是越少越好。

但是，我也不同意國人把歷史負擔拋棄的一乾二淨，這聽起來我這個人是挺騎牆的。我的理由是：首先歷史負擔無法逆轉，我們生在這樣有悠久歷史的國家，歷史負擔已經在長年中構成了民族性格的要件，個人不能選擇歷史。所以你只有時時提防它在你身上有一些感覺不到的消極影響。其次，我感到，歷史負擔確實對人的氣質是一種訓練和養成，那就是善於反思性的思想氣質。這個前提是，你自己應當有一種歷史責任感，才能直覺地接受這種訓練。也就是，把歷史隨時放在心上。歷史負擔在人身上的影響是一種可逆互相增強的，這裏只說積極的一種。那就是，盡可能多佔有一些材料，瞭解一些常識和真相，越是這樣，越是把歷史負擔背在身上過日子，才能對自己和別人的歷史有所比較，才越是能對歷史有更深的思考和辨別，也越是能抵禦歷史負擔給個人的一些不好的影響，那麼你最後的言論，也才可能更有一些普世價值。今天的人，多半是沒有歷史負擔的，這樣說是因為他們根本就是對歷史取漠然態度的。這樣的所謂現代民眾，別人當然對他們也很漠然。歷史負擔不完全等同於思想負擔。我想說，有歷史負擔的人和沒有歷史負擔的人，都不要逃，不要逃……。

2007-12-7 於核桃書屋

# 也談思想的路

不管走什麼樣的路，有一條還是應該承認，你是站在前人的肩膀上。不承認這一條，也就是說有人天生知道思考的路，而且是憑空而來，也就是否認閱讀在一個人思想歷程中的引導作用，進一步說，就是和閱讀、書籍產生了分裂。——這話越說就越離譜了。

既然如此，那麼一定是在選取方向的時候，每個人或多或少都受到來自某一個方向的誘惑。於是持續走下去，如此反覆，層層累加遞進，以後不管有了怎樣的外殼，決定精神氣質的那條路其實始終都起著很大的影響。這就是為什麼我們看到的所謂「左」和「右」，長期對峙，一代代新舊交替。左和右加起來根本不是整個世界，認為左和右就是整個世界的觀點是左的觀點，條塊分割。之所以，左和右在很多人感受來就是整個世界，這只不過和人甚至是民族的性格有關。為什麼這樣的左和右會給我們如此真切的感受？因為大家同此醬缸，身為中國人，理當接受這一切。近來和友人談及這個問題，頗多感觸。

評價左和右其實是陳腐的話題。我們遇到的左和右的問題也不是學理上真正的「左和右」問題，而是經過修飾和歪曲的、醜陋不堪的政治路線問題。無論如何，選其中一條路走下去，是我國知識份子在今天仍然要做的抉擇。在我國，在這塊土地上，走對了路和走錯了路，或者說跟對了路和跟錯了路，結果差別很大。回到古代，跟對了起事者，作了王侯將相，這就是為什麼叛亂值得用生命去賭，且總是有很大的誘惑力。在今天，跟對了領導，個人會有大的發展空間，跟對了股票，人們會有大的收益，跟對了學術熱潮，會成為學術明星。

這樣一直以來，延續下去，人們就開始覺得政治的路根本就是思想和性格的路。開始將政治上的醜聞，包括人格在政治生活中產生的醜聞，加諸於學理上的思想之路，也加諸於性格上的源流。兜這麼大一個圈子，只是因為有人和我談起聞一多先生後期為什麼轉向以及如何評價的問題。

轉向，是謝泳老師在其關於聞一多先生的傳記作品中的提法。我在讀這本傳記的時候，觀察到謝泳老師對這種「轉向」採取了非常審慎的態度，因為這個問題確實非常值得思考。那就是依據聞一多先生當年所受過的教育和一貫的思想，他走的應該是一條自由主義知識份子的路，但是，他後期的思想和言論似乎有著鮮明的激進左傾的特點，並且引起社會的廣泛回應，這也是他不幸罹難的原因。這個問題難於解釋，是顯而易見的。

我現在的困惑，可以從知識份子的一個特徵上來談。知識份子的一個顯著特徵是：批評。這批評不是針對一時一地的當局和社會公共事業，而是一種常態，也就是胡適先生當年經常所說到的「一種批評的地位」。這個「地位」是公眾對這一群體在道德上的褒揚，這地位說的更多的是責任。這地位是相對的，是相對於流轉變遷的社會公共事業的領導者和組織者——

當局、官方，同時，這地位也是不會保證帶來個人財富和榮譽的。這一點似乎可以確認，但是關鍵的地方是批評的姿態。一個觀點激進、語言犀利如颶風一般掠過大地的批評者，和一個溫和批評、迂迴曲折提倡漸進的批評者，我想問：這兩者是不是同一個「知識份子」的「地位」？又或者，這兩種特徵本來就高度集中地體現在同一個人身上，這又當如何來評價？

我國中古知識份子士大夫本來具有的嫉惡如仇的激進氣質，其實完整地由現代中國知識份子承襲下來了。這是我讀五四時期學人們的故事時的一個直觀感受。我感到，其實當年他們一代人選擇的不同的思想的路，或者具體說，自由主義和左傾這樣似乎不同的路，他們的分野實在無法用一個具體的人物來表現。

而且，在今天，激進還是理性，仍然是繼續困擾絕大多數讀書人的問題，太多人在激進的表述中顯示出對自己失去理性的擔心，理性的思考怎麼樣才能達到激進的表達方式才能有的效果？或者，義憤填膺傾瀉於紙面的時候，我怎麼能避免被批評為缺乏理性？

在這個思想困境下，我發現自己能在道德上進一步理解多數前輩學人。聞一多先生的著作特別是在後期轉向後的文章，我沒有讀過多少，也不是特別熟悉他的思想歷程，沒有佔有足夠的材料來證明我的觀點，有違於「有一分證據，說一分話」。但是這種轉向，我感覺是出自文人的本色，這是出自上述這種思想困境下因生活環境的惡化顯示出的一端。聞先生是純粹的學人，這是確乎的。他的思想轉向，不應該放在政治陰影下的左右之爭背景中來討論。同時，我隱隱地感覺，這種思想上的轉變，——假如它真的是思想上突然轉變的話，在純學理上的思想分析是解釋不下去的。而應該在一個人的人生際遇上，用常識去還原一個人的情緒和思考這些角度來嘗試著解釋。

我們思想的路，一直以來有兩個標籤，這是確定無疑的。一個是魯迅，一個是胡適。那麼，魯迅還是胡適？長期以來，這兩個名字的先後順序都是有人爭執的，可見兩種思想的路，它們有多麼大的分野。又或者，可以換作另一個標籤：一個是火，一個是冰。他們都有共同一個標籤：理性和激進。但是現在人們越來越多疑問：這兩個人，真的是火與冰嗎，這兩種思想的路，真的是水火不相容？不是的。只不過，這兩個人他們在思想的表述上各自顯示出上述那個思想困境中的一端，而且，即便這樣也只不過是個人的一個側面而已，他們兩個人都是有大愛的人，這才是殊途同歸的地方。我們現在可以把政治強加在他們身上的陰影拿掉了。我們跟著的這兩條思想的路，不管一開始是對是錯，走著走著，陌路人會各自遇到，又或許，看到的是自己的影子。

談起我們思想的路，有一個現實似乎還不得不提。今天的最大問題，是一代人思考的分裂。總是有人對我說：你是一個文學青年。這使人感到很鬱悶。不是自我標榜，在這個時代裏，我們多數的同代人，連最基本文藝創作和社會思考兩者的區別都搞不清楚，他們往往認為，愛讀書，就是愛好文學。即便這樣來理解「愛讀書」，現在愛讀書的人還是太少了，人們對官方的態度表現為一種對天然法則的尊重，社會生活往哪里去？公共事業往哪裏去？很少想起。在另一方面，面對大眾的閱讀和思考荒漠，少數人則待在自己的所謂精英小圈子裏精研社會思想，晝夜不停。荒漠化越擴大，越是拼命讀書，這樣的分裂，實在是太可怕，盲目的消費生命和饑渴地灌注精神，兩方面都有越來越專業化的趨勢。思想的路，真是耗盡蒼生也無法從容的啊。

2007-11-7 草於核桃書屋

# 人道主義是不對人類作區分

也就是說人道主義不是我們一個民族、一個國家的人道主義。所以人道主義歸根結底是一種無差別的理性。我國傳統知識界有傳統的理論工具，而且也有傳統的用法，就是一個主義只會被用於對自己有利的方向，照遠不照近，照外不照內。主義爭來爭去，無非是爭奪對「主義」的御用權和除權。我們今天那些所謂的主流言論、正面內容也是「日光之下，並無新事」。人道主義就是這樣一個亂哄哄的超生大家庭裏的一員。

但是，注意觀察的話會發現，我們其實對人道主義很陌生，根本不習慣用這個主義。對於一件涉及到人道主義災難的事情，我們以前會說，你還有沒有良心？後來說，你有沒有同情心？再後來是說，你還有沒有階級感情，對了，你什麼成分！離現在很近的時間裏，我們會用很蹩腳的南中國腔調說：你有沒有搞錯？目前我們經常對此說：你還有沒有人性？……所以，一直以來我們都有各種說法來代表「人道主義」，於是這個概念總是被既得利益群體由派對中的「小眾」話語波及到廣泛的社會表達中，我們基本上很少接觸過真正的人道主義，也很少受到過真正的人道主義責難，特別是心靈上的。而且，直到現在對它沒有感情，很淡漠。

2001年9月11日大洋彼岸發生的事情，我是一周後才知道的。當時我們這些人還都被鎖在象牙塔裏，消息閉塞，思想結垢，滿面塵灰，每天想著高牆之外的世界以及各種能儘快擺脫高牆的途徑。那時，一個促狹鬼抱著隨身聽，躺在黑乎乎、滿地積水的大學宿舍裏對我淡淡地說，知道了嗎，美國那個樓給人家撞了。那時，我根本沒有在意他說的是什麼。後來我在電視裏看到了畫面，在那第一時間裏，我仍然沒有反應過來那個飛行物向著灰色的大樓飛去會有什麼問題，我知道它會從樓的那一面穿過去，飛走，看起來很接近只不過是視覺的假像，但是它卻飛進去了，再也沒有出來。接下來的事情太可怕了。我被嚇壞了，什麼也沒有想到。據說有很多人在第一時間裏就開始幸災樂禍，我很懷疑。

直到今天，我們還能時不時在老的美國電影裏看到那兩幢地標性的建築物，《全面包圍》裏那種汽車爆胎能教滿街人臥倒的情景很真實，紀錄片中回顧那種人們臉上的恐慌表情，確實令人感到莫名的連鎖反應。留著小鬍子的尼古拉斯・凱吉即便演技在如何了得，在《世貿大樓》中使人看清楚的，也只是他和其他人的消防員制服，所有電影觀眾已經被事件本身所淹沒，人們感到一種無形的巨大力量悄然而至於日常生活，它消失了，但是或者還在那裏，一直在那裏，巨大的陰影。本雅明和陳丹青都曾經思考過通過機械複製獲取的藝術創作和直面真實的藝術創造的關係，對於普通人來說，其中的哲學意蘊是難於理解的。如果影像屬於一種機械複製，那我們迫切需要區分的是通過影像和身臨其境獲得的程度上的差異！關於「9・11」的一切對於遙遠的我們來說，大概只是停留在影像上，它沒有來到，沒有接觸過皮膚、眼睛和心靈。那麼，請試想一下親身經歷過它的人和他們的國度。

幾年過去了，據說世貿的遺跡還在整理，也還在發現遇難者的遺體，美國公眾輿論對這種疏忽憤怒異常。其他地區的人們，沒有過相同經歷的人們，你們是否瞭解這種憤怒？

「9・11」擊中的是人類，而不是某國和某國人。在這種慘重的災難面前，狹隘的幸災樂禍、狹隘、市儈的極端民族主義實在沒有討論的價值。去怪罪從來沒有受到過真正人道主義教育的人們，不如來重新發現人道主義。一個一直把程式正義和結果正義放在一起來追求的國度，遭到如此蠻荒時代的缺席審判，即便它是曾經長期的「敵國」，我們難道不應該感到羞恥嗎？

我感到，「9・11」是在世界範圍內揭示程序正義對於人類是多麼的重要。任何以生命為要脅、失去程序正義的行為，無論他要爭取的是多麼重大的正義，都是可怕的。在我國，對程式正義更有著千年的蒙昧，別人爭吵他們的程序正義，因為他們失去它的時候少，所以很醒目；我們不提程序正義，是因為我們在缺失它的日子裏過得太久。這同樣可怕，也值得羞恥。

時間過去很久，還有人記得「9・11」，提起它，很難得。雖然它已經成了多數人曾經的談資，而且更多的人為了生計甚至根本無暇想起它，如果不是朋友的文章提醒，我也忘記了。

2007-9-6 於核桃書屋

# 這一百年來誰最愛這個國家

「這一百年間，誰最愛這個國家？誰最關心這個國家？誰最能替老百姓說話？誰比較最能不計自己一時的利害得失而為國家的命運著想？我想了想，還是知識份子。」在《沒有安排好的道路》中讀到這句話，我長久沉陷在其中，無法自拔。近年來，由於西方關於知識份子的多重概念不斷衝擊我國固有的知識份子定義，這不能不牽涉到思想和行為的獨立，更可能要引向簡單粗率的人格判定，這不是我樂於談的。基於習慣，我想這樣來說似乎更容易被理解，那就是——這一百年來誰最愛這個國家。

書生有他們的毛病，而且這毛病是傳代的。比如容易受到各種煽動，而被一時一地的政治目的所利用。一二九運動後多少北平的學生拋棄學業奔赴革命聖地，後來成為民族解放事業的鼓吹者，49年以後在歷次運動中度過不幸的半生。一二九運動事後被史料證明像以往歷次學生運動一樣經過了周密的組織策劃，多年之後，我們在《思痛錄》中讀到他們，迷惑之中仍有不悔之情。但留給後人的，更多是徹悟。他們的同學在海外做出了對全人類有貢獻的工作，而那時他們正在修改自己的表態發言稿或者檢舉材料。有出於見識和視野的，比如說狹隘而極端的民族主義及其暴行。日貨到今天從來沒有被成功抵制過，而極端民族主義至今仍然像魔鬼一樣糾纏著這個世界的很多國家和地區。有出於環境的，比如被醬缸淹沒。我們這個國度，第一不缺乏的是醬缸，第二不缺乏的是身在醬缸而對別的求生者的嘲諷。自己的公民權利自己不去爭取，反而嘲笑別人的迂腐和危險。書生們長久地生活在這種環境之中，很難不受其影響，這也就是我們今天談論的當今的和歷史上的書生的複雜人格。

書生的毛病絕不比他們的好處更多，但是書生有一種歷史上的可貴的穩定。這種穩定性就是思考和作為的大致穩定和一脈相承。

談這種穩定，不能不提到胡適。胡適在他的時代裏，有很多桂冠，其中最大一頂其實是「吾國最大的書呆子」。因為他的思想一以貫之，特別是在很多最不適合的場合和歷史背景下，他的思想和言論都顯得最格格不入，與虎謀皮有之，脫離實際有之，屢屢為人所詬病其不識時務。但是，後來人不得不承認，即便我們在嶄新的時代裏遇到了更多更好的理論工具，在中國社會中碰得頭破血流，理屈詞窮之餘，最後都能在胡適的著述遺跡中重新汲取思想資源，重新找回思考的動力。這不能不說要歸功於他老先生純正的自由主義理路和堅定的決心。在更多時候，恰恰是這種堅定的思想給人們增添了信心。余英時先生曾經對此說到「在20世紀的中國，胡適是始終對民主不曾失去信心的人」，可謂確鑿。平心而論，自由主義與民主憲政未必能解決所有歷史上遺留下來的中國社會問題，胡適也不是第一個開始傳遞思考火種的人，但是這種思考和言行的穩定卻留傳下來。我常常在感覺到這種穩定以後，想到它的作用。

一個國家，一個社會，如果沒有堅剛不可奪志的態度來守護一種思想，不能用一種笨拙精神來始終貫徹它，而要時時討巧，像魯迅說的那樣不停地換用各種主義來武裝自己，它就無法獲得發展，只能永遠沉醉於洋洋自得。我們都不應當忘記，當年，一幫有點笨拙的人曾經創造了美洲大陸上最成功、最有夢想的國度。

我們常常說到社會變革中的主要力量，幾十年來有人動輒要僭越來代表人民，不停地強化社會革命中盲從者的力量和影響，據說這是一種從自發到自覺的過程。真是這樣嗎？自從領教了大規模有組織的蠱惑的作用以來，我對這種闡述產生了本能的懷疑。我曾經尋找一種清醒，結果沒有在最廣大的社會變革力量中找到，卻發現它在書生們那些孑立的社會批評之中。

今天，當我們回顧這一百年以來的書生的言行，或者說到他們的那些已經褪色的傳統，論政也好，辦報也好，徜徉在左中右也好，他們的言行無疑都在歷史上留下了一種穩定甚至固執。從這穩定的態度出發，指向無不歸於愛這個國家，無不是為這個國家的存在而思考。為此他們付出了難以估量的犧牲，為他們自己的不切實際和懵懂政治付出數不勝數的代價。我曾經目睹過這樣的犧牲，但在有生之年不願再看到；也看到這樣的傳統正有慢慢消亡、重新歸於蒙昧的現實，我為歷史有不公允之處而痛苦。一代一代不斷思考的書生，這些來歷不同結果迥異的知識份子們，有過激，有教訓，有頹廢，也有失敗，但如果說這一百年來，誰最愛這個國家，憑良知說，還是他們。

2007-6-4 於核桃書屋

# 八十年代出版檢查情況的一個側面

《胡適來往書信選》是當年「近代史所中華民國史組」編輯出版的一套書，由中華書局出版，內部發行，前兩冊在70年代末出版，下冊後續出版時已經是80年8月。據說當年出版時嚴格遵守了「內發」的精神之一，即「禁止攜帶出境」，而在國內則廣為流傳。80年代初已經是全面解禁的年頭，並不需要多高級別的單位證明，很多單位的圖書室都能組織回來。像我手頭這本就是一蔬菜公司的圖書室藏書，這種單位現在大多數地方已經沒有了，很有時代的特徵：批判學習一刻也不能放鬆。但是這套書的資料很快就流出了國，到了一些懂得這些資料價值的人手裏。後來，香港中華書局出了三冊精裝本的《胡適來往書信選》，厚重典雅，現在已經成為收藏者手中津津樂道的好東西。

《胡適來往書信選》收錄了49年以前胡適同學政兩屆的友人、同仁、學生相往還的書信，這本書和後來出版的《胡適的日記》都來源於胡適匆匆離開北大後留在北平故居裏的大量書籍信件。這套書給讀者最大的便利是「來往書信」，對想瞭解寫信人的觀點和相關故事的人來說是極大的幫助，另外在下冊後附有來信人名索引，具有一定的工具書功能。《胡適來往書信選》，其裝禎之樸素典雅，印刷質量之好，是很有典型性的那個年代書籍的一貫特點；因為有給胡適的回信，其收藏資料之豐富珍貴，所選書信之經典，使人不由得佩服編輯組的學養和眼光；如果再考慮到這種情形是在多少年批胡、意識形態高於一切下的時代背景裏出現的，就更不能不使人有這種感覺。八十年代之初，離胡適蜚聲海內外的時間很遠了，離批胡批得最厲害的年代也已經隔了很久了，然而有人能選出這樣經典的來往書信，是不是說明一些存而不論的胡適研究一直在進行呢？

因為《胡適來往書信選》下冊涵蓋的時間範疇註定要涉及到48、49年之前，大時代變革時期，國內的主要矛盾並非全部是什麼人民同反動派之間的敵我矛盾，而是在各個方面發生著複雜深刻的變化。故此很多書信中的言論其實都是很赤裸、很直白的，——用今天的話說就是很「敏感」的。比如傅斯年在蔣勸胡參與政府期間寫給胡適的那封著名的「與其組黨，不如辦報」的信，這信的全文我是第一次在該書中才讀到的，裏面的言論和一些觀點在今天看了也覺得是一針見血的，特別是對國民政府的態度，對無產階級政黨在全球視野中的看法。這樣的例子很多，可以這樣說，這本書透露出來的當年人們的普遍認識，和我們接受思想教育和理想教育時得到的史實有大的出入。書信選最顯著的特點是原汁原味地保留了書信的全貌，書信內容展示了歷史原貌，同時，這本書本身也展示著當年出版檢查情況的一些側面。

這個側面是什麼呢？就是在學術研究範疇的出版檢查是比較寬鬆的，或者也可以說成是，比較尊重學術研究。這樣的書信能以原貌完整編輯成書出版，在今天看來已經成了不可能完成的任務。先不說我們丟掉了多少曾經的風華人物留下的傳統，今天好的出版家們，假設他遇到了這樣的書稿，面對嚴肅的政治審查和巨大的經濟壓力的雙重圍剿——既想把書裏面的好東西作噱頭，又不得不顧忌其中的那些會被查禁的內容，你猜他會在這種兩難中做出何種抉擇？前人的風度和氣質今天已無法重現，前輩出版家、出版機構也絕想不到我們今天遇到的問題。我常常想起這種差別究竟是怎麼造成的？這時就看出來八十年代的出版業，或多或少還有著一些出版的原始精神，說保留也好，說復興也好。這出版的原始精神不是商業的，也不是政治的，而是「以饗讀者」四個字。以這套《胡適來往書信選》為例，讓我們想像一下當年的情形：那是八十年代之初，寫信的人和收信的人都早已經離去多年，在大陸他們已經湮沒於沒有窮盡的政治運動和思想洗禮的煙塵，年紀大的人不願談及，年輕人不知道有這些人存在過，連歷史學家都忘記了他們，他們已經不是熱門，不是「重大課題」。這樣的書出版出來，可以說完全沒有商業的利益，也沒有經過熱鬧的炒作，而是因為考慮到有些人可能有這方面的需求，也就是為了「以饗讀者」的目的。我一直很注意「內部發行」這件事，而且有時很感謝它，因為從某種意義講，這種「內部發行」雖然有著極濃重的意識形態色彩，但是就其出版行為的本質上來說，卻在一種嚴肅中暗合著出版的原始精神。八十年代不是出版市場特別繁榮的年代，卻是讀者收穫的年代，今天是文化產品豐饒的年代，卻是不能使讀者願意對其懷有一顆感恩之心的年代。八十年代是「內部發行」逐漸開始隱入歷史舞臺深處的年代，對同一性質的書籍，「內部發行」是官方態度開始鬆動的晴雨表，隨之而來的便是全面放開。對於在八十年代能容忍歷史材料以原貌完整提供給讀者，並且最後能把事情做成，這樣的出版業和出版檢查，我們應該懷有一些敬意。

八十年代的出版檢查，我覺得給人們一個啟示。其實哪一個時代都不可能沒有出版檢查，但是你要有一定的穩定性，接受一件好東西，承認一件好東西，要接受它的好處，也要接受它其中所謂的忌諱，因為這兩者是不可分割的整體。如果一項出版檢查像今天一樣尺規搖擺不定，形左失右，患得患失，總是害怕今天的材料可能會推翻歷史上的強迫結論，那這種出版檢查就難免漏出一副笨拙猥瑣的樣子。我們曾經深深地畏懼時光，那時光就像淘洗舊書一樣，淘洗了一個時代的文明程度。

2007-4-27 於核桃書屋

# 談胡適和他的「青山」

1939年9月21日胡適到任國民政府駐美大使不久，大病初癒，在一封家書中寫到：「我是為國家的事來的，吃點苦不要緊。我屢次對你說過『留得青山在，不怕沒柴燒。』國家是青山，青山倒了。我們的子子孫孫都得做奴隸了。」這段話突兀地夾雜在敘述自己在海外生活情況之中，顯示出寫信的人時時在想這件事。38年，胡適剛接受駐美大使之初，在另一封家書中談及他接任大使，說到：「……我在這十幾天遇見了一件『逼上梁山』的事，……決定二十年不入政界，二十年不談政治。那二十年中『不談政治』一句話是早就拋棄的了。『不入政界』一句話，總算不曾放棄。那一天，我在飛機裏想起這二十年的事，心裏當然有不少的感慨。我心裏想，『今日以後的二十年，在這大戰爭怕不可避免的形勢裏，我還能再逃避二十年嗎？』」（均見《胡適家書》）其時正是抗戰軍興，且局勢十分危急之際，由此可以看到胡適當時對國民政府的看法和他的國家觀念，可以說，是國家觀念更強於對國民政府的看法。胡適在那個時代是一個罕見的理性的人，不會因為大部分接受了政府，就看不到它的不堪處。

「留得青山在，不怕沒柴燒」，可以很好地解釋胡適在抗戰時期「和比戰難」、「爭取十年和平」或「生息」等主張所為何來。「不怕沒柴燒」，一向被人詬病，因為這是關係民族存亡的生死一線，自然被人理解為「苟活」，「消極」。然而我們今天看來，究竟是戰爭好，還是不戰好？究竟是戰爭破壞大，還是不戰破壞大？是不用說明的。然而，為民族獨立計，不可不戰的時候，就再不能逃避了。我們看胡適在37年前後的日記，可以很明顯地看到上述的思考歷程，38年11月13日給國內的電文說：「六年之中，時時可和，但事至今日已不能和。六年中，主戰是誤國，不肯負責主和是誤國，但今日屈伏更是誤國。」結合上面胡適兩封家書和他沒有條件地赴美就任大使就可以看出，既然要戰，在此非常時期，胡適沒有逃避。前一句更值得推敲：國民政府是青山嗎？或者，政府是國家嗎？

先說後一個問題，政府是國家嗎？從理論和提倡民治者的理想上來說，政府雖然可以代表國家形象，決定國家前途，但不能替代國家作很多事。從實踐上來看，政府其實就是國家。特別是在非常時期，政府的言行與決心對國家的影響太過巨大，大到我們可以說「政府就是國家」的程度。所以我們可以這樣說，政府什麼時候不是國家呢？還沒有一個特別顯著的反例。

那麼，國民政府是青山嗎？有一些研究者認為，將國民政府，或者赤裸地說是國民黨反動政府視為「青山」，即將國民政府同國家混淆起來，是有歷史局限的，也是糊塗的。這未免對胡適、對胡適那一代的知識份子要求太苛，也太不公平了。

2005年是抗日戰爭勝利60周年，這一年有很多紀念的內容和書籍都將視野投到了當年抗戰的正面戰場上來，令人印象很深，我覺得這是後人找回了對歷史的尊重，給了犧牲者以合理的公正。這正面戰場是誰在浴血？是國民政府的軍隊。而且我們應該知道，平原大戰場正面白刃的戰爭特點和敵我裝備水平的懸殊。胡適日記中曾記陳誠、衛立煌等人與敵戰，不願瞭解敵人裝備水平的事——因為不知道敵人的裝備水平，才可一戰，表現出一種犧牲與奮戰的精神。國民政府軍隊派系林立，而抗戰時期多能戰。大概正是因為這樣，胡適才在駐美大使任上精神特別飽滿，精力尤其充沛吧。

如果我們用今天被修改過、被局限的歷史觀來看歷史中的人和事，這裏面總有大的不公正。在胡適的時代裏，國民政府雖然腐朽，雖然不堪，但他畢竟是被承認代表中國參與國際事務的合法政府，不依靠它，不承認它，不為它犧牲，不為它作努力，還能依靠誰呢？如果放到今天，有抗戰這樣的非常事件，我們能不能說，我個人就不願為這個政府出力，因為我不喜歡這個政府，它有百般的問題。我們能這樣說嗎？那麼，又到底是誰受了歷史的侷限了呢？

將國民政府視為「青山」，這前提是：部分甚至是大部分認可、接受這樣的國民政府。可以看到，胡適當初接受國民政府也經過了很長、很痛苦的抉擇過程。國民政府脫胎於舊軍閥，派系林立，高官壟斷腐朽，下級官員昏聵貪婪。特別是在清黨以後，使當時多數人都看到了黨爭的殘酷性，看到了血淋淋的事實。這曾經促使以魯迅為代表的一代自由左派文人同其堅決決裂。而對於胡適這樣愛好和平、拒絕流血、倡導建設的樂天的人，打擊也是毋庸贅言的。這麼多年過去了，我們讀他當年的日記，仍然不難體察到他內心曾經有過的掙扎。

然而，國民政府特別是南京新政以來，在整個大歷史的角度來看，又有它客觀的一面。它基本結束了自民國以來軍閥割據的局面，形成了幅員廣大、政體集中、有較強控制力的單一政府體制。對於倡導建設的人們而言，他們種種的思路，民主民治也好，其他也好，只有這樣集權的統一的政體條件下方才能有得以實施的機會。這是一條有可能通往他們理想實現的路，也是一個根本的條件。這就是為什麼當年國民政府下能聚合像蔡元培、傅斯年、羅家倫、朱家驊、蔣夢麟、王世杰等為代表的一大批知識份子。胡適雖然發願二十年不入政界、不談政治，愛惜羽毛，但是從內心深處的偶爾流露來看，他也是被這種時勢所決定而接受國民政府的。另一方面，國民政府時期，中國社會確實曾經在某些方面體現出民治的跡象。比如，報紙的社會地位。現在很多現代學者都歎謂當年大報論政的傳統，這個傳統從人的角度來看就是學人論政的傳統，而從社會角度來看就是言論的自由程度，這個程度越高，報紙的社會地位以及它在社會輿論中起到的作用也越大。還是在胡適駐美大使期間，曾經有當時外交部長郭複初受到《大公報》對其私行提出批評一事，後來郭僅僅因此而離開外交部長一職。如果我們能聯繫今天的現實，就可以看出這件事有多麼的不容易。大報的批評可以導致一位政府高級官員自動離職，無論是報紙輿論的影響力，還是個人對職務和社會的負責程度來看，這都是今天我們所不能想像的。對此，胡適在當天的日記寫到：「一個報館的言論可以趕掉一個外交部長，偉大哉《大公報》！中國真是一個民治國家！」（《胡適日記全編》7，下引同）可見，這種種跡象也是促使胡適接受現實，接受國民政府，將其視為「青山」的決定性因素。胡適後來一直希望以此為基礎，著力於一點一滴的建設和改良，最終能實現自己以及同時代一大批人的民主理想。抗戰後期以至後來胡適的人生歲月，對國民政府的感情有漸漸加深的跡象，所以後來有所謂城破之日與傅斯年相對而泣的史實，念及理想實現之遙遙無期，一代自由主義知識份子當日的心境，不能不令人感懷。

今天我們透過日記來看胡適在駐美大使任上這一段歷程，看到的是一個比以往任何時候都離政治更近的胡適，也是一個比以往任何時候都更努力的胡適。他在日記裏寫到：「……責任更重大了，有時真感覺到擔不起這大責任。然而替《獨立評論》或《大公報》寫文字，究竟還只是『言論』，還不是直接負責任……才是負實際政治的責任」。他的日程非常緊張，每天幾乎都在長途旅程中度過，白天奔赴不同的地方演講，遇到不同的聽眾（以政治影響力來區分）還要臨時改變講稿，講的都是中國、遠東的形勢，見不同國家的外交官和政客。最高興的時候是聽說美國改變對日的態度；夜裏往往在準備講稿，睡眠很少，經常有因休息不足出現的身體反應。這次在美國，胡適的心臟病第一次被確診，有一次還發作得非常厲害。在經濟生活上，胡適保持著一貫的謹慎，在1939年9月21日同一封家書中，他寫到：「……這一場病就去了我八個月的俸金。但我從不對人叫窮。……我的危難都是陳光甫、李國欽兩個好朋友幫忙的。我第一天病倒，全靠國欽與太平洋會的卡德先生兩個人做主，給我請醫生，送醫院。醫藥費是陳、李兩人借的居多。他們都是好朋友，我借了他們的錢，慢慢的還他們不要緊。你也不必替我著急。……」

今天我們通過這些來看胡適眼中的「青山」和他的作為，心中不能不充滿了激盪，感覺和這個人的靈魂很近。

2007-4-5 於核桃書屋

# 仍然在爭奪的，以及永不停息的
## ——胡適先生〈問題與主義〉讀書筆記

〈問題與主義〉於民國八年（1919年）七月《每週評論》第31號上首刊，是胡適先生早年的作品，也是使他當年「暴得大名」、引起社會廣泛關注的名篇之一，「問題與主義」之爭也是「現代中國」以來學界最經典的論題之一，在當年的知識份子群體中引發過大討論，其討論或者說爭執一直延續到今天。

在讀這篇文章的時候，我感到，可以從兩個方面來談，用時代分開，一個是胡適的時代，也就是公平地追述，把歷史人物放在他原來的年代裏去談；一個是在當代，也就是我們今天來讀的目的，現實意義。

### 在胡適的時代

民國八年是什麼樣的時代，今天的人們是隔膜的。只是近年來講述那一段歷史的書籍越來越多，各種材料彙集起來，或多或少可以有一些一致的認識：軍閥割據，政出多門，條塊分割，各方利益反覆博弈平衡；雖則人傑輩出，風雲際會，卻也是黑暗叢生、民生苦難的時代。「安福系」把持政府，各界清流與軍閥衝突日益加劇，社會輿論「請」解散安福系的呼聲大作，馬克思主義理論和蘇俄暴力革命的成功實踐在中國開始傳播。這個時候，胡適的白話文學論已經提出，並且是成套有建設性的理論，而不是空空的一個概念，胡適和《新青年》在國內的影響在驚雷之後正處於持續效應階段。就在這個時候，胡適發表了他的這篇〈問題與主義〉。有人認為，〈問題與主義〉實在是導致《新青年》同仁分裂的那最初的一絲裂紋，思想特點的不同其實反映的是性格和受教育背景的不同。胡適的文章，無論早年還是晚年，一以貫之，看似尋常和通俗，其實是很注重技巧的。這篇文章一開始，他就用了「歸謬法」：

> ……我這種議論，有許多人一定不願意聽。但是前幾天北京《公言報》、《新民國報》、《新報》（皆安福部的報），和日本文的《新支那報》，都極力恭維安福部首領王揖唐主張民生主義的演說，並且恭維安福部設立「民生主義的研究會」的辦法。有許多人自然嘲笑這種假充時髦的行為。但是我看了這種消息，發生了一種感想。這種感想是：「安福部也來高談民生主義了，這不夠給我們這班新輿論家一個教訓嗎？……」
>
> （參見北大版的《胡適文集》，以下同）

安福部（現多稱為安福系）和日本在華辦的宣傳殖民地的報紙在當時都是臭名昭著，而他們也來大談主義，這個極端的例子的效果很顯著，就是主義易被作為工具的很好的說明，足可給我們一個教訓，什麼教訓呢？胡適接著寫道：

> 第一，空談好聽的「主義」，是極容易的事情，是阿貓

阿狗都能做的事情，是鸚鵡和留聲機器都能做的事情。
第二，空談外來進口的「主義」，是沒有什麼用處的。一切主義都是某時某地的有心人，對於那時那地的社會需要的救濟方法。我們不去實地研究我們現在的社會需要，單會高談某某主義，好比醫生單記得許多湯頭歌訣，不去研究病人的症候，如何能有用呢？
第三，偏向紙上的「主義」，是很危險的。這種口頭禪很容易被無恥政客利用來做種種害人的事。歐洲政客和資本家利用國家主義的流毒，都是人所共知的。現在中國的政客，又要利用某種某種主義來欺人了。羅蘭夫人說「自由自由，天下多少罪惡，都是借你的名做出來的！」一切好聽的主義，都有這種危險。

多少年後讀這樣的文字，我本能地有三種感覺，一個是胡適的語言實在不是一個從舊時代走出來的人寫文章的語言，今天我們讀起來沒有任何異樣拗口的感覺，其實五四黃金一代有很多人的語言都是這樣的，是超越時代的，難怪他們的思想和感受可以為今人理解；一個是胡適的說理，確實是經典的明白曉暢，由於明白曉暢，往往一語中的；另外就是所談及的問題中人，實在是有誅心之感。這是特殊的語言風格，並不是容易模仿的，因為形式可以模仿，神氣和邏輯性是難於做到的。看問題的尖銳和表達方式的魅力，是胡適思想具有普世價值的根本原因，這大概也是縱觀胡適一生直到晚年仍不停遭忌被人打壓的原因。

胡適提出這樣的問題，不是空泛地要討論學理上的「問題與主義」，而是針對時弊意有專指。專指什麼呢？他在下面接著寫的內容，就很多跡象能說明問題：

> ……主張成了主義，便由具體的計畫，變成一個抽象的名詞。「主義」的弱點和危險就在這裏。因為世間沒有一個抽象名字能把某人某派的具體主張都包括在裏面。比如「社會主義」一個名詞，馬克思的社會主義，和王揖唐的社會主義不同；你的社會主義，和我的社會主義不同：決不是這一個抽象名詞可以包括。你談你的社會主義，我談我的社會主義，王揖唐又談他的社會主義，同用一個名詞，中間也許隔開七八個世紀，也許隔開兩三萬里路，然後你和我和王揖唐都可自稱社會主義家，都可用這一個抽象名詞來騙人。這不是「主義」的大缺點和大危險嗎？
>
> 我因為深覺得高談主義的危險，所以我奉勸新輿論界的同志道：「請你們多提出一些問題，少談一些紙上的主義」。
>
> 更進一步說：「請你們多多研究這個問題如何解決，那個問題如何解決，不要高談這種主義如何神奇，那種主義如何奧妙」。

至此，立論已經完成。那麼，如何在胡適的時代裏來看這篇文章呢？其實，今人認識胡適，往往從他當年的幾句言論開始，也往往從這裏結束，慢慢變成一種教條。比如胡適常說：「有一分證據，說一分話」，今人多有教條，即如果沒有足夠的證據，就不能得出自己的觀點，更不應該宣告自己的觀點。我們來看胡適留下來的著作，無論是宣揚他的白話乃上古至今名篇所共有的特點也好，給別人修年譜也好，還是治他的中國古典哲學史也好；看了這些學術著作，再來看看他的《文存》，特別是《文存》中時評類的文章，或是日記，演講，就會發現：他也不是嚴格執行自己這句話的。胡適常有一個口頭語，叫「我們治思想史的人」，他把學術上的專門研究和他面對的關於現實的思考區分得很明確。在學術著作中，他就是嚴格執行「一分證據，說一分話」，而在其他方面，「無證而論」其實也是很多，特別是在一些時評方面。為什麼這樣？首先是在技術上，治史和評價現實是不同的，前者是對已經發生的事情的一種追溯，必須用已經有的材料來證明個人對歷史的判斷和評價；而在現實思考中已經無法用充分的材料來佐證自己的觀點，需要以歷史的經驗結合個人的判斷來得出觀點。如果完全無證不論，則世上所有的對現實的觀點和判斷都要胎死腹中了。這種強求本身就已經失去理性了。所謂觀點，是很私人化的，從來都是。容忍各種負責任的觀點爭鳴，是胡適一生所倡導的。換句話說，即便是可以用足夠充分的證據來證明個人對未來的判斷，也不能統禦一切，要不然就不是胡適了。其次，胡適這個人的判斷，特別是通過歷史經驗來得出的對當前的判斷，事後都被證明是很有預見性的，思想巨人就是思想巨人，類似這樣的例子數不勝數，只消舉他49年的政治抉擇做例子就足夠了。而且，他本人對此也很有自信，並不像我們這樣憚於宣告自己的觀點。後人的教條來源於巨大的歷史空洞。當然，我們不是胡適，所以謹慎無大錯。

胡適的「問題與主義」也是這樣容易被人誤解，不管是發表該文的當年，還是現在。對「主義」的消極評價，並不是表明他放棄了學理，也不表明他徹底地看透了學理的缺陷，當年他發起「問題與主義」的討論是出於對當時中國現實的敏銳觀察。「問題與主義」反映出來的並不是理論與實踐的矛盾，而是有針對性的。問題在於他發現以蘇俄革命思想、無政府主義為代表的激進革命思想在中國社會的啟蒙同當時中國社會的現實不相適應，可能會脫離實際，或是走錯方向，又或者可能會對社會造成大的破壞。但是，在紛亂的年代裏，一代知識份子都沒有對國家「向何處去」明確的共識，也沒有充分的證據來表明哪一條路是對的，一切都需要靠實踐來驗證。因此他才要弱化「主義」，將意識形態這種永無寧日的爭奪放在一邊，強調學習先進，強調個人和全社會努力解決實際問題。

平心而論，在胡適的時代裏，《問題與主義》這樣的文章極容易被人視為「絆腳的頑石」，因為當時局部的成功實踐使世界範圍內的激進革命理論正方興未艾，在中國正在「流行」開來，似乎正處於某種洶湧的潮流之中，公眾不吝給它以熱烈的積極評價。這時寫這樣的文章，發表在這樣受注意的刊物上，是不合時宜的，是逆風頭而上的，容易給人一種埋頭行路、不辨方向的迂腐印象。胡適為什麼總是給人一種不合時宜的印象呢？還是只能歸結到他的觀察太敏銳，思維太快，思想太超越。

## 在今天

在今天，我想多數人已經不再迷信任何一種正在流行的聽起來幾乎完美的主義了，這不是因為人們的思想有了自覺的改觀，實在是以49年以後中國社會付出的慘重損失為代價得來的清醒的教訓。對烏托邦的挫折教育和意識形態的強制教育這樣兩種教育的清醒認識應當作為我們的寶貴思想財富，並且把它傳承下去，能使後世沒有這些經歷的人們不再走上相同的歷史循環。多少年以後，再來看胡適的這篇文章，看這種意有專指的觀點，結合當今的世界，我們不難感覺到他的眼光。這是這篇文章留下的最大價值所在，但今天已經不用再多作說明。今天有很多問題，其實究其根本，仍然是「問題與主義」對社會生活之爭奪的延續。限於學力，我無法就這些問題一一討論清楚，這裏列出幾個條目，供朋友們討論：

1、今天討論「問題與主義」，有一種大趨勢，就是其中的「問題」已經演變成為一種對歷史上的「主義」和現實中的「主義」存在的問題的討論，是優劣判斷問題，也就是所謂現代的道路究竟走哪一條的問題。這是在反覆的對現有歷史經驗的辨別、歸納和梳理中進行的。也就是說，在今天，我們有了歷史負擔，所以對現實問題的思考往往會著落在對以往歷史經驗重新評價的基礎之上。這個問題的歸宿，今天學界有趨於一致的態度。這是核心的討論價值。

2、今天的很多所謂文化評論文章，是很容易一眼被看透的。為什麼這麼說呢？因為它們總是「貼牌」的。所謂貼牌，是市場營銷學中關於生產和銷售的一種講法，就是本地加工廠申請國際知名品牌的貼牌權（商標授權），用人家的商譽來銷售。上面所說的這些文化評論也是這樣，他們往往用了大量舶來的觀點和概念，但如果把這些概念、這些學理上的工具拿掉你再來看它的基本觀點，其實很少有新觀點和價值的。對新觀點我們可以不強求，而即便是確實的簡單啟蒙，這樣的文章也是沒有表達清楚的。然而，這樣的文章現在很受歡迎，一是因為讀者對新理念的如饑似渴，二是我們傳統的評價為文好壞的一個標準是「旁徵博引」。我們常說，負責任的言論，什麼是負責任？就是不要躲在別人的理論和觀點背後，如果你不是對所要引用的人和他的思想理念很有把握和心得，就更不應該擅用這些理論和歷史人物來裝璜自己的文章。「貼牌」心態其實是今天理論與實踐、主義與問題可以討論的一個方面。

3、時至今日，學界仍然有很多具有「問題與主義」性質的分歧，也有很多派別，這是個現實情況。但是我們應當注意不能還用「是非標準」來判斷任何一種學派的主要觀點。

4、可以說，今天思想界同官方的最大分歧也還是在「問題與主義」的基本分歧上面，思想界基於對西方歷史特別是憲政歷史的研究，參照了今天西方社會的現狀，更多地在學理層面有趨於一致的方向選擇。官方依據長期的社會實踐和現實情況，有自己的經驗判斷和考慮。所以，這一根本分歧仍然將長期存在。從這裏我們不難看出，現在「問題與主義」爭論的雙方與胡適當年發起討論時相比似乎形成一個換位的局面。

5、西方、歐美社會演進的歷史確實為我們留下寶貴的思想資源。以美國建國歷史為例，費城修憲過程到最後產生的妥協性的成果，同以後美國憲法的具體實施，也存在「問題與主義」反覆權衡和衝突的顯著痕跡。林達的一系列關於美國社會發展歷史的書籍，其中要講述清楚的一個核心問題其實就是：經過完美討論過的制度，要真正把它實現，也還要靠以後的具體實施的人們的堅守和實行。而我們的問題是，再完美的紙面上形成的共識永遠無法得到長期的堅守和「笨拙機械」的實行。我們常說，不漠視歷史，也不沉睡於歷史之中，對歷史的態度，也就是對已有經驗的態度，也就是所謂的「問題與主義」。那麼，是不是可以做到一個平衡狀態呢？「問題與主義」值得我們繼續思考和討論，「問題與主義」之矛盾與爭奪，今天似乎沒有停息下來，或許，還要走向明天。

而我們不應當忘記，當年明確這個問題的性質，發起這樣討論和思考的，是胡適。

2007-12-5 改定於核桃書屋

# 找不到未經刪節的聞一多

我在尋找的，是聞一多先生當年最著名的〈最後一次演講〉。當然，這個題目是後人加的，這是一次即席演講，聞先生後來沒有來得及手定題目。雖然這篇文章我們這代人從小就讀過，現在也不難在歷年的中學課本中找到，不過那是遭到刪節的。而且，這「刪節了的聞一多」至今仍然為多數人所不知。謝泳老師在關於聞一多的評傳裏，講到了這一史實。後來我發現，很難找到這篇「鼓舞過無數革命青年鬥志的檄文」的本來面目。

在尋找「未經刪節的聞一多」的時候，我接觸到一些相關的材料。關於這篇演講的來歷，李聞慘案一節以及演講的背景已為人所共知，而現存的演講稿，也就是我們今天看到的講稿，是唐登岷先生在現場記錄的，演講後第一時間刊於當年的《民主週刊》。但是，關於演講的全文後來有了來自各方不同的幾稿，李廣田先生在整理聞一多最後一次演講稿後認為，「幾種記錄中只有《民主週刊》的文字最為生動。後來的初中語文教科書及其它刊用聞一多講稿的文章，均以《民主週刊》的文字為根據，參照了各種不同記錄重寫成「最後一次演講」。重寫的講稿僅刪除一段即「第一，現在司徒雷登出任美駐華大使……，美國才有轉變。」（劉興育〈聞一多最後一次演講的前後〉）這裏已經明確指出，現在人們看到的演講稿是經過前人刪節、修訂過的。

關於被刪節的這一段，謝泳老師的文章中曾經有摘錄，因為我現在手頭沒有資料，照錄在下面：

> 現在司徒雷登出任美駐華大使，司徒雷登是中國人民的朋友，是教育家，他生長在中國，受的美國教育。他住在中國的時間比住在美國的時間長，他就如中國的一個留美生一樣，從前在北平時，也常見面。他是一位和藹可親的學者，是真正知道中國人民的要求的，這不是說司徒雷登有三頭六臂，能替中國人民解決一切，而是說美國人民的輿論抬頭，美國才有這種轉變。
>
> （聞黎明《聞一多年譜長編》，1995年湖北人民出版社）

關於刪節的內容，我們可以看到，著重在於歷史人物聞一多對司徒雷登這個歷史人物的評價。這個評價充滿了情感，充滿了明確的愛恨，這是符合聞一多先生的性格的，這也是符合史實的。刪節的原因，我們都知道，是因為已經先有了一篇宏文〈別了，司徒雷登〉。長久以來，司徒雷登這個歷史人物因為這篇意在沛公的宏文，其歷史形象蒙受了長期的塵埃。他這個人的貢獻，特別是他對中國社會的貢獻，他本人對中國的感情，曾經長期湮沒在歲月的長河之中，當年知道這些的人不願提，不知道的人在蒙昧中盲目對他奚落。好在，今天隨著史料越來越豐富，歷史的本來面目即將進一步揭開。我們現在慢慢開始啟蒙，開始重新認識歷史，這當然也包括像司徒雷登這樣的歷史人物。現在我們來看這樣的刪節，自然是完全沒有道理，這種對歷史的「隨意」，我國傳統中這種種的刪、篡、修的行為，如若窮究其歷史，也是源遠流長的。這就是為什麼說，我們正史的不確，海外馳名；我們的教科書問題，一點也不比別國的少。

當年聞一多先生的遇害是無恥的暴行。對於史實和現實狀況，關於當年事的材料很多，結論也有較為一致的方向，不必贅言。我想談談今天的現實情況。首先是〈最後的演講〉被選入中學課本的原因。我們這一代人最先獲得的對聞一多先生的印象是：詩人、學者、民主戰士。但是我們這個印象是別人給的，其實它是官方評價，充滿了新聞主官那種刻板、倨傲的口吻。當年我們所獲得的很多概念，幾乎都是官方理解。而人文類的教科書，也是發佈這些官方意見的主要載體之一。從中可以看出上述的某些原因。聞一多先生在當年是民主人士，在執政黨和最大的在野黨之間，獲得了一種獨立的位置。這樣的背景、這樣一個學人的遭遇，無疑更有助於表現出國民黨政府的反動性和殘暴。在學生教材中安排這樣一篇慷慨激昂的演講，是前世無忘，後世之師，是緬懷，是「家祭無忘告乃翁」。在上個世紀七、八十年代開始，一直到今天，這種編選教材的初衷看不出來有多大的變化，如果這樣的話，再加上對原演講稿的刪改，這樣看來確實很有意義，沒有問題。於是，我們就這樣始終無法認識真正的聞一多，無法瞭解他當年曾經有過的完整的思考。我們永遠也無法接近當年確實的人和事，也永遠無法獲得一種對歷史的確實的感情。聞一多先生身後，終於也難以擺脫像魯迅先生那樣被斷章取義的遭遇。我為後世人的遭遇而悲觀，更為聞一多先生身後的遭遇而悲觀。

我看過一些材料，在今天中學教學關於〈最後一次演講〉這一課的教學方案中，它的教學目的在於能力的訓練。也就是將演講本身這種特殊的文體引進來，以此為突破口，以演講語言的組織能力、句式變化和修辭等技巧作為學習重點，培養學生的思維能力和口頭表達能力。這就是說，已經部分地剝離了意識形態對這篇演講本身施加的影響、將對待這篇演講的態度還原到它的文體和表達方面的價值探索。這使我想起了當年自己在課堂遇到這篇演講時的情景，當時的人文課程內容往往有著強烈的感情，教師大講其背景和敵我矛盾，強調了階級仇恨，因為只有階級仇恨和深重的社會矛盾才會使演講如此這般慷慨激昂，如此有感染力。同時很少提到關於演講的技術性問題。如果這樣來看，今天的教學改革取得了理念上的長足進步，有將能力培養和意識形態灌輸徹底決裂的痕跡。但是我同時感到，這也是有問題的，問題還是在於：人們如何對待歷史。我們難道要徹底忘了聞一多，還是，我們難道要永遠不要知道真正的、完整的聞一多？我覺得，最可怕的不是最初的刪改，而是一代代對這樣的刪改的默契和繼承。我們如果可以選擇，可以對一時一地的政治曾經帶來的荒謬和暴行來作理性反思，但絕不能容忍它的幽靈擊敗時光，飄蕩在今天和未來。

如果我們可以選擇。

2007-6-17 於核桃書屋

# 金岳霖二題

## 金岳霖談思想改造

金岳霖先生晚年的回憶中有一篇是集中講思想改造的，名字就叫〈民盟對我的思想改造起過很好的作用〉。裏面星星點點講了一些自己伴隨著民盟的浮沉有過的經歷。金夫子不近煙火，不懂政治，認為盟裏經常搞得小組討論會很有幫助。別人要開談政治，開展紅紅火火的意識形態並軌」，他老先生因為好不容易聚到同輩學人，總是在學術範疇談個不亦樂乎，不以為苦。例如在這一段回憶中，他這樣來開頭：「下面，我要談談我在民盟學習的愉快日子……」

即便如此，這在這樣的回憶之中，還是保留了很多有真知灼見的歷史資訊，比如民盟的浮沉。民盟在五十年代整個都是受人關注的，而不單單是五七年的夏天。這關注有來自上層的，也有來自學術界的，也有相對來說是「外人」的。我們可以想像，當年在那些個歲月裏有多少觀察的目光無時不投射在這個書生黨派。個中原因，金岳霖先生的回憶中其實作了很切中的分析：「……（九三學社）是自然科學家的民主黨派，而民盟是社會科學家的民主黨派。這兩類科學的不同產生了它們的工作的兩樣。當然，這裏說的不同點不能絕對化。自然科學工作者所研究的對象除少數科學（如醫學）外都是自然，對象大都不會成為政治問題。社會科學的對象問題本身就可能成為政治問題。無論如何，民主黨派的主要工作是政治思想工作。」（《金岳霖的回憶與回憶金岳霖》，下引皆出此書）這很好地說明了原因，就民盟成立以前的歷史和盟員的來歷說，這個書生黨派裏的人，在社會上的主要影響或者說他們的專業背景，和當局的意識形態改造思路是「鑿與錘」的關係。民盟的集體思想觀念接受並軌是歷史早已經設計好的。多少年後我們看上面這種深邃的概括，還是容易生出很多感慨。

金先生晚年的回憶文字，是一個謎。因為可以有多種解釋。這舉凡讀者都可以輕而易舉看出來。因為，他早年的哲學思想幾乎在這樣的回憶中已經很難顯著地找尋出來，而那些語言，特別是那些表述的方式，一看就知道是千百次組織學習過程中強迫自己學到的。而思想觀念特別是學術觀念中的強烈衝突卻又無跡可尋。比如在同一篇回憶中，他這樣來談論當年在民盟組織學習時的情況：

> 提到思想改造，特別是老知識份子的思想改造，應該用學習小組的政治學習討論會的形式進行，不能讓他們獨自個人學習。所謂「自學」，實實在在就會成為不學。我就是這樣因年老體弱而打住了學習會的人。會特別重要，無會或早或晚總要成為不學。在不斷地不學中，已經有了思想改造開端的人就會回到老的思想上去，而就我說，這也就是回到資產階級知識份子那裏去。……

這一段回憶看起來有些主客體混亂。因為回憶者本人也是他所概括的接受學習的「學員」之一。同時又像是一個人的喃喃自語，道出了自己當時的感受。而從整體上來看，則又是基於自覺接受學習改造並且以之為必須學習的真理為出發點的。從這裏我們不難看到歷史真實情況的複雜。可以說，或者未必有本著原有學術思想而堅不可摧，也未必有徹底改變世界觀和人生觀的可能，否則，我們就可能先已落入官方多年以來鼓吹的非此即彼的二元論中。我們通過捕捉某一些跡象大概可以說，金岳霖先生和他這一代接受過特殊年代洗禮的人，最後獲得的烙印還有大的不同，這不同是他似乎在學理上對兩個唯物主義有較深程度的理解，對組織上所進行的學習改造、對舊知識份子必須接受思想改造這樣的現實也有部分地接受；而與此同時在思想上受到的創傷恰恰也是不具備同種學術修養的人所難感覺到的。針對上述對改造學習的總結，金先生還在回憶中舉了自己「新近」的一個例子。

「……哲學所所長和黨組書記到家來看我，我不假思索地向所長要錢，我說『我要錢』。然後我說，大學《邏輯》我不要錢，《論道》那本書我也不要錢，可是《知識論》那本書我要錢。所長還替我解釋一下說『是要稿費』。『稿費』這兩個字好聽一些，其實還是錢那個東西。在這個對話中，我又躺到資產階級知識份子窩裏去了。……思想不純到了我的程度可能是很少的。」這段回憶中提到的三本書，是金岳霖先生49年以前寫的三本學術著作，而他本人則尤以為《知識論》是其中寫的最好的一本書。如果我們瞭解金先生一向以來對個人經濟生活、對金錢的態度，那麼從這樣的回憶中不難看出歷史吊詭之外的某些深切的東西。

# 金岳霖先生如我感覺的一般有趣

金岳霖先生如我感覺的一般有趣，這種有趣是出自似乎不近人間煙火。——這是我早年的魯莽判斷，但是讀了這本《金岳霖的回憶與回憶金岳霖》以後，腰桿硬了很多，因為這書給讀者的感覺與我上面的這個判斷大概有些重合的地方。「金岳霖的回憶」指的是本書的第一部分，章節和篇幅都不大，乃是金岳霖先生晚年間寫的一些自述，但是彌足珍貴，為存世不多的先生的回憶文章，是全書最有價值的地方。這最有價值之處在於可以使人在最短時間內大致瞭解金先生是一個多麼有趣的人。下面試舉幾個例子：

比如金岳霖先生在書中有一篇是回憶張奚若先生，稱其為自己「最老的朋友」。我們知道，就張奚若先生本人及其人生經歷來講，也是很有看頭的，而這回憶出自金先生的筆下，就更有意思了。三十年代，張先生有一次回西安，金先生寫一短箋給他：

> 敬啟者朝邑亦農公奚若先生不日雲遊關內，同人等忝列向牆，澤潤於「三點之教」者數十禮拜於茲矣。……無以答飲水思源之意，若無歡送之集，何以表崇德報恩之心。茲擇於星期六日下午四時假座湖南飯店開歡送大會，凡我同門，居時惠臨為盼。
>
> 門生楊景任
>
> 再門生陶孟和沈性仁，梁思成林微因，陳岱孫，鄧叔存，金岳霖啟

我們可以看出這其實是一封送行宴的帖子，參加人多為「星六聚會」（也即那個有名的沙龍）圈子裏的人物。其中「三點之教」是指張奚若先生講話總喜歡以「我要講三點」開頭，故有「三點之教」；楊景任乃張奚若夫人；而湖南飯店其實是金岳霖先生家的客廳，是星六聚會中固定參加人之間有默契的幽默。這帖子實為金先生代啟，越俎代庖，是一個隨手的遊戲文字。而更見私人行文風格特點的是另一封短信。當年在清華的時候，陳岱孫先生其時以其「能辦事」，常協理校務。一次梅校長南下，委託陳先生代理校事。金岳霖先生發現沒有手紙了。只好向他求救，寫了這樣一張驚世駭俗的條子：

> 伏以臺端坐鎮，校長無此顧之憂，留守得人，同事感追隨之便。茲有求者。我沒有黃草紙了。請賜一張，交由劉順帶到廁所，鄙人到那裏坐殿去也。

代理校務者，往往是一校之深受眾望、倍受關注之人，若不是彼此相熟，深知對方的性格，接到這樣的條子恐怕無人可以再保持自己的涵養。金先生之不近人間煙火氣可見一斑。又如金先生回憶與錢端升一家，寫到：「在西南聯大時起，錢梁兩家都在昆明東北鄉蓋了房子，房子當然非常簡便，木頭架子竹片牆壁。目的只是不逃警報而已。男女分工是女的做飯，男的倒馬桶。我無事可做，有時也旁聽一些倒馬桶的精義。女的做飯的成績驚人……」這若是不瞭解金先生身世的人，恐怕是要看的發蒙，「男的、女的」從天而降，不知所云，其實這男女兩人即梁思成和林徽因，金先生長年與親近朋友在一塊居住，尤其是梁林兩人，更是多年相隨不離。此中複雜的感情怕是只能意會、無法說清楚了。在同一篇回憶文章中，還較詳細地記述了錢端升張奚若兩先生家居的美食，這進一步說明金先生的日常生活，往往是同親密朋友有緊密關係的，不然不可能有這種深切的記憶。

我覺得關於金岳霖先生，有兩點最可注意，一個就是上述同親密朋友的關係，特別是和梁林兩人的關係，另一個自然是他們這一代知識份子都遇到的思想改造。而對於像金岳霖這樣有自己獨立體系的成名哲學家，歷史唯物和辯證唯物以及建國後的意識形態改造思路如何在他五十年代的「學習改造」過程中起作用，結果又是什麼，這個問題則更引人注意。縱觀金先生這次的回憶寫作，我作為一個普通讀者而言有一個清楚的感受，就是留有明顯的被「給予」痕跡，而49年以前金先生自己的哲學思想和對社會的認識幾乎都不見了；但是，思想與對社會認識的互相矛盾之處都留在他的字裏行間。現在很多材料都曾經引述過這本書裏的一段：解放初期艾思奇在清華演講，那次演講會恰好就是金岳霖先生主持的，艾思奇在罵了形式邏輯一兩句話後，就開始講起了辯證唯物主義。演講結束後金先生對他說，你罵了形式邏輯之後，所說的話完全符合形式邏輯，沒一點錯誤。金先生回憶到：「張奚若在我的旁邊，扯我的衣服，我也沒有打住。我是在找錯的思想指導下聽講的。……」我們對學理方面的問題大概一竅不通，只看當時金先生的反應大概可以部分瞭解他當年的感受。這一段引述後面，金先生這樣回憶到：「院系調整以後，全國的哲學系都集中到北大來了。講辯證唯物主義和歷史唯物主義這一課的，開頭也是艾思奇同志。哲學系全系師生都特別歡迎他。很可能將樂相當長的一段時期。這實在是一個最好的安排。理論不是短期內可以改造的。……」這一段話其實更有深意。金岳霖先生在這部分回憶中，有很多這樣的話語，有些是很難於理解他的態度的，正是所謂「收放有致」，而稱謂表達就充滿了走過那個時代的大陸知識份子那種仍顯生硬的方式，往往有一些從組織講話中學來的語言。這大概是拜歷次學習改造所賜吧。

*《金岳霖的回憶與回憶金岳霖》，四川教育出版社1995年7月1版，署「金岳霖學術基金會　學術委員會」編撰

2007-6-6 5-24 於核桃書屋

# 懷念尊重順序的年代

## ——2008年3月5日的一次即席講演

大家好，各位老師好，孩子們你們好。今天沒有準備，我想我們就一起來聊聊關於順序的話題。首先自我介紹一下。我是鋼鐵工人，從小按部就班就學、工作到現在，身世平淡，無一可談。按照我們今天所談的「順序」來說，我在前，座下的這些孩子們，還有一些剛畢業的老師們，你們在後。尤其是孩子們，如果你們按照現在你們每天所過的日子來算，而且你們又都是普通人，那麼你們現在可以把我看作很多年以後的自己，——那就是你們要接受的教育、要接受的生活及其它。下面我們言歸正傳好了。

諸位知道，我們所處的這個世界，有兩個緯度的基本邏輯順序，一個是時間，一個是空間。空間就是你在這裏同時不可能在那裏，這個不是我們要談的重點。時間是說你在現在，不可能在過去，也還看不到未來，預知未來是蠢話，關於先知，我們一會兒會談到——時間機器如果能被發明出來，也會像這個世界其他已經被發明出來的機器一樣被證明是作繭自縛。很荒誕。你們想想看哈，你現在就能知道未來你會怎樣，而且無法通過改變現在來改變未來，就像很多科幻電影裏的那樣。那麼這是什麼呢？（這位老師，對，就是您）對，宿命！就是宿命，那麼，好，哪怕是宿命，我不要這麼早知道。那麼，現在，我們就是在一種正常的狀態下來談時間順序，也就是按照事物依據時間先後的順序來談，不包含上面所說超越時間順序的極端例子，不包括其他各種各樣的極端情況。好……

今天是3月5日，很多年以來，我們都會在每天的這一天，作些急功近利的事情，來紀念一位偉大的革命戰士。今天晚上電視裏一定會有一個台要演《雷鋒》黑白片或者是《離開雷鋒的日子》。學習雷鋒，在今天已經成為像每年一次發作性的社會流行病。人們集中在這一天作些本來每天都應該做的事情、或者是每個人都應該有的素質。雷鋒精神，我並不排斥，按照我的生長背景來說，我真的覺得稍微否認一點雷鋒精神都是對一個時代的背叛。而且，今天，我之所以對五十年代以來的一些事情保留著一些溫情的回憶，或者以為它還是有一些人文價值的，就是像雷鋒精神這樣的因素。其實，我最懷念的是當時人們——每個人的那種精神狀態和道德意識。關於這一點，建議大夥兒多看看黑白片。不過，我們都是有原則的人，我不喜歡雷鋒精神這個提法，把某人的事蹟昇華為「某某精神」，是某些人和組織一貫的無聊傳統。雷鋒精神是人與人之間應該有的互助、關愛精神，我們要學、要感受的是這個，否則就是用個人極端表現掩埋大眾人性中的閃光。這就是說，我們不能依靠某一個人的超常規發展和表現，來解決社會的問題。這也就是互助、關愛精神今天以及很多年來就像季風一樣，無法在人們心裏生根發芽的原因。那麼，我們靠什麼？靠把一種生活方式從認識、認同到把它變成自己的這麼一個過程。在未來，可能，「某個人的精神」，「某個人」已經被人遺忘，但是每個人的素養已經由一種值得褒揚的狀態變成一種生活常態。這才確實。

說實在的，如果我今天再看《離開雷鋒的日子》，我，一個成年人，也還是免不了淚流滿面，相信在座很多人也是一樣。但是，我想問大家的是，這眼淚憑何而來？這就要講到我們要談的順序問題。雷鋒精神之所以感人，教育人，關鍵在於，在當年，確實有這麼一個真實存在過的人，做了一些真實的事情，而這一點大家都耳熟能詳。這個背景發生在前，我們重溫他的事情在後，這就有了感情積澱，它蓄勢待發，後來，到了一個高潮的時候，感情就自然而然噴薄而出。這個順序看起來確實是主導性的。當時，我們知道這個人，被他的極端事蹟深深感動過，那麼在今天，當我們重溫的時候，就觸發了了很多複雜的感情，也包括自己曾經發過的善心，走過的夜路，或者是遭遇的很多不公平……這些因素可能也包括在裏面。人們常說，人心不古，世道澆漓，其實這兩者在感情深處很有相似之處。但是，這個時間前後的順序卻是一直嚴格地保持下來。我並不提倡那種不合常識、常情的付出和社會服務，這裏只不過要說明問題。那就是時間先後順序，是亙古不變的人類認識事物的基本邏輯順序，也是人們有所愛、有所恨的原由——基本邏輯順序。

現在有人以為神話傳說中的聖徒與先知本來竟然是存在的，這就是說，他們妄想突破上述這種基本邏輯順序，也就是說，某些人和組織，他們在先天就很感人，很先進，生來就是以極端地服務社會為己任的。我希望大夥兒都能抽空想想這種反常事情的荒誕性。這實在是很有必要，想清楚這一點，別的不說，對你們以後思考正在接受的、將來即將接受的教育為什麼如此荒誕，就有了思考上的準備了。在這裏，作為一個現行教育的「成果」，我請你們這些正在生根開花的「枝蔓」們，帶上你們的MP3，裝作什麼人說話也聽不到，然後想一想。

今年，過年前後，很多人都活在亢奮之中，因為今年的頭等大事，眼看著就越來越近了。不過，你們也知道，前不久有位女士曾經在全國直播過程中引用了一句名言，「中國在沒有輸出價值觀之前，不會成為一個大國」。這句話什麼意思，因為它有一些常規的外交辭令，一時間還說不明白它的字面意思，至於深層次的意思，就更難說清楚了。不過，我們可以這樣說，通過2008年的北京奧運，正是這麼一次珍貴的向世界輸出價值觀的好機會。這是大家都很清楚的。全國這麼大的投入，無非有這麼一個美好的心願嘛。這就和當年我們爭取奧運申辦權一樣，無非一個美好的心願嘛。

那麼，這裏面有沒有順序問題？有，不過有一種形式上的轉移，前和後轉移成了有和無的問題，也就是說，在時間的長河裏，昨夜沒有的事情，今天大概十有八九沒有，這也是一前一後。有的話，你就拿出來給人們看，沒有，說什麼都是假的，人們每天早上一出門，就會感覺到有還是沒有，不是你說有就有，而且有的事物，不是大幹快上，在短期內就能從無到有的。看這段時間人們對奧運的熱情，叫人想起當年我們這個城市有一次爭取全國文明衛生城市的故事，估計在座的諸位有一些人是沒趕上，不過這不要緊，只要你們不在短期內移民，在我國，類似的事情你一定會趕上。當年那時你猜怎麼搞這個

「全國文明衛生城市」，就是擦了再擦，掃了再掃，後來一看不行，來了一個絕的，——強制所有沒經過統一規劃的老城區那些磚木結構的老房子臨街的一面，全部用白灰從地面往上刷一米五！刷完一看，那些灰濛濛的屋簷矮牆就和塗了白堊的印第安人一樣，不成體統。這就是我們向外界輸出自己觀點和意識的方式，很典型，很經典。後來下了幾場雨，你就可想而知結果了，當年沒給評上。於是人們一切生活恢復如常。公平地講，這裏面有個區別對待：一是有目標，沒意識，就像多年前這個故事一樣；二是有意識，沒現實，現在我們奧運投入這麼大，在建設方面就既有意識，也有現實；但是在人文環境和社會文明程度方面，還是有意識，沒現實。這些東西不是那些遮天蔽日的大砼塊蓋起來就能說明一切的，別人來了，他自己會感覺到。你們會注意到，現在已經這樣在宣傳了：迎奧運，講文明，樹新風。這說明，管事的人自己也知道自己到底有沒有。

奧運會一定會成功的。奧運之後我們怎麼辦？會怎樣？是不是像有的人所說的那樣，中國社會各方面將有一個質的飛躍？世界對中國的認識會不會有一個質的變化？我想，作為個人，如果有的話，甚至，也可能屆時會分享到一點，不過到底有沒有？每個人心裏都有數。很多年前我們曾經有一個超英趕美的夢想，現在社會進步，對別人的國家那種報復性的、出於自卑心理的對國力優勢的爭奪，那些政治色彩，可能已經淡化了不少。當年那是一個夢想，現在我們也有很多夢想，有的夢想也是那般不切實際。國家發展也是遵循時間順序的，別人沒有四位數的歷史，但是他們沒有浪費時間，按照時間的順序作下來，變成今天那樣；我們的歷史很久遠，但時代不同了，那個歷史的資源不可能在功能上取之不竭。今天，我們無法向別人輸出能使別人認可的價值觀，更重要的原因是我們不尊重時間，不尊重時間順序，一再作一些「回到過去」的事情，這就是說，我們雖然無法改變時間的進程，但是卻把同時間進程相匹配的社會發展進程像壞了的鬧鐘一樣撥了回去，走了彎路，在很多方面停滯不前。現在我們沒有可以供世界分享的價值觀，這是個現實狀況，要老實承認，然後去紮實做一點事情。不要事情還沒開始做，就想像的很美好，宣傳的很美好。這沒人相信，反而不好。

諸位，我們今天在這裏談順序，談時間，你們也看到了，其實我們談的是常識和尊重常識問題。常識，我們都有，尊重嘗試常識，很多年來，看起來不是很容易就能種在多數人心裏。多數人的心理是，什麼樣子他自己心裏清楚，而如何對待常識，——迫於現實的無奈和各方面的虛無給人的壓力，就不願多說了，但我據觀察，我知道，他們，不管是民間所謂的「好人」還是「壞人」，或者是體制內的「先進」和「相對落後」分子，從內心深處他們都是尊重常識的。他們的表現我們應該理解，我們應該相信，人們遲早會表現出來給你看，他們是多麼尊常識。今天很高興和大家聊這方面的話題，在這個過程中，我們追尋了一些遠年的事情，按照我家鄉的方言來說，這叫「訪古」，希望大家今後都能喜歡這樣表現自己，用以表明自己不是古人。就是這樣，謝謝大家！（完）

2008-3-8 於核桃書屋

# 避免被崇高

在每天晚上七點之後開始的壟斷全頻道的那檔新聞節目，我是不怎麼看的，據我所知，很多人都不看的。偶爾看一下，看著看著就有一種惴惴不安的感覺，自己揣摩有時竟有點恐懼。理由很簡單：你想上「永遠的豐碑」嗎，那麼請做好離開人世的準備。

由此想起了王小波，想起了讀《沉默的大多數》的那些日子。一本厚厚的《沉默的大多數》之中，王小波曾經在很多地方都表達了這樣一個觀點，那就是尊重人性的本能，以及吃苦受難專門作踐自己並不崇高，——這可能是王小波那短暫的一生談得最多的一個論題。王是知青，在雲南插隊，經歷了種種非人的待遇，見到過很多奇異的地域風情，也見到過很多奇異的「再教育」的想法和做法。其中最奇異的就是要以貧窮破敗為榮，以完全沒有必要的吃苦受難為理想，正像他舉的那個把自己倒插在糞桶裏攔都攔不住的古人的例子，對於茫然無知的群眾來說，那是一種受虐欲的傾向；對於自覺貢獻出年輕的生命，去撈大隊掉在河裏的稻草的有文化的一代青年來說，是被魔障了的榮譽。我覺得很多人懷念王小波，部分是記得他那種嘲諷顛倒錯亂與荒謬時的勁頭。

人天生追求幸福而排斥厄運的，人天生追求便利而厭煩繁瑣的，人天生追求安逸而厭惡勞苦而無所得的，這不是很正常嗎。為什麼要把一種好的思想變成嗎啡，給人注上偏執和癲狂呢？20多歲的余杰在書裏寫到：「誰否定人的正常欲求，不過他的調子有多高，我都十二分地警惕他，如同警惕法西斯分子」。提倡靠精神與意志來克服人的本能，不是自己神魂顛倒，就是大奸大惡，誠為古語所說「人反常為妖，物反常為怪」。林語堂先生著《蘇東坡傳》由於中文翻譯問題失色不少，其實原著選擇史料是極經典的，其中記述了這樣一件事：蘇東坡和一位友人去郊區山上遊覽，途中遇到兩山之間一道深谷，只有一條狹長的天然石橋連接，平常人看一眼就頭暈目眩，更別說走過去了。蘇東坡和這個朋友打賭，後來這個朋友面不改色地就走過去了。蘇東坡事後認為：此人斷不可交，因為，連自己的生命都看得很輕的人，更不會重視別人的生命了。後來這個朋友做了官員，果然很殘暴。東坡這個邏輯很占得住腳，我們不得不說他很有知人之明。古時有一類清流習氣，將「文死諫，武死戰」想偏了，當作在朝廷裏進步的方式，拼的一死，在一件國家大事上存步不讓，盲目和皇帝打擂臺，這意見提對了，自然結果很好；如果不合上意，招來殺身之禍。那就青史留名，蔭及後世。所以皇帝看出這種心思後就斥責他們是「妄圖幸進」是「沽名釣譽」之徒。這同樣可以用得上蘇東坡的邏輯：一個人好名投機取巧，連自己的性命也不顧及，同樣為了好名，那是什麼樣的惡行也不憚做的，其實也是禍國殃民的種子。

以前我們談精神力量，談個人的意志，講用精神來提高工作量，多數人都可以理解，因為當時我們的生產力水平很低，技術落後。口號喊徹四方，人們付出了超過自己承受的勞動，這是應該的，但絕對這不是一種享受，不應該作為一種常態，不適合作為一種傳統。我覺得今天如果說有一點進步的話，那就是敢說皇帝沒穿衣服的孩子越來越多，不僅是孩子，敢說皇帝沒穿衣服的成年人也越來越多。提倡一種常識，以常識來做事，來判斷一些現象，這是很可貴的。作為百姓來說，常人就應當有常識，不應當再對明顯違背人性的事情熟視無睹，社會的前行也並非是一些豐碑來支撐起來的，所以前述這種倡導效仿犧牲者、爭做「豐碑」的節目是令人反感的。

一名女醫生，如果她選擇了建立家庭，那麼她同時也是一個母親，在職業上盡責，在家庭裏盡責，這是常識。如果家人生病，而自己工作又很忙，這是一種矛盾，人生有很多矛盾。不能全身心投入工作，就不適合留在當天的崗位上，那麼可以請假回家，做好母親該做的事情。這也是常識。為了工作而不顧病情危重的家人，這不合天理人情，違背常識，不值得效仿。換作其他職業者，也是如此。由此形成一種輿論，強迫別人都樣做，可以說是「滅絕人性」的行為。歷史證明，英雄、前驅在多數時候都不能解決大眾的困境，這已經不是英雄代表大眾的年代，何況是這種扭曲的英雄。這樣的英雄作為個人，付出的犧牲太多。當他們的事蹟出現在大眾之前時，他們多半已經默默地離開了這個世界，或者已經奄奄一息。做這樣的好人、英雄使人望而生畏。這種故事令人感到損失慘重。

那麼，今天這種荒謬的宣傳何以仍然大面積呈壟斷性的存在？最堂皇的一種解釋是：雖然事易時移，風流雲散，但是不能阻擋我們進行理想主義教育。理想主義教育是對的，但是這樣的理想主義未免太過不切實際，會使人憂慮有可能影響到正常的理想主義為人所一律詬病。當北京大學的誕辰被人隨意改作五月四日（原先是京師大學堂的建立日），這說明五四精神、愛國主義是被希望永遠流傳下去的，然而周氏兄弟當年一直倡導並且受到時代廣泛關注和討論的「立人」思想已經隨著時間的遷移由陌生而斷宗。當年的文科學長陳獨秀曾經在〈我們究竟應當不應當愛國？〉談到：「我們愛的是國家為人謀幸福的國家，不是人民為國家作犧牲的國家」。我們應當思考歷史上的理想主義，更應當警惕現實中衣錦的荒謬，說得露骨一點就是：意識形態的控制，請不要這樣來詆毀「理想主義」，尤其是那些根本沒有高明可言的。

人們並非對佈滿灰塵且已經老套乏味的東西都很有熱情。

2006-11-27 於核桃書屋

# 人歸人，文歸文

1936年10月，魯迅在上海病逝。葉公超時在北大，開始集中大量閱讀魯迅的作品，之後寫了〈關於非戰士的魯迅〉一文，充分肯定了魯迅在小說史研究、小說創作以及文字能力三方面的成就，強調了魯迅作為「非戰士」或者說是「文藝家」的一面。同年12月8日，他又寫下一篇更大篇幅的專論〈魯迅〉，對魯迅作了全面的客觀評價。葉公超是當年「自由主義知識份子」陣營「新月」派的代表人物之一，鑒於魯迅先生曾經同自由主義知識份子陣營進行了長年的思想論戰，此二文一出，同道們包括胡適在內開始質疑葉是否太過「寬容」，定論是否太過譽美。葉公超卻是另一種思考，他說：「人歸人，文章歸文章，不能因人而否定其文學的成就。」（《葉公超傳》河南人民出版社）在一個主義滔天、各種社會思潮激烈衝撞的年代裏，在經歷了長年不同思想論戰之後，葉公超教授能抱持這樣的觀點，令人不由得感情湧動。

據我所知，「人歸人，文章歸文章」這種思考，最早是由葉公超提出並公開倡導出來的，起因是出自上述材料。這種思考方式可以說解決了我長年以來看待歷史人物的某些根本矛盾。除了對這種理性思考方式的感慨之外，更多引起我注意的是葉這種觀點原本就是針對文學創作範疇來說的，這就與今天建立了一種切實的聯繫。

文藝評論是基於文藝作品而生的，這是一個客觀的先後順序。文藝作品不能為文藝評論而生長，這樣就會變得混亂。即便是這種混亂，也是文藝範疇的事情。但是在近代，文藝作品要被迫接受整個社會輿論的檢查，各種社會責任、各種道德責任之於文藝創作，正如一頭大象站在人身上，使自由的創作無法正常呼吸、思考。生活在我國，如果要接近一些文藝，或者從事一種文藝創作，往往就慢慢開始覺得窒息，這不是當代問題，多少輩人就是這樣過來的。文藝不能忽視道德，比如要寫小說，選擇一種道德是很重要的，但未必要同時代通行的道德相符。更重要的是，大眾道德不能對文藝創作剝奪太多，剝奪得太多，文藝就失去了它的生命。文革年代的文藝作品是一個例子，當時的大多數應世之作，沒有個人創作的任何因素在裏面，沒有作者本人的生活在裏面，這是為了苟全性命，談不上文藝。五十年代的文藝作品也是一個例子，官方的道德體系主導一切，只有跟風表現才能有發表的平臺，很多時候文藝是為了說話，因為不說話也是錯誤的立場之一。文藝淪落成了工具。這是主流方面。今天，政治的束縛似乎在緩解，困擾在民間。讀者往往把個人道德與文藝創作混淆、等同起來。這種個人道德，指的是創作出文藝作品的作者本人的道德水平。這種以人判文的思路由來已久。社會輿論往往認為，一個有歷史污點的人，其文藝創作絕無任何健康、有益於社會的成份，其文無足觀；一個被視為虛偽、思想空虛的人，無論其寫出哪個領域的何種題材的作品，都被看成是自吹與無恥的東西。因此在我們這個國度，如果一個人有了某些被大家視為污點的歷史，那就應該自覺地離開文藝事業，停止創作，毀掉手稿，去過一種遭人唾棄的日子。

另一方面，社會上這種強大的輿論，不但加注在文藝創造者身上，同時也把很大的壓力施放在文藝評論者身上。作為一個專門作文藝評論的人來說，正常的順序應該是首先從自己對作品的閱讀出發，以自己的閱讀感受作為基礎，這可謂「天生的文藝評論」。但是由於文藝評論家們長年生活在淹沒一切的大眾道德之中，他們就有兩種可能：一種是被道德的壓力所擊潰，脫離了自身的判斷和基本感受，做違心之論，希望這樣一來可以表明自己的道德水準，表明自己來自大眾、來自主流；另外一種是已經被上述那些強有力的道德所馴養和清洗，喪失了自己的思考。無論哪一種，可以想像的到——他們將如何來對待自由創作出來的文藝作品。在這樣的情況下，文藝評論開始生出自身的疾病，逐漸異化為不惜一切手段來追問原作者的人格。文藝評論家們可以將一個人的生活瑣事同其幾年前創作的一部作品聯繫起來，以此為證據否定作品的價值。他們要越過作品本身，不問具體，而對作者的創作意圖、個人思想是否健朗、人格是否健全充滿了窮追不捨的勁頭。「余秋雨現象」就是這樣一個比較典型的例子，如果拋開其他細節不談，現在可以知道，余在創作他那些作品時的思考層面，是他那些喜歡翻工具書的對立面們無法比肩的。

「人歸人，文歸文」，是要努力做一種持平之論，我們暫且不說這個持平之論最後能否真的實現，這樣一種思考方向是好的。因為它建立在一種承認個人思想和歷史的複雜性的基礎上。小說家也好，傳記作家或是學者也好，甚至寬泛到一個現代的所謂「寫手」、撰稿人也好，作為一個生命個體，他們與普通人稍微不同之處在於其思考的複雜性。除此之外，沒有什麼差別。如果需要先成為大眾道德承認的聖徒，然後才可以寫作，那麼這一行的從事者一定會銳減，因為那種脫離真實人生的聖徒太難做了，而且絕無此必要。從事專門寫作為生之後，寫作就成為個人自主選擇的一種職業。要將太多不切實際的理想和道德強加給文藝創作，這樣出來的作品太可怕了，這樣做文藝事業是要表達理想還是要砍殺理想？

我們常常將一些寫作者稱之為「先鋒」、「異類」，這是因為現今大多數的文藝創作都是平庸的，雖然平庸，卻符合傳統的道德，卻可以生存。而部分的所謂進行「實驗創作」的，卻恰恰是遵循著文藝創作的獨立性走過來的。在今天，上述的文藝評論家們往往生活在體制內，享有對新生文藝作品生殺予奪的特權，這樣的局面只會催生更多的應時之作。市場喜歡什麼樣的娛樂，就創作什麼樣的作品，而用不著為作品的文藝價值或者思想性操心。這樣的局面恰恰證明，多數文藝作者都是普通人，他們在被圍剿的過程中適應下來，同時也喪失了自己原先所追求的文藝理想。這樣只會產生兩個結果，不是庸俗的作品氾濫於世，就是文藝作品的範疇越來越狹隘。

我總覺得，人們在追求一種文藝性時的心理是很矛盾的。首先的矛盾是，我追求的這種藝術性是不是與低俗的娛樂密不可分的呢？那麼我追求這一種文藝是否會惹火上身、顯示出自己的不堪來呢？其次的矛盾是，我雖然對某一種文藝作品中的藝術性很神往，但是這作品的創作者是為當今大眾的輿論所不容的，這個創作者可能作了在當下看來是令人側目的事情，那麼我對作品的神往是不是錯的呢？前者因為存在著不同的文化審美，不容易回答；「人歸人，文歸文」這種思考大概可以解決後一種矛盾。因為這種思考是直面文藝價值的，它希望人們都能摒棄其他因素的干擾來談文藝本身。「人歸人，文歸文」不是要對人和作品兩個方面的責任劃分，而是提示我們要著重分析作品的文藝性，在談論文藝的時候，不要過多摻雜社會強加在我們身上的東西。真的文藝是完整的，不但包括人所共同喜愛的部分，也包括為某一部分人所不齒的部分，在作品而言，只有這種完整方才能表達文藝的美。苦雨翁的文字是一個極好的例子，其留平視敵的選擇當然是反動的，但為什麼他那些小品文能獲得很多人的喜愛，直到今天還方興未艾？為什麼儘管思想不同，與苦雨翁同時代的學者們無不對其作品的藝術性有高的評價，從而得以在當年的《新文學大系》中作為新文化運動的實績？我想，這就是純文藝給人的感受。苦雨翁的文字，特別是他那些民俗、那些草木魚蟲、那些古事記往往是最能使中國傳統的知識份子得到精神上的休憩和愉悅的，讀者往往能夠在閱讀這些作品時感受到撲面的文藝氣息和趣味。這在文藝評論中是繞不過去的，而如果要在其中強加進去一些對其人的道德審判，往往就混淆了主題，文藝性就被戕害了。

　　這於是就又引發一個疑問：文藝性即便如何寶貴，難道可以超越做人的道德底線？這就需要反問過去：你要的是什麼樣的道德？道德有時是非客觀的，過期以後有被顛覆的危險。我雖然對你的為人很鄙夷，但是承認你作品的價值，這是一種客觀。在今天，作為一個文藝作者，你必須要做一個選擇，你要的是自己所追求的文藝，還是要務必保證別人給你的道德？作為一個文藝作者，不要低估別人的道德水平。你的藝術追求有人是可以領悟到的，至於你的作品或你本人需要不需要上道德法庭，取決於社會的開放程度。真正可以傳世的傑作，一經寫成公開發表出來，就成為「開放的作品」，成為社會所共有的財產，不是你個人再可以隨便決定的了。這就是為什麼有些作者因為擅自改動了自己已經流傳很久的作品，而遭到讀者的大肆攻擊責難——你雖然創造了作品，但無權破壞公共財富。而作為一個普通的讀者，卻又不可高估自己的道德，倒是應該相信自己親身的文藝體驗，相信自己的感受。因為，文藝是要靠感覺的，而不是靠幾次群情激昂的批判會。

2006-8-14

# 讀「北大講義風潮」

張耀杰著《歷史背後——政學兩界的人和事》中有一篇是專門談當年北大「講義風潮」的，這一段歷史的來龍去脈在其他回憶北大的材料裏往往是沒有這樣詳盡的，正因其詳盡，就可以使人看明白一些事情。

自1917年初蔡元培先生就任北京大學校長以來，北大開始對以往教員授課的講義進行改革，具體來說就是重新編定。其目的，蔡元培先生在〈就職演說〉中解釋為「諸君既研究高深學問，自與中學、高等不同，不惟恃教員講授，尤賴一己潛修。以後所印講義，只列提綱，細微末節，以及精旨奧義，或講師口授，或自行參考學有心得，能裨實用……」後來文科學長陳獨秀又對此作了補充解釋：「講義本不足以盡學理，而學者恃有講義，或者惰於聽講。」這兩番解釋，口吻都是面向學生來談的，顯示出當年教育思路的特點，就是注重學生自身的鑽研，努力養成學生的學問和求學的精神，以求實用報國，不給混學者留餘地。這是很有建設性的辦學措施。這些在今天的很多書生而言，看了是多半要臉紅的。然而後來隨著民國社會的國民經濟進一步崩壞，教育投入逐年下降，幾年不到，北平各大高校的欠費欠薪現象已經非常嚴重。這年9月份，以北京大學為首的國立八校校長因教育經費沒有著落，聯名發表辭職宣言。這一事件後來被政府以先撥部分款項而平息。然而就學校而言，問題等於說是沒有解決。這一年新學期開學，由北大「最高權力機構」評議會審議通過了「徵收講義費」以補助講義印行費用，更重要的是希望以此經費來源擴充圖書館不足之圖書，並且議定了「盡數撥歸圖書館支出」等專款專用的措施。當時還有「彼等若能筆記，盡可捨講義而不購也」的內容，全部刊出在當年10月18日出版的《北京大學日刊》。然而，在這份日刊還沒有到達讀者手中，17日北大爆發了罕見的針對校方的「風潮」，「學生數十人」兩次擁堵辦公地點，要求廢止講義費，後一次更是圍堵了校長室，情況緊張。校長蔡元培聞訊趕來，反覆勸止，不見效果，後來勃然變色，學生方才被斥退。校長蔡元培隨即辭職離校。

就史實而言，這件事必定給人以強力的內心衝擊，北大雖然有民主治校、教授治校這樣的優良傳統，學生同校方爭議事情也很平常。學生也已經可以運用民主評議等等這一系列的程式。像這樣用異常極端的態度和行為來爭議實屬罕見；另外，以蔡元培先生的性格和一貫的民主思想來說，能有這樣制止學生的舉動也是很少見的。可見當時的真實情景已經是如何超越了限度。需要注意的是，這裏所謂學生「數十人」，根本不能代表北大學生。其中的隱情尚需要等今後史料進一步發掘來解答。

事情發生以後，北大教務會議匆匆做出「開除學生馮省三」等三條決議，後經校務評議會正式通過，同時，部分校方決策成員包括北大總務長蔣夢麟在內，宣佈隨同蔡校長一併辭職離校，北大全體職員發佈〈暫時停止職務宣言〉，一時在校園裏引起軒然大波。隨後北大的正常教學暫停，陷於停課狀態。北大學生自發組織在學校禮堂進行討論，分歧較大。在這裏，我們可以看到，除了上面的一場過激的行動外，其他無論是校方還是學生組織，不談結果，在這樣的非常狀態之下，其後的行為都反映了民主決議的程式。這是民主治校的實績，也是民主素養訓練的反映。

隻身在外開會的胡適，得到風潮爆發的消息回到了北大，並在平息這一事件的過程中發揮了大的影響。他很好地運用了自己沒有黨派背景的自由主義者身份，在學生代表和校方特別是蔡元培校長兩方面進行了很長時間的斡旋，可謂不遺餘力。甚至請夫人親自去走訪女生宿舍，瞭解情況，說明分歧。此時，學生代表中挽救北大教學的聲音越來越高，在沒有受到極端思想畸形影響的人為多數時，這樣的情況是符合實際的。在教務長胡適與北大諸同仁、學生代表發起的聯名簽字等等努力下，學校當局與學生之間各有讓步終於達成妥協；蔡元培校長收回辭呈，講義費緩收，逐步複課。風潮逐漸平靜下來。

10月25日回校複職的蔡元培和胡適分別在師生大會上發表了演說，意味深長。蔡元培校長說：「我這一回的辭職，有多數的人都說我『小題大做』。但是我對十八日的暴舉，實在看得很重大。……我記得二十年前革命主義宣傳最盛的時候，學生都懷著革命的思想，躍躍欲試，就在學校裏面試驗起來。……他的導火線都很簡單，大半為計分不公平或飯菜不好等小問題，反對一個教員或一個庶務員，後來遷於全體教職員，鬧到散學。……我希望有知識的大學生，狠要細心檢點。」這番話讀來令讀者往往很有感慨。就此而言，像蔡元培這樣在外面頂著社會經濟日漸蕭條、政治形勢嚴峻的壓力，苦心孤詣地保證學校不受干擾，在學校的財政困難處處捉襟見肘之下，長期致力於培育學生的民主觀念與自我求學以報國的老派教育家，有這樣的言行，這種情形實在是令人想起「苦心孤詣」四個字來。他一向倡導民主辦學，現在看到這種乖戾的「革命」行為來打擊學校的教學，特別是還利用了「民主」的方式進行煽動，大概真的是有一種挫敗感。他不是怪學生，而是有「這些年的民主素養訓練終究難以抵禦極端思想的侵襲」之感。他們這一代教育家，往往有一種努力希望能將民主與中國傳統價值觀完美結合或形成某種調和的態度，這樣美好的夢想在現實面前也不免有凋零之虞。

胡適在演講中說：「清末學生頗喜鬧風潮，但彼時之風潮，比現在光榮的多，蓋其時鬧風潮之學生，不徒破壞，而能建設，如中國公學，震旦大學，南洋公學等等風潮皆是。……勸告諸君從學校建設方面著想，慎勿以細小事故不便於自己，便爾騷動，則學校基礎愈見穩固。」其實，胡適正是那時當面批評蔡元培「小題大作」的代表人物，歸根結底，是因為他對民主議事程式以及反映出來的民主制度有一以貫之的信心。而他談建設性，正是其所提倡的這一種民主議事程式的核心問題，如果不具有建設性，即便是具有民主素養，也不能更好地鞏固一項事業，容易被極端思想利用。這是純粹的自由主義知識份子的態度。

時隔多年，再看這一段材料，有很多給人啟發的地方。風潮中間學生圍堵校方的做法和事後校方的做法，包括教員辭職等，以及學生們後來的自省和妥協做法，不能說完美無缺，但是符合基本的民主議事程式。這樣的風潮得以平息，也是靠了北大有這樣多數人以為習慣的民主議事程式。在這樣的程式下，才能聚合各方在一起，共同解決問題，才能有深的溝通，有一個解決問題、形成決議的平臺。因此我們說，民主本來就是好的，它的設計從最開始就是為建設性地解決問題而來的。民主又是脆弱的，需要很長的時間和很多的努力才能建成它，才能鞏固它到不可輕易被破壞的程度。

而學生衝擊校園，甚至出現過激的人身傷害，這顯示出極端革命的暴力傾向在學生身上起到的耳濡目染的作用。對於沒有經過民主素養訓練的人來說，偶爾接觸到這樣的革命思潮是具有強大煽動和蠱惑力的，因為強調革命的純粹性，必然要靠暴力和極端行為來表達。不珍視自己的生命，同樣不可能重視別人的生命，更不可能談到重視一項事業。可以看到，北大這樣以民主治校的大學，將民主與無政府主義混為一談，或利用民主來追求無序混亂狀態的思想，哪怕一點，也有可能將校園引向混亂的邊緣。北大這樣的風潮，在校園範圍內可能波及很廣，影響深入人心，而放在社會之中則又顯得風平浪靜、微不足道了。然而北大足以引申到一個社會，一個國家，只要考慮這一點，我們就可以看到民主與所謂革命有多麼格格不入，而這所謂革命又具有多麼大的破壞力了。

當年讀王小波的雜文，曾經對一個詞「童稚狀態」有一種本能的留心。他說的其實是人們長期受到愚弄而不覺，以為是理所當然，荒謬的說法可以橫行很多年而人們不以為怪；而那愚弄別人之人，起初是發揮自己的想像力，來灌輸給別人，後來因為屢試不爽，竟自以為世界本來就是如此這般了。然而就「童稚狀態」而言，那些還原為本質的成人世界的行為，往往就看得出那「童稚」的思想，也看到其破壞力來。很多成年人的思想，甚至，是一種曾經席捲半個世紀以上的思潮，竟然經不起用一種童稚的邏輯來體量。比如，推崇無政府主義的極端革命，這典型是一種孩童對待積木的態度，「房子搭不成」，就推倒重來，甚至是付之一炬。

然而一個社會不是用積木搭建的玩具，這裏是很多鮮活的生命和積數十年方才有所起色的事業。

2006-12-18 於核桃書屋

# 教育三話

## 一

我們這代人小時候去上學，是把這件事當作一個神聖之物來對待的，這倒不是知道有很多偏遠地方的孩子沒有書讀，而是從大人們對待這件事的態度上逐漸感知到的。後來這感知就成了自覺。我至今一提到上學這件事，口鼻就好像有以下的幾種味道重又湧上來：一是石板與粉筆末的味道，一是鉛筆芯的味道，另外最濃郁的是新書剛被打開時那種油墨味。這幾種味道曾經長久地纏繞著我的求學生涯。每當一個嶄新的學年向我款款走來，這些複雜混合的味道可以糾纏我很長時間，頗使人有「收拾舊河山」之感。等到這段時間一過，「被教育」這件事就開始失去大多數令人興奮的元素，還原到它該是什麼的模樣。這種經過總是一再重複。

我一個有海外關係的鄰居，自打孩子出生起就不準備叫他接受中國當代教育。平時總是對孩子的班主任說，老師，你只要保持我們孩子在學校裏和同學們健康相處，過一種積極而有趣的集體生活，我做家長的就非常感謝你了。至於考試成績什麼的，你就別操心了。我們不要求孩子。我要是該班主任聽了這個，也一定覺得很不地道，不過這卻是實際情況。孩子的媽媽有次閒聊，講起她的孩子對教育的態度時舉例如下：「這小子總是把他的文具、課本什麼的隨便亂扔，沒有一點條理，我幾次故作教育之舉，把他的那些東西統統扔到屋外面，想要以實際行動使他改正。後來就把這事忘了，沒想到第二天開門一腳就差點踩到昨晚扔出來的那堆文具、課本上。真叫人驚訝，好像這些東西和他無關？！」我說，也對，憑什麼你孩子天生下來就是一個「學生」？憑什麼他要對那些與教育有關的東西負責？我當時心裏很複雜。不過總的來說，從內心深處為這樣一個可以不為中國當代教育所關聯的適學孩子而替他感到幸運。

向教育爭自由。這話最初是周國平先生說的。話本來是有問題的，但是放在我國，卻是足可信的。當代教育這種囚籠且「籠蓋四野」的架勢，想起來就叫人膽寒啊。所以，一個中國孩子，倘若有機會避開這種教育事業或者被教育事業，對他的成長、對他思想的形成真是一種幸運。不能因為他們丟棄了對受教育的神聖感和歸屬感，就妄作評價之語。那絕對是愚蠢的。

當代中國教育，或者說是這一種受教育的過程，可以說已經把人們剝奪到一貧如洗的地步，無論是精神、思想、肉體，還是經濟生活。它太強勢，沒有任何選擇的餘地。如若想播下自由思想的種子，請盡可能避免和它接近。

## 二

其實我的朋友中，恰恰是教師這一行的最多，家人，同學，朋友，甚至是網路上結交的書友。但在很多時候，我在現實中是很難和他們相處的，就是說無法將同他們的友情向縱深推進。因為我非常害怕他們和我說起他們對自己的行業的丁點看法。這就和與自己的主刀大夫聊天一樣都是有可能給自己帶來極大恐慌的。我大概可以容忍任何一種「職業腔」和老滑，除了教育。

所有課目中，我對語文教師的要求似乎最苛刻。這沒有什麼拿得出手的緣由，大概是因為求學時期遇到的幾位語文教師曾經對我都很重視吧。當年那些勤勤懇懇的老教師往往都是這樣：雖然他們的學生還很不成熟，經常搞出惡作劇來，但是如果他們在自己教授的課上學的很好，那這些孩子就完美無瑕，老師可以容忍他的所有其他缺陷，也會適時給這些優等生們該有的榮譽。即便這樣，今天我每每懷念這些敬業的老教師們善良的人性之餘，總忍不住對這種事情充滿了悲涼和失望。因為，這其中曾經一定有過許多的不公平。當年我是一個標準的文學青年，我對這種事業充滿了積極的預期和足夠的信心，所以對於當值教師在語文課堂中動輒暴露出淺薄的學養和狹隘的見識充滿了鄙夷，這種鄙夷幾乎不可控制。這僅僅停留在所謂的業務水平範疇。

我接觸到很多相同年齡的教師朋友，其中也有很多是語文老師，問他們最近讀什麼書？大多數前一天晚上是不讀書的，平時常讀的書呢？對方常常是想一會兒，說是《時文選粹》，因為現在要求給低年級學生來選講其中的篇目；再問還有什麼呢，對方又是沉思，終於想起來了：《讀者》！這種回答往往使人很鬱悶，《讀者》算是什麼書呢？——雖然在《讀者》還叫《讀者文摘》的時候，我就在讀這本雜誌了，而且這本雜誌確實有一些堅持，但是像這樣的速食似的期刊真的可以作為一個語文教師常年以來主要的閱讀材料嗎？有《讀者》這樣的速食，就可以不去讀所有那些真正的書，或者不再去讀原著，不再去從第一手的材料中發掘有價值於學養的內容了嗎？這樣的年輕語文老師，他們以後自己的思想成長將會怎樣，他們的業務將會怎樣，他們教授的一批批學生的成長將會怎樣？令人無法想像。我望著他們時，他們是那樣的生氣勃勃與簡單快樂。

有一天，當我在網路上發現了一群很有夢想且付諸實踐的教師朋友時，我竟然猜不到自己有這麼高興。他們是愛讀書的，他們日以繼夜地尋書買書，這不僅從癖好上堪作我的同志，他們這種近於瘋狂的愛好特別使人有信心，或者說特別使人放心。他們愛讀有思想的書且勤於思考，也愛寫。我覺得，愛書籍、愛閱讀應該是一個教師的基本愛好，很難以想像，一個不愛讀書的人，如何成為師者——這種情況如何能維持下去？也很難以想像，一個思想上沒有內容且不去追求思想的人，如何能指導別人成長？一個不愛寫，沒有真實創作經歷的人，如何指導別人作文？

這說明我其實不是不喜歡教師這個職業，而是對當代教育從心裏上很緊張，遷怒于從業人員，要不然今天不會對教育這樣絕望。

## 三

在我的記憶之中，在象牙塔中的日子是生命中最沉悶的一段了。校園裏的高音喇叭無時無刻不在放在一些濫情的流行歌曲，小劇院裏無時無刻不在放著陳舊無聊的香港電影，偶爾進行的一些褪色的社團活動，混亂不堪。除此之外什麼也沒有，象牙塔裏的人就像原生動物一樣憑本能和生理反應而活著，外界的事情和他們無關，驚世駭俗的「9・11」事件過去了幾天人們才得知。塔裏太封閉了，思想的空氣稀薄，在這裏甚至得不到第一手的新聞，沒有第一時間的思考反饋出來，更別說有價值的學術了。人們就像在黃土高坡上那樣日出而作、日落而息，在特定的時間裏讀一本學校自編的教科書，做兩本相關的習題，從來不翻自己專業方面的理論文獻，因為那些內容不會出現在期末考試中，至於其他方面的書籍，大概可能它們從來沒有存在過，因為沒有人去談它們。在求學成為形式上的需要後，所有的行為都成為一種形式。畢業是用不著擔心的，很多老大學都還像體制沒有並軌之前那樣，遵從一個長久以來的職業道德，即「我學校的學生，務必保證他們畢業出門」，這樣，在塔的深處，為了安穩地送走自己的學生，有很多便宜行事。就在這樣的生活中，所有的調劑最後都指向一個命題：戀愛，還是讀研？

生活在塔裏，我常常覺得窒息，這塔像極了鐵屋子；覺得人生很乾枯，根本看不到自己專業的前途，也根本看不到自己早年的很多想法得以實現的可能。我發現弄不清楚自己在大學裏要幹什麼。當別人帶著碩大的水杯，捧著大部頭的復習資料在那裏尋求功利性的創收，追求一種更高等級的形式時，我卻在校園裏的小書攤買到一本文藝書籍，把它帶進階梯教室。當我如饑似渴地閱讀文藝書籍的樣子，其實也和別人如饑似渴地作模擬題相似。我讀一兩本真正好的文藝書時，覺得一股清爽的滋味流遍全身，忘記了所有的憂傷。當時間過去，合上書本走出教室，立時就重新被空氣中彌漫著的火熱的功利所淹沒。當一年過去，當一次考試結束，別人會很快將滿含考綱的復習書和教科書送到廢品站，那些紙張和文字作為一種形式的使命已經全然結束，裏面的內容將在很短時間內被人遺忘、作古；我把讀過的每一種文藝書籍仔細地放進背包，背出塔去。

失望就像沒有盡頭的河流。一代代人就是這樣。我要說的是，以上就是結果。是的，結果。這就是十數年人們參加基礎教育的結果。我站在這邊，望著那些剛剛投入其中的孩子們，開始重複這一過程。我離開象牙塔有些年頭了，換了視角，望著那些剛剛全家投入其中的人們，開始準備重複這一過程，準備隨時付出汗水與血水的代價來重複這一過程，他們知道獨木橋那頭的關於頹廢的故事嗎，我想告訴他們，用了很大聲，人群組成的洪流滾滾，行色匆匆，無人聽見，或是默認。

這是大地上的一種莫大的悲鳴。

2006-7-7

# 駁匿名用戶
## ——補白一種

〈教育三話〉是改自多年以前的一篇舊稿，基本上是出自很容易就能獲得的個人觀察，結合我本人長年以來投身基礎教育過程中獲得的一些切實的感受。正如所有顆粒無收的農人一樣，因為獲得了一種很荒謬的結果，所以觀點裏不免充滿了四處尋找肇事者的激情。此文出後，如題這樣一個ID表達了自己的觀點，態度非常認真，然而更引人思索。

該評論說到：

> 基礎教育是為了讓孩子學到面對人生道路時如何選擇的知識。如果從小就不喜歡接受教育，大了將會是個無知之人。
>
> ……誠然，中國的現代教育並不完美，但是我們也不能因噎廢食，把孩子放任自流，這是不負責任的行為，是家長的悲哀。有哪個農夫種田而不耕耘澆灌呢？何況是育兒呢？家長是孩子最好的老師，完全可以在孩子小時候教導他們「自由、平等、博愛」的思想，使之能夠用愛來改變世界。

以上所引第一部分的觀點，顯然是因為沒有仔細讀完原文，因為原文中儘管充滿了失望和消極之情，但仍然可以分清楚「基礎教育」與「當代中國基礎教育」之區別。我們雖則沒有能夠說明真正的基礎教育是什麼樣子，但對於目前貌似嚴正的我國基礎教育之荒謬性，卻是可以確信無誤的。對其結果的慘痛性是只可能低估。以上觀點中的第二部分，雖然邏輯暢通，義正詞嚴，但是仔細思考起來卻是不可能做到的。指望在基礎教育時期，就使孩子小時候養成他們「自由、平等、博愛」的思想，育兒心情未免太過急切了，也是不現實的。依照現今教育體制，其成果如大學本科者，知道什麼是真正的「自由、平等、博愛」嗎？我想凡誠實之人，總不會這樣對事實置之不理。由是觀之，我們的大學裏沒有教會青年的，將其作為基礎教育體系的目標，或者主客體顛倒，拋開學校，而作為學生家長的目標，未免荒誕的可以。所謂「用愛來改變世界」，大概就是這樣吧。

上述觀點表達出一種感情，這感情就是對沿襲已久的我國當代基礎教育的深切信任，或者，早已經超越過信任的範疇，而成為一種本能。因此，說這種話正如教育官員視察訓令一樣感覺是很自然的，於是對下面的聽眾中爆發出一陣陣的噓聲就感到很費解：怎麼能這麼不負責任呢？怎麼能放任自流呢，是孩子不是？是孩子就得入我門來，進入我們的基礎教育，只此一家，別無分店。

龍應台在《百年思索》中作〈主義的博物館，活的〉中，講到這樣一個故事：1989年東歐劇變，古巴不僅在政治上孤立，經濟上更失去了支援，原來和蘇聯以貨物換貨物如「白糖換車輛零件」之類的事情，到了1991年之後全面停頓，古巴進入了前所未有的「困難時期」。然而出人意料，後來古巴的觀光業卻日見繁榮，來自西方發達資本主義國家的觀光客開始絡繹不絕，觀光旅遊的人數成倍遞增。觀光客帶來的大量外匯儼然成了這個主義博物館的生命線。那麼，這些觀光客來看什麼呢，龍女士將其稱之為「主義的博物館」，——他們就是來看博物館的。古巴是典型的理想國教育的犧牲品，人們來到這裏，是不是非要看看很稀有的「理想國」是什麼樣子的，這不能說是全部原因，但起碼是原因之一。當年的古巴，成了主義的博物館，成了一塊醒目的警示牌。當我看以上的迷信通過用所謂「基礎教育」的「愛」來改變世界的觀點，心裏不住地想起「主義的博物館」這個故事，這種觀點其實正來自長久以來的理想國，來自一代人又一代人的理想國教育，因此它從自發走向自覺，以為天生如此，正像是一座活的博物館，展示了畸形的理想教育多年來的成果。

我們的理想教育，包括基礎教育和高等教育（我們的基礎教育作成之後，高等教育已經可以在這方面不多做努力，因為已經成為一種很自然的事情），往往將愛國與主義混淆，往往將人類「崇美」的天性與個人道德混淆，更嚴重的是往往把個人的權利同集體、組織利益混淆在一起。集體、組織過於崇高而博大，淹沒了個人正當要求；當以集體、組織的名義要求個人犧牲自己的利益甚至生命時，個人如飄萍、草芥一般被棄之不顧。多少接受當代基礎教育的成功者和清醒者，他們遠赴國外學習，學成之後，便在外面定居生活。每當遇到國內的同胞時，他們總是「很想家」，其實本不想回來。連個人財產都可以在一夜之間被以組織的名義洗劫一空，哪能不害怕？回來以後再過那種沒有根本保障的日子？當然，在這些人來說，早年接受的這種基礎教育，一定是早已經被認清、拋棄了的。

現在，這個所謂的理想國教育，這種基礎教育，在市場經濟的大潮中，一轉身脫去了它理想主義華麗的外衣，一面只保留著上級部門關於「主義」教育的需要，一面露出了猙獰的索財爪牙。在體制內，正如在遊樂場中一樣，人們被迫要按照事先規定好的遊戲規則來進入教育，生活的無情，生存的壓力，歲月的侵蝕，國民性（部分來自儒家經典），這些都驅遣著人們，使平民們默默地排著隊一步步進入當代教育。但，這決不表明這種貌似嚴正的事業下那巨大的荒謬性人們沒有感到。教育是一種強權，在今天，它就是一種強權，面對強權，顧准們說到：我就是不服。

這就是為什麼我對於「你憑什麼偏頗基礎教育、誤人子弟」這類詰問感到由衷的害怕，因為我感到了人們正在從「自覺、本能」走向「天生如此」。社會思潮直接創造了這種宿命論。這種事情，起先是說服，如若不成就壓服，如若不成就迫害，以前是社會成分決定生活狀態，現今是學歷和經濟上的圍剿。從完全功利化的角度來辦教育和投身教育，哪能知道什麼「自由、平等、博愛」，哪有個人德行的養成，只會有群體短視的養成，只會有社會崩陷的危險。十幾年前，人們說，上學好，有條件要上，沒有條件創造條件也要上；現在人們說：不惜一切代價要上學，念出來就出國，出去了別回來。

2006-7-16

# 王小波十年祭

我第一次聽到別人講王小波的名字，是在學院生活的時候，我那時住校，但是精神不好，夜裏經常失眠，我斜對面那下鋪也是個睡不好覺的哥們兒。他睡不著的時候，有時會偶爾念叨一兩句什麼，或者會在半夜裏低低地叫我：xx（綽號），你睡著了嗎？我就回答他說，你說，我聽著呢。他就說，我給你推薦一種安神的藥。我不說話，假裝睡著了。就是這個哥們兒曾經在某處問我：你知道王小波吧，我讀過他的小說，很厚，講插隊，很多帶顏色的描寫。我一聽他說那麼厚、全集之類的話就知道那是本盜版書。後來又想到，肯做這種盜版書，一定是把這書當作了色情小說。離開學院以後，這哥們兒後來和我同在一個城市，也經常見面，但是沒有再聊起過王小波。

過了很久，我又一次偶然看到一本叫《黃金時代》的書，那是新版，白色的封面，輕質紙，裏面不時有用鉛筆胡亂畫的插圖，圖中的人物都露出一副傻兮兮的神情來。我看到作者署名，於是重又想起來有這麼一個人。我把那書帶回去了，那是我第一次開始讀王小波的小說。

雖然《黃金時代》大名鼎鼎，但是我最初讀的時候，完全讀不懂那個故事，對故事裏那些人那些情景感覺很隔膜，只覺得主人公的生活態度很囂張，帶有中度的精神症狀。但是作者給小說寫的序言卻很好，那序言裏面有些句子我現在都念念不忘，包括他提到的倫敦的紅霧。

後來我又讀到《三十而立》、《革命時代的愛情》、《似水流年》等，讀的時候禁不住笑了起來，以男性的視覺和經歷來看《黃金時代》後的幾個短篇，有些地方是極具爆笑效果的。 這是我長期受到閱讀困擾，喪失閱讀樂趣以來頭一次遇到能使人發自內心笑起來的小說。在那之後很長時間裏，王二那個蓬頭垢面的人和他那些事總是揮之不去。

因為前次很好的印象，我開始在市場上找王小波的書，先後讀了《白銀時代》、《青銅時代》和《黑鐵時代》，這些都是小說集，版本不同，讀的最多的是《黑鐵時代》，我承認，《白銀時代》裏幾個短篇我基本上連整體的作者意圖也看不明白，而《青銅時代》裏比如《萬壽寺》等因為是中長篇，加上小說情節一再迴圈不斷增強，就只限於瞭解小說有一個經過精心設計的結構這種程度了。《黑鐵時代》裏，《2010》對我的影響較大，我個人認為是王最具幽默感的小說之一，小說將時空設計在離我們不遠的未來，將所有今天的不公和荒誕推到了極致，在這個小說裏，「王二」重出江湖，帶給人許多美好的回憶。從《黃金時代》到《黑鐵時代》，其實有一個明確的線索，這個線索就是人物的故事一但與現實接近，就完全是按照作者自己經歷作故事背景的。期間，「王二」雖然有時變成了「李靖」或是別的，但是總體人物的個性沒有多大變化。

因為多數人無法顯著地感受他的寫作意圖，王小波的小說，給人最真切的感覺是幽默，而且是使人出自內心、出自自己經歷的那種幽默，顯示出作者的智慧。那時我還沒有接觸到他的雜文，中青社版的《沉默的大多數》是收錄王小波雜文最全的集子，對我個人的思想歷程而言，買到《沉默的大多數》是一個重要的事件。王小波曾經這樣來描述他對書的感情：「有的書從我手上『過』後，完整得像新書一樣；可有的書從我手上『過』了以後，就幾乎要分解了。因為我看書，一旦被我看中以後，就要反反覆覆看，甚至幾十遍地看，最後把一本書看垮了。可有的書只是草草一看，整個兒就沒看進去。書從我手中『過』後的樣子就可以看出我對這本書的感情。我越喜歡的書可能被我摧殘得越厲害」。（引自黃集偉《孤島訪談錄》，作家出版社）這種情形也最適合來形容我同《沉默的大多數》之間的關係。我可以這樣來改一句歌詞：「也許某一天，遇到一本書，於是一切全都變了。」而毫不掩飾對它的感情。

王小波的雜文具有強烈的感染力和說服力，這來自於他嚴密的敘事訓練，而這種訓練又隱藏在詼諧隨意的文風之中，比如他在一篇雜文裏寫鄰居，本來家境不差，但喜歡到處撿廢品，撿來以後還常悄悄往紙箱子這些東西裏澆水，他注意這人久了，後來路過垃圾堆也不由得要多看幾眼。這說的是特別有生活氣息，使人感覺很真實，特別是講這種「不由得」的下意識尤其真實，往往可以使他要講的主題深入人心。這不能不說一種獨特的魅力。

在讀過《沉默的大多數》後的一段時間，我感覺自己的文風和敘事有被王小波「牽走」的跡象，而且有控制不住之勢，這實在是因為王的敘事方式太好了吧。

王小波這樣來比較自己看待雜文與小說態度之不同：「……寫雜文的時候，主要還是在講理，要使讀者能夠同意你。可是寫小說的時候就完全不一樣。寫小說是一個個性化的工作，想怎麼寫就怎麼寫，主要把自己表達好了就成了。所以，這兩種事情要是夥在一塊兒做也是挺困難的。靜下心來寫點小說也更合我的意願。」（引同上書）從中可以看出其對自己小說創作的偏愛，同時，這也是對自身角色的一種認定。其實他對自身的角色也存在著一個認定的過程，所謂今天的自由撰稿人這種時髦的稱謂很難落實在王小波身上，因為他註定是一個小說家，不依附於雜誌或其他媒體，在進行一種不很時髦的寫作。

前幾年，突然有一本王小波的所謂情書集從圖書市場流出，人們從這裏發現了另一個王小波，一個充滿了童稚、特別活潑生動的王小波。這在很大程度上是對王小波以往給人們印象的修正，因為普通生活才是最能打動人心的。今天，如果我們將炒作的因素拋棄在一邊，再來看王小波的這些書信，一方面是看到了作家某些人生經歷，一方面也毫不掩飾對人生中許多美好的追崇，這正如我們其他人是一樣的。這種對王小波的還原使人印象深刻。

時間過了很久，當我們今天來看待王小波這個人，看待他在自己的生命裏作過的那些事，談起他，概括他的種種想法，其實同時也是在回憶讀者自己曾經在王的小說和雜文裏度過的一段美好時光。人們提到王小波，總是一再談及他追求智慧和樂趣的經過。其實，在我看來智慧和樂趣這兩種東西都是虛無縹緲的，即便讀一個人的作品而產生這兩種感覺，也是很難和別人分享和交流的，因為你說不出它具體的好處。我覺得這個人有兩點很吸引人——或者算作他留給我們的：首先，這個人是一個自由主義者，他作品中的人物多有無政府主義傾向，總以個人的生機勃發而嘲笑體制或規定；但出奇的是，他同時又是一個極熱愛生命的人，他筆下自然地流露出一種自由的生活方式。其次，他能完全不用材料只憑藉簡單的敘事來形象地揭露出種種荒謬不堪來。這兩點都是別人很難用文字做到的。另外就是王所最為人津津樂道的所謂「特立獨行」，也是關於王最大的誤區。其實這不是特立獨行，而是思想深度同時代之間的錯位。王小波這個人有他的複雜性，他對待生活、對待別人有很大很純淨的愛，但同時又由於自身特別豐富的人生經歷，他對事物有狡黠的洞察力和對荒謬的敏感。這註定了他對荒謬的態度和表現方式，包括他小說的風格。我有一段時間常常思考這種小說風格，找來找去，發現這風格竟然和《好兵帥克》極其相似！這非常有助於更好地來理解這個人和他的小說創作。我常想起，這個人現在不在了，但是他留給我們什麼呢？我覺得完全不是「特立獨行」，因為你可以學到那種特立獨行的語言外表，卻學不來那種語言中的魂魄，所以那種沒有魂魄的特立獨行就只是為了表現而特立獨行。我們要學習的話，就注意他對事物的觀察和不停止思考吧，或者，注意他選擇的那種自由主義的生活方式吧。

靜矣在一篇回憶文章裏這樣描述王小波在最後人生歲月時的樣子：「1997年4月2日，我坐在王小波君的家裏，翻看他辦來不久的貨車駕駛執照。『實在混不下去，我就幹這個。』他對我說。我看了看他黑鐵塔似的身軀，又想了想他那些到處招惹麻煩的小說和雜文，覺得他這樣安排自己的後半生很有道理。於是我對這位未來的貨車司機表示了祝賀，然後，拿了他送我的《小說界》第二期（那上面有他的小說〈紅拂夜奔〉），告辭出來。他提起一隻舊塑膠暖瓶，送我走到院門口。他說：『再見，我去打水。』然後，我向前走，他向回走。當我轉身回望時，我看見他走路的腳步很慢，衣服很舊，暖瓶很破。」（《浪漫的騎士》 中國青年出版社）

這段回憶最後一句富於節奏，叫人讀了以後印象很深。時光荏苒，這個人已經走了十年時間，當一個人在哪一刻停止，他就在那一刻，永遠待在那個背影裏。

2007-4-9 於核桃書屋

# 情迷小人書

小人書，這裹和小人無關，而是「小人兒」，即兒童，用今天通用的說法就是童書的一種，也叫連環畫。《知堂集外文・四九年以後》開頭第七篇，就是《小人書》，其中說到：「這一種書在北方叫『小人書』，不曉得這裏是什麼名稱，在路上卻是時常看見，根本和北方是一樣的。馬路邊上擺設一個攤，放著許多橫長的小冊子，八分圖畫，兩分文字，租給人看，看的人偶然也有大人，但十九都是小孩，所以稱作小人書確是名副其實的。……」這番話從知堂老人的回憶中來，無論從年歲上還是從後來者個人體驗上都很好地說明了「小人書」的來歷。

可以說，小人書在過去很長的一段精神荒蕪的歲月裏，曾經哺育了我們幾個年代的人。儘管現在已經很少重印這些小冊子了，讀著它們長起來的人手邊的書也大都散失了，但是它們存在過，真的存在過，很多人一想起來就覺得很有感情，想起了很多往事，這樣的感情湧動就是確鑿的證明吧。

上個世紀十年代末，文藝復蘇，小人書題材剛剛擺脫了政治宣傳的束縛，所有那些封面紅彤彤的、裏面描繪的人物都是高大豐滿的革命故事逐漸變少，流到收藏者手中去。小人書迎來了一個新的創作高峰，各種新編新繪的以及舊版重印、重繪的小人書開始出現在人們視野之中，四大名著、聊齋、說岳、外國名著都有多個版本同時在書市流通。我就是這一時期有緣接觸這些可愛的小書的。那是一段不可磨滅的記憶。

我見過的小人書從繪法上說大概有三類，其中電影劇照是一類，也就是將電影、電視劇每一段或者用今天的話來說，就是一楨一楨的畫面剪下來排印，再配上簡要的敘事，這一類我曾經收有一本《紅燈記》可能是最常見的，來歷不明，是根據話劇劇照改編。事實上，《紅燈記》從來也沒有擺脫過人物臉譜化的窠臼，鬼子形容猥瑣，動作滑稽，總是動不動就暴跳如雷；李玉和一家人巋然屹立，喜歡擺造型。李玉和被捕後鎮定自若，意志堅定，面對屠刀血染衣襟，紅燈始終在特寫框內，耀眼奪目。後來一些建國後的反特電影，也多翻製過小人書。我在課堂偷讀過一本就是敵特把我國先進技術的膠片藏在鋼筆裏，那鋼筆一頭有劇毒，後來該敵特被捕前欲以此自殺，未遂。談到這一類小人書，我印象最深的是《霍元甲》，那時同名電視劇剛剛播出不久，據人們回憶，當年每天到播出的時候可謂萬人空巷，後來就出了翻製的小人書，這是我第一次有的成套的小人書。我先前沒有看過該電視劇，即便小人書翻起來也是很懵懂的，但是陳真和陸大安與東瀛浪人鬥獅子，後來員警廳長有意放縱，陳在一片空包彈的槍火中騰空消失，當時感覺真太帥了。在那個年歲裏，人們對偶像的要求沒有現在這樣高，陳真作為一個武者喧賓奪主，做了多年人民英雄。

還有一類是上面這種翻製小人書的衍生，也就是將劇照或者畫面用手工繪製出來，基於畫匠的功力，幾乎就是拷貝出來一樣，只不過改換做平面藝術，這其實是類似電影畫報的工作。我接觸這一類不多，在網上曾經看到一本《小兵張嘎》是用這種方法的，因為原本的電影我看過不計其數次，因此才能看出畫師臨摹的技藝之高超。

另一類就是我們常說的小人書繪製的主體，也就是根據一定的文稿純手工繪製，因為畫風是很專業的範疇，不是我們能在這裏簡單談清楚的，這裏只談談我接觸到的一些小人書。最著名的當屬四大名著，遺憾的是我當年沒有機會一親其芳澤，「四大」幾乎都沒有深入接觸。三國據說最後出完了整套，我在別人的收藏裏見過，沒有讀過；那時不懂紅樓的妙處，再加上年輕小子愛打愛殺，幾乎沒有見過紅樓的小人書；水滸的單本也不多見，想來是小城鄙陋吧。要說見的最多，讀的最多的還是要屬《西遊》，不但見過成套裏的單本，也見過那種純單本的，比如說《無底洞》之類的，當年都有獨出的單本，沒頭沒尾，只是自成一個故事，成套的裏讀過《伏龍寺》、《獅陀嶺》、《金兜洞》等，對《西遊》的畫風我不敢置喙，只是對把「行者」純粹「動物化」有意見。——其實這也沒有讀完整過。除了「四大」，大概最多見，影響最大的就是《說岳》和《楊家將》。《說岳》曾經有兩個常見繪本，我當時誤將其混為一談，還是後來查資料，無意間發現對同一故事有不同的名字，比如我看過的《群雄來歸》一本，人民美術出版社的版本作《藕塘關》，這才有意識到是兩個版本。《說岳》全套我最喜看《兩狼山》和《小商河》、《八大錘》等，原因不為別的，只為這幾節殺敵痛快。後來年紀稍長，才知道所殺之「敵」乃我北方人民，噎了好長時間。現在回想起來，才感覺到《說岳》為倡導愛國主義精神和民族氣節，對史實作了極富感情色彩的處理。楊家將也是這樣，老版是從《楊業歸宋》到《李陵碑》，後來又出了楊家後代的，即楊門女將、楊六郎及至宗保宗勉守三關、還有孟良焦贊的故事，楊門歷代都有老成持重、精忠報國且可堪大任的人選。比如穆桂英歸楊家，後來的《大破天門陣》，極具某種傳奇色彩；比如孟良以黃河鯉魚偵查敵情（書名遺忘了），再比如《楊宗勉盜刀》，說的是宗勉深入遼國盜取令公金刀的故事，雖然描繪少了一些生氣，但是故事是好故事。再後來又「楊家小將」系列，我讀過其中一本《智審潘仁美》，可見楊家將故事是源遠流長，有某種對傳統的希冀在裏頭。這些之外，聊齋故事版本也很多，不過至今沒見過有全本畫出來的，因為聊齋故事太多，工程浩瀚。而且那個年代對封建迷信有深切的警惕，我印象中所畫出來的，也僅僅是一些少涉及鬼神，或者不以鬼神為主人公的故事。其中不乏淒美的愛情，纏綿悱惻，如花精樹妖一類，夾雜著善惡循環等。我記得一些，但是又不能肯定為《聊齋》原著中的故事。

近代內容多見的是抗日戰爭時期題材的小人書，如五冊的《平原槍聲》，也是我曾經不多的成套小人書之一，鬥爭很複雜，情節曲折，馬英的人物形象在書中不是很突出，這套書後來失去了；又如《烈火金剛》，給人感覺與原著風格很契合，顯示出畫師對作品的深入瞭解。還有一類是武俠，我最先讀金庸武俠，便是得自於小人書，那是一套12本《倚天屠龍記》。要在12本小書的篇幅中說完《倚天》，當時不以為意，直到後來讀了金庸的原著，看到老人家在書裏前因後果不厭其煩地交代情節，看到那書的部頭，才想起先前的小人書——才體會到那作文字稿改編的人功力之深厚。無忌經過四個美好的女性，他最後的選擇我是很贊同的，大概是因為與我這讀者假定的選擇大致略同。可惜的是，這時我已經失去那套小人書了。

外國文學作品改編為小人書的，不是特別豐富，大概是由於我國長期對外國名著的官方抵制，很有一批是「內供」、「內發」供批判的，一般人看不到。78年後，江湖重現外國名著的新印本，相應的小人書作品也開始出現。這些小人書裏面的人物形象、衣著、社會風貌基本上是符合原著實際的，比如說人物形象，就頗具西方人面部特徵，而又能使國內讀者不至於隔膜，這是很需要繪者的想像力的；再如改編文字，不但概括力強，具有原著語言風貌，而且通俗易懂，絲毫沒有西語表達方式帶來的不適，這不僅僅在外國作品小人書的文案，也不僅僅限於小人書，而是那個年代一大批翻譯作品的特點，令人懷念。現在很多人買舊書不買新譯本，大概也是出於這個原因吧。我沒有機緣讀過這些外國名著，後來見到一些資料，比如《茶花女》，畫的美輪美奐，豔羨不已。然而，我自有我們那一代的機緣，比如，有機會看到《丁丁歷險記》。《丁丁歷險記》是一座里程碑，因為它是將西方最早由報紙連載的漫畫概念同我國當年非常繁榮的小人書創作聯繫起來的一部作品。隨著《丁丁》的到來，小人書的範疇進一步擴大了。丁丁是個小毛頭，卻是令全世界黑幫都頭疼的人物。他那條有思想的狗白雪，教授、杜克兄弟、阿道克船長，無不是令人捧腹的專家。

我曾經有一本《向月球飛去》、品相非常好，後來又有一本《黑島》，這套小書真是不可方物。可惜那時一直也沒有見過其他幾本，還是多年之後重印才見到，前幾年又出了全彩繪本，不久前還引進了英語配音的全本動畫，但是卻沒有當年讀那黑白鉛印的小人書時的感覺好。

還有就是前蘇聯革命的小人書，故事有很多，比如《卓婭與舒拉》，一看就知道改編自何處。最多見的當然就是各種繪本的《列寧在十月》、《列寧在1918》。這書不論版本，都是突出個人的。我對列寧導師的全部直觀印象都來自於此，特別是他那演講的手勢和寬寬的額頭。這本書我見過的版本不少，可是對自己曾經手頭有的一本卻很疑惑，懷疑是不是《列寧在十月》。因為，我這本沒有封面，連封底也沒有，不知道流傳多久才到我手裏。但是這本書的情節我現在還記得很清楚：列寧在給工人演講，正在人們熱情高漲的時候突然跑出來一個女特務，大概是白匪軍那邊來的，她很卑劣地利用人群的擁擠對導師開了槍（我至今還記得她那手槍之小巧），行兇之後逃跑，後面還有一個幫兇攔住眾人。人們憤怒了！活捉了兇手及其幫兇。列寧同志很快康復了！後來史達林來了，兩個人熱烈擁抱，史達林很小心地抱著導師，以免碰到他的傷口……再後來紅軍策馬揚刀，全線擊潰反撲的白匪軍……

當年很多小人書都沒有見過全本的，或者總也見不到自己手頭缺的那幾本，這時很常見的。原因除了地域偏僻等限制，主要是由於這種純手繪的小人書不是一次畫全的。事實上，也不可能一蹴而就，因為這裏面牽涉的工作很多，勞動量之大是我們難以想像的。首先是那「兩分文字」，要想濃縮像三國這樣的長篇，又不能遺漏精彩的場景，又要忠實於原著的風格，何其難也。我見過八十張圖要概括紅樓全本的，兩個「可人兒」的故事主線還要保留，確實很可見改編者的功力。再就是畫風，人物和場景都要貼近原著栩栩如生，又要突出人物的特點，沒有事先可借鑒的同類畫稿，還要展現出事件的發生狀態，這是多麼豐富的想像力啊。另外，一個畫師有他擅長的畫法，是不是能契合原著的精神，這也是要考量的。還有，如何解決文字受篇幅限制無法對畫面合理補充敘述的問題？因為你在敘事中夾雜了人物的對白就嚴重擠佔了篇幅，我們可以看到絕大多數小人書的文案中都很少有人物對白就是這個道理。後來畫師們解決了這個問題，那就是像人民美術出版社出的《說岳》、《三國》，在畫面中添畫人物的語言，把對白圈起來引向說話人，文案中主要敘事，這樣就解決了上述問題，還實現了畫中有言，場景感增強，取得了很好的效果。這還沒有提到畫師、畫家在作畫中遇到的種種困難。由此可見，許多大部頭的原著編繪成小人書確實是一個很大的工程，需要長年累月的工作，有時還需要很多人承接下來繼續畫，還要保證其他條件的穩定，不同作者還要保證主要畫風的延續。所以它只能是一本一本的畫，一本本地面市，像前面提到的《說岳》，根絕我後來看到的影印資料來看，每一本印量都在百萬冊以上，為什麼收集不到全本，為什麼散本不易保存，都是緣於此。另一方面，小人書為什麼能鑄就出像戴敦邦、劉繼卣這樣大師級的畫家來，也是由於這樣日復一日地繪製苦功而成的。

自己來找小人書來讀，畢竟是有限的，除了互相幫忙，當年的國營書店幾乎都有小人書的專櫃，看起來是很方便。但在當時百姓的經濟狀況下，把小人書買回家來讀仍然是很奢侈的事情。但是有辦法。小城裏新華書店那高樓背後的陰影裏，就有幾個小人書攤。當時，這種小人書攤很常見，散落在人多的地方，什麼廟會，電影院、書店附近都有它們的身影。這種小人書攤說起來話就長了。先說它是什麼樣的。要先用塑膠布或者油布鋪底，條件好的可以搭個遮陽篷，沒有遮陽篷，陽光刺眼，反光，看書有點受罪；雨天是攤主受罪，一下雨看書人一溜煙都跑光了，他可抓瞎了。不過這種很少見，一般小人書攤都沒有遮陽篷。——而且那時的陽光一向很好。小人書，不新不舊，不分類，都擺在攤上，攤周圍擺一溜兒小板凳、馬紮，條件差的把板磚摞起來。這些座位就很自然成為書攤的邊界。很多書攤是擺在某些樓梯上，利用臺階來擺書，翻起來不累。小人書攤裏往往也有武俠小說半壁江山，很少武俠經典，都是些不知名野槍手的作品，那可不是繪本，頂多有幾幅插圖，供年紀大的人翻看，多數人還是看小人書。攤主也往那兒一坐，從國營廠子裏搞點材料出來做個小木匣子用來裝零錢，也是拿起來小人書就不停地看，不管不顧的。你看膩了抬起頭找人，準備交錢回去，誰知道這是誰的攤啊，就嚷：誰收錢。一會兒有個人說，這邊來。你過去一看，說不定就是個小丫頭。扔下幾毛錢，回家。到第二天，一大早出去，那攤還在那兒，就和從來沒撤一樣。誰也不知道這些攤主每天幾點就出來開攤上書。這些看書的人一但找地方坐下來，很可能半天時間紋絲不動。你隨便看，隨便挑，完了交錢時攤主問你：幾本？你就說幾本，從來沒得爭執。小人書攤就是這樣日復一日靠他們維持著。看小人書的人也很有意思，我就觀察過：有的人一來就如饑似渴，掃蕩整個書攤，有的人帶著零食來，悠閒地翻看。有的人坐著不老實，隔一會兒就突然驚慌地東張西望一下，——這八成是翹課或者偷錢出來快活的。有些地方的書攤歷史悠久，很多年都不動地方。比如開頭講的這一處，據我的長輩講，他們小時候這裏就有小人書攤，就在這個地方，可見其歷史。這種小書攤外借書嗎？很可能借，反正不多見，一般人遇到小人書都是就地解決；這種小書攤丟書嗎？可能丟，總之書攤一直在那裏。我在小人書攤看的書都已經記不得了，因為我是剛才上面所說的第一種人，不分中外，無論古今，統統掃蕩。小人書攤填補了很多人對小人書「食不果腹」的夢，發現世上還有一些美好，同時也成為小城裏的一道風景。這風景現在也找不到了。

情迷小人書，這題目是抄來的。但是我對小人書的留戀和懷念不是抄來的。小人書曾經是我們的生活，很難掩飾對它的感情，人們懷念失去的小人書，也懷念失去的時光，但更多是懷念失去的時光。

2007-3-15 於核桃書屋

# 知識份子與「古為今用」

古為今用，表面看起來是一種以史為鑒，是一種繼承。然而在極權時代，學術消失了，以往的價值觀蕩然無存。那是無論如何要調動社會一切力量，不惜破壞任何社會資源，來保證主流意識的年代。然而，歷史上儘管不乏相關專業出身的極權者，難道他們會自己來做這種輿論準備嗎。最後，這種工作落在一些知識份子頭上。

吳晗早年是純粹的書生，出身貧寒，勤奮讀書，以自己的努力進入中國當年的最高學府，受到胡適的看重和高度評價。50年代末，吳成為了組織上的歷史學家，接到了上級領導的授意——針對一種作風，希望他能古為今用，請古人出來說話。吳很快就寫出了《海瑞罵皇帝》，隨後發表在官方大報上，接著又寫了一系列以海瑞精神反射當代的文章，直到寫出了《海瑞罷官》。這期間，他還根據上級關於「提倡左派海瑞，不提倡右派海瑞」的意見，對其系列文章中的觀點逐漸作了校正。這就是說，在他失去了寫作的獨立性之後，他後來的命運就已經註定了。後來輿論出現了反覆，「緊跟文章」在失去了利用價值之後，成為了新一輪輿論風暴的阻力，當然也就成為了罪證。謝泳先生在談到這件事時，頻頻提到「古為今用」，將海瑞老先生這次被重新起用同「古為今用」聯繫起來，終於使人瞭解到其中的意義。原來，生活在一個極權時代裏即便是古人，如果其思想可以應用來強化當前輿論，他也不得不來為我們服務。這就是古為今用。古為今用的背後是關於一個典型的知識份子身世的不解之謎。吳晗是如何從一個少年立志學術的書生變成後來的「緊跟學者」的呢？分析材料，這個不解之謎的答案其實就是，吳在40年代自身思想體系沒有固定成型的時候，遭到了意識形態方面的滲透。或許，施加這種滲透者本身也是被幽靈附身的人，然而從上面的例子中看，這種傳遞著的滲透，其效力卻是很大的，大到使一個人變得完全陌生。這種滲透，累積起來就是清洗，原先有不同意見和感受的人被說服，說服不了就壓服、迫害，打作異類。被說服後再被強化，日日夜夜，反覆強化，最後直至成為其自覺的意識。這具備了一切極權時代清洗思想的基本特徵。

姜德明先生在一篇書話裏，回憶了當年組稿時與郭沫若之間的一段交往。當時郭寫一個組詩，名為〈百花齊放〉，發願寫一百種花入詩。為此他還查詢多種相關資料，瞭解各種花卉的名目和特點，多方請教很多人某些花卉的資料，生恐出現一些常識性的錯誤。寫這個組詩的時間是58年，「大躍進」的年代，這樣我們大概就知道它的來歷了。這篇書話還附有郭的一封請編輯同志酌改詩句的短信的影印件，信中又自言於花卉不通習，深恐有誤。信用毛筆寫成，多年以後，還不是原件，這份手書看起來仍使人覺得墨蹟淋漓，筆法狂放不羈。很難以想像，寫這樣書法筆體的人，很自覺地成了有名的「緊跟」學者。郭是大家，早年留學日本，很早就成為大詩人，學術有專研，得到同人的認可，胡適推薦的1948年中央研究院院士名單位列其中。然而在當代卻很少有機會見到郭的宣傳資料，上個世紀八十年代以來，除去誕辰的一個整數周年紀念以外，幾乎再沒有見到這個歷史人物作為主角的宣傳。我是七十年代末生人，記得當年其紀念誕辰，大部分篇幅都在介紹郭的年輕時代與代表作品，以及其名字來歷，其他的大概是迂迴過去了。其實今天這樣迴避郭，正如當年抵制胡適一樣，沒有什麼改變。因為要保持一種輿論的連貫性，如果今天的事實影響了早年的輿論，這就從歷史上否認了輿論控制者的正當性，於是只有將其塵封。郭晚年作品《李白與杜甫》，今天看來似乎沒有必要採取那樣鮮明又偏頗的觀點，而正因為觀點明顯，其寫作的出發點外人就一望而知；但是放在那個年代，對於作者而言卻有很大的必要，是「古為今用」的又一個例子。《李白與杜甫》後來似乎成為一種人格的自供狀，留下了數不清的歎息。

敢於坦露自己的懦弱與恐懼，敢於直視外人的鄙夷，應該說作為一個中國的知識份子也是需要很大的勇氣的。在郭沫若與一位友人的通信中，這種勇氣有了明確的解釋。他早已經看清楚官方的手段有多麼義正詞嚴，多麼的「不可違逆」，同時對個人的打擊又是多麼的殘酷。在這種肅殺的輿論和思想環境之中，利用所學做一些古為今用的文字，卻可以保存自身，在有些人看來又算得了什麼呢？這足以說明，這些知識份子在當時心裏有多麼矛盾，又有多麼恐懼。

在今天，我願意寬容地評價走過當年的所有知識份子，因為他們遇到的局面是今人無法想像的，思想侵蝕越過學術、越過主義，將他們完全擊潰，將他們早年那個自己完全顛覆。在這樣長年累月的過程中，不清醒是幸福的，清醒卻無能為力，只能任由潮流推來推去往往更令人痛苦。如果說，占主導地位的思想，總要利用輿論工具來收伏自由，也總要利用輿論來摧毀個人的精神，那我們總能挑選一個比較能適應的時代吧？其實，就連這種選擇的權利也是癡人說夢的。今天願意讀一點歷史的人，是悲慘的。

2006-08-09

# 理想教育與現代性

我們這代人毫無疑問是在理想教育的滋養下長起來的，若以今天的標準來說，我們周圍的這幾（年）代人也是這樣子長起來的。理想教育給我們的第一認識是：人，如果沒有了理想，這是多麼可怕的事情！本來我是混沌的，不知道自己需要理想。得到上述認識之後，頓時意識到自己原來還沒有得到過——就已經失去了這麼多寶貴的理想。

人，沒有了理想，就沒有了精神支柱；沒有了精神支柱，就沒有了靈魂。某右派當年寫出了才華橫溢的交代材料，施暴者看了仍不滿意，沒通過審查，並提出了具體修改意見——沒有觸及靈魂。該右派說：我沒有靈魂……所以我沒有靈魂，觸了很久，觸不著。施暴者頓時啞然——這是一種理想教育的最後結局。

這是結果，我們還沒有談到過程。兒時，電影是一種不折不扣的奢侈品，就是那種純正的拉幕電影。當時的螢幕上充斥著理想，但是很多人的理想其實就是每天能看電影。許多人自從頭一次接觸到電影這種東西就立刻喜歡上了那種聲光電的影像感。有天夜裏我被吵醒，出去一看，萬人空巷。原因是我們那小城北城有家電影院，那裏本來每天刷海報的地方，當天下午臨時用粉筆寫上了一部電影的名字。名字想不起來了，印象中不是匈牙利就是捷克的，據說裏面有不同凡響的理想，當時非常罕見。人們就吵吵著排隊買票進了場，先是誤點好長時間，後來幕布一閃放起了《大鬧天宮》。人們當時還互相安慰：是假演呢（當時正片的拷貝要幾家電影院互相跑片，之間的空白時間放些小片子，這叫假演）。後來，一直都沒有等到開演。有個管事的最後跑出來說，今天不演那個了，人們聽了哄的一聲，吵吵著，漸次散去。據說，跑片員半道上叫人架上車走了。這個故事的細節我都記不大清楚了，只有那晚人們的吵吵聲留在了記憶中，從來沒有聽到過那麼人心惶惶的吵吵聲。

我們就是從這樣類似的故事中走到了今天。上述故事中，包含過一個宏大的理想，這個理想就是：人們回到蒙昧，衣食無憂，不用思考過多的事情，也沒必要知道過多的事情，特別是其他類型的理想。而類似的理想教育，就是知道人們向這方面努力的。我們先是獲得了一個理想國的願景，起初，只是聽了覺得它很好，想像過做理想國裏的人有這樣或那樣的好處，把自己想像為愛琴海邊裸體競技和玩耍的城邦公民一樣。但是，這種想像並不一定就能成為一個人的理想，特別是那些有理智的人們。但是有了理想教育、特別是強力、強權保障下的理想教育，就在現實中摧毀了人們的心理防線。這樣，心理暗示就逐漸養成、加深，侵入血液，變成盲信。這些理想教育一但成為社會上的狂瀾，則以此理想為開端，引出何種荒謬或被哪一種所利用都是方便的。近代史上很多人類浩劫，即是已經變異了的官方利用了已經被理想教育引發出的盲信，一但人們的思想和精神被簡單化地統一在一起，必將爆發出極大的破壞力。從這個意義上說，某個二戰時的惡魔與革命前夕從國外返鄉的鬥爭領袖，當他們在廣場做起演講來，那種歇斯底里和巨大的煽動性是沒有差別的。

被殘酷實踐的烏托邦，和人間煉獄兩者之間可能只有一牆之隔呢，對這種理想教育的反思，雖然重要，卻已經被多數人看透了。他們大概只會作好自己的本職工作，為自己、為社會力所能及。這時，現代性向我們撲面而來。

多數時候，誰知道「現代性」是什麼？只是發現，現今很多新生事物映證著現代性，很多以前醜名昭著的舊物被翻案後堂而皇之貼上現代性的標牌。因此，現代性成為「現代性解釋」的代名詞，這樣一來，彷彿現代性可以做一切合理解釋。因此甲級罪犯們紛紛要求「現代性諒解」，要求人們以現代性的標準和眼界來對待自己，諸如這樣的無恥就嚴肅誕生了。

現代性解釋確實有它很強的吸引力，因為它竟然能夠推翻原來的社會輿論，穩固的道德落進了它的邏輯陷阱：「時代不一樣了，怎麼還能以以往的眼光來看待呢？」只是，這種種現代性解釋並不能加深我們的現代觀。而理想教育在這樣的現代性下，就要爆發出它充滿野性的最原始的破壞性。在這樣的情景下，宏大的理想消失殆盡，代之以群雄割據般的小理想國的出現。這些小理想國就是各種聯合起來的利益集團。類似這樣的組織出現在社會之中，提出了自己各種各樣的理想。而當組織的理想無限膨脹，特別是朝著病態的方向無限膨脹，這時個人的權利就越來越模糊。

歷史告訴我們，一種組織理想無限放大的時候，個人的權益就越來越渺小，隨著忍耐、吃苦成為美德，隨著時間的消融，隨著個人理想與組織理想的主體不分，個人權益就慢慢消逝在宏大的組織理想之中。它只存在於概念範疇，而在現實之中，損害個人的權益就變的再正常不過。任何一種惡徒都可以在組織理想的背景下，輕蔑地踐踏個人的勞動成果和基本權利。最後，個人完全喪失了獨立權益，走向烏托邦。

這就是說，成理論的烏托邦只不過是一個玻璃鏡框裏的模型大樓，這樣的烏托邦不可怕，可怕的是那些執鞭的解說員，這就是理想教育。如果一種烏托邦後來被發現不好，則可以起來糾正理想教育，將社會引向另一種烏托邦，這個過程中還充滿了公信力；而在現代性的大背景下，繼續進行的理想教育已經無人可以駕馭，這正是現代的夢魘。

2005-9-14

# 熬到一萬歲那年

連岳在《神了》中提到啟蒙，寫到：「所謂啟蒙，就是把認為有價值的思想，盡可能平白通順，容易理解地說出來，讓更多人知道，是思想的增值和繁殖。」這是我最近看到的一個關於啟蒙的通俗解釋。這樣說來，啟蒙似乎已經脫去了神聖的光環，走到我們中來。而且，如果你在無意中參與了對一種思想的傳播過程，竟然也懵懂地做了一些和啟蒙有關係的事情呢。

對於啟蒙，歷史上一直有堅決的否定態度。看來，未必所有人都願意把自己的名字前面冠以「播種者」等等字樣。其實細究起來，確實是這樣。如果遵循懷疑的精神，那麼一切思想，不論它通過什麼樣的形式，不論如何誘惑你、打動你，都應該首先接受自己的思考的甄別。據說從事表演藝術的學生，在入校後甚至在一學年、兩學年之後，老師某一天會突然告訴他：你的甄別期還沒有過。就是說，現在看起來，你似乎不太適合從事這一行。我們對待一種思想，似乎也應該有這樣可怕的甄別期，慢慢地認定它或是拋開它。這是從常識出發來看，歷史上有各式各樣的考量「啟蒙」與否和數不清的抵制「啟蒙」的理由。要不要啟蒙，這是個大原則的問題，就我個人而言，不如先思考啟蒙是一件什麼樣的事，然後大概才能說到大原則的問題。

前面說到「播種者」，我很喜歡這個說法，覺得它比「播火者」或者所謂「盜火者」要好，火象徵著毀滅，而且多數時候並不能帶來涅磐，帶著火氣，帶著情緒，這只會感染有相同遭遇的人起來，而在現代社會裏，理性才能觸動大多數人。提到「播種者」，不能不叫人想起胡適。胡適的人生經歷和思想歷程都決定了他對後世的深遠影響，因為他當年談的問題仍然是今天每個人仍然要面對的，這就是國人的現實。但是，胡適在他的時代裏，又和我們現在差別很大。那是啟蒙的時代，眾流歸海，在文化思想的清流中，風雲變幻的政治選擇也無法喧賓奪主，後來的史實證明了這一點，可以說是歷史選擇了胡適那一代人，而不是胡適那一代人選擇了歷史。那麼，啟蒙年代胡適們的貢獻或者說出走，歷經時間的層疊積沉，走到今天，啟蒙這件事已經在底蘊上發生了巨大的變化。

我感到，現在人們談到「啟蒙」，說「作一點啟蒙的事」，它的內容有兩個：一個是將被時間、社會普遍價值認同發生變異、特別是由於官方著史從而塵封了的歷史材料，以及由這些材料揭示出的思想內容與實踐反思，通過各種渠道帶給當代，使幾代人獲得對歷史經驗的認識和總結。這也就是為什麼目前學術界一直在呼籲儘快解密各種檔案，而溫故類的著作受到書市和讀書界廣泛關注等等現象的原因；另一個就是將普世價值觀念或者個人的先覺價值觀念通過各種途徑到達民眾，引起廣泛討論，結果形成社會的共識，點滴成海，產生前進的動力。這裏，我沒有放棄個人有超越時代的先覺價值的可能性，儘管這在這個時代是困難的。後一種，就是連岳為什麼特別看重個人作品中敘事技術的原因，因為，在這樣浮躁的年代裏，人們普遍對教條由本能的反感，思想或者說價值觀需要通過不拘的形式才能到達民眾，為人們所理解接受，也才能獲得它的價值的討論。在這一點上，像王小波、連岳這樣能寫出好看的文章的人，技術很好，贏得讀者和規避出版檢查是比較容易的。很多事實表明，現在啟蒙遇到的最大阻力是在前一種工作。

我想現在住在一些以批評為主的人文類報紙的分印點城市，一定對報紙被召回這種事不陌生。有沒有一種感覺？在某年某月之後，出版檢查突然間變得異乎尋常的嚴酷。針對特定作者的書籍和針對特定內容的書籍被大面積刪改和禁止發行，現在已經司空見慣；有良知的出版人被無端打壓；連舊書市場也受到波及，理由是影響市容，或者是以前出版的書籍卻有可能顯示今天一些事的荒謬。現在，這種情況更加劇了，言論檢查已經來到我們每個人的私人部落格，隨著部落格成為一種新媒體和人們主要思想交流方式，部落格文章註定將成為一個新的言論檢查的重災區，或曰新一輪輿論陣地的爭奪正在無聲無息展開。我們不幸，生在出版檢查新高潮的年頭，在魯迅未編成《中國文網史》的時代之後，雖然社會幾經變幻，仍然留在原地。因此，這大概是當代啟蒙事業的最大阻力。即便啟蒙不行，或者其仍然存在深刻的是否標準的討論，但是如果我們在討論一件根本無從下手、不可能發生的事情，這討論豈不荒謬？所以稍微偏執一點的人往往認為，談啟蒙？在這種社會這種時候？等我們熬到一萬歲那年吧。

我最深切的感受是，當一種流行的社會公共事業的理論集束地在廣泛討論時，我們總會有一種錯覺，以為這就是啟蒙的全部方向，也即這樣的社會理論成功的那一天，啟蒙事業已經完成，以後再有類似的事業出來也不應該再稱之為「啟蒙」。這種一勞永逸的功利慣性，大概是所有革命事業最後走向失敗甚至走向反面的原因。因此我想，如果在未來，絕大多數人都形成共識：我們要啟蒙！——那一定持續不斷的事業，否則啟蒙不但脫了神聖的光環，甚而貶低到和激進革命的輿論準備混為一談了。因此，不對未來失望，就是不要常想現實不行，不要常想啟蒙付諸實踐遙遙無期，永遠一點一滴的努力。熬到一萬歲那年，這不再是賭氣的話。

2007-11-11 佳節草於核桃書屋

# 談孤獨（代後記）

我在兒時讀過一本87年的《少年文藝》，——我拿到手就已經是舊書了，裏面有一個故事以第一人稱講了一個女孩的故事，她在「我」的親戚家裏做家務工，兩個人第一次遇到時談得很好，還講了關於鹹魚的笑話，後一次「我」再去時已經找不到她了，可能已經辭工回鄉了，於是感到很失落。這時他突然發現門口角落裏有一叢野草，在寒冷乾燥的季節裏其中居然有一支紅色的花，在萬葉凋敝蕭瑟的場景裏是那麼的醒目，他跑過去仔細一看，原來是一簇紅毛線紮成花朵的模樣繫在野草梗上，他由此斷定是那個女孩無聊之時作這個的，故事到了這裏戛然而止。讀了以後印象極深，彷彿親身體驗到一種生活，它叫我第一次感受到了深深的孤獨。

然而這是別人的孤獨，與自己或多或少要隔一張玻璃窗的，總是看待別人的情景，一定要在不覺間成為別人眼中的故事。時過境遷，到了今天，我便不憚在被問到關於孤獨的問題時擠進人群裏，也和他們一樣張著手去爭一個發言權的，——若問起經歷，就是這麼肯定。

我陷入孤獨，最初是在學校裏，這裏有一種生活，活生生的，但是這裏只有這一種生活。每個人只有一種身份，在那些年代裏，耳邊只有嘩嘩的社會潮流之聲，留在記憶裏的是街角小學門口老樹上的上學鐘聲，滿天的星斗、晨起街頭巷尾彌漫的炊煙，父母自行車上的鈴鐺，天荒地老……那是生活水平極為樸素的年代，這孤獨多半是因為缺乏，一本《天方夜譚》就能使人消磨掉一個又一個漫長的夏天。我總以為，人生就是這樣了。

從大學出來以後，由於長期的牢獄生活終於消失，人們突然感到了一種莫名的巨大解脫，立刻按照原先他們想好的那樣去擺脫孤獨。很多年輕人選擇了婚姻，那種殿堂門前立時排起了長隊，絡繹不絕。人們選擇了婚姻，這是對的，因為從現狀上來看這是好的選擇，很多人都相信只有婚姻才可以真正救贖他們的靈魂，當兩個異性心心相印，在繁瑣的生活細節上互相密切配合，他們就可以克服長期以來的孤獨，找到人生存在的真諦。當時我也是這樣想的，可能這是我的歸宿吧。

偶然的一天，我讀到周國平的《在黑夜裏並肩行走的勇敢》，當時的感覺真是驚心動魄，我驚呼：這個人是誰，他怎麼這麼大膽？！我長期以來一直隱隱感到的蹊蹺，他直截了當地說的明明白白，婚姻真的能解救我們？其實答案是不能。當你午夜夢回，枕邊的人根本不瞭解你的感受，孤獨是每一個人的切身問題，別人只能同你一起度過難關，卻不能保證使一個人能真正走出孤獨。周的邏輯是，既然明知道如此，仍舊選擇婚姻的那些人們無疑是勇敢的，而孤獨就是那漫長的黑夜，無邊無際。然而我覺得這是具有詩意的提法，而真相是：儘管多數人選擇婚姻是迷戀婚姻生活的那種無政府狀態和情欲的滿足，但是我不覺得世上只有自己一個敏感的人，多數人都是知道這個以後來佯裝麻木，希望自己沉入婚姻中而不復生。之所以這樣，是因為他們在發現婚姻不能救自己之後，根本找不到另外的出路。所以我才說，周國平雖然具有哲學家的深度，卻不是一個好的哲學家，因為他不鼓吹麻木或是自覺的接受麻痹。這天之後，孤獨的痛切隨著失望更加深入骨髓了。我想，這是生而為人必經的事情。

後來，我突然想到，歷史專業的人應該知道解決問題的辦法，因為他們每天生活在史料之中，處處面對人生與時代的迴圈和虛無，一定常年生活在深切的孤獨之中。於是我開始大量讀歷史方面的專著或是隨筆，希望能從中找到這些人的思想；也讀大部頭的歷史演義，動輒二、三百萬字，有的作品一讀再讀，希望能在史料通俗化之後獲得某種啟示；還去刻意結識歷史專業的朋友，甚至想方設法去結交歷史研究有成就的專家學者，希望從中獲得答案。後來，經過觀察和思考，我放棄了。因為這一次我只發現他們和我們一樣生活在孤獨之中，但是歷史並沒有幫助他們，談到歷史他們只有治學的嚴謹，和專業的刻板與方法，當他們談到自己的研究，完全是那種純粹學術性的，有的也和我們一樣「做一行、憎一行」是這種低級的反抗，甚至連普通人讀史而從中獲得的那些感悟都沒有。那種種青燈黃卷中的思考與自己的人生難題根本沒有相交彙的地方，即便有，他們也沒有解決問題。他們滔滔不絕時是因為佔有了絕對豐富的材料，離開史料的扶持，回到自己的人生，與別人沒有多大的差別，有的甚至不及常人。

這以後，我和其他人一樣，完全投向了書籍。我發現書籍真得可以給人某種慰藉，找到了書籍，找到了閱讀，是我們這些年最美的收穫。從早年的愛好，到今天的精神倚重，這大概就是殊途同歸。只有在閱讀中，才能稍稍與孤獨相對抗，與人生的虛無相抗衡。這不是失望，完全不是，雖然書籍現在佔據著床榻上屬於愛人的位置，但是我並沒有對婚姻完全失去信任，因為它只不過是不能解決一個問題而已；我也仍然喜歡讀史，如果我失望了，上述這種艱難的過程就是一個心靈是如何扭曲的故事，孤獨雖然依舊如影隨形，而且沒有完全擺脫掉它的可能，但我沒有失望，因為這全部，就是我們的人生。

2006-11-20 於核桃書屋

國家圖書館出版品預行編目

從渺小到被絆倒：雪堂讀書筆記 / 雪堂著. --
一版. -- 臺北市：秀威資訊科技, 2009.04
面； 公分. --(語言文學；PG0232)
BOD版
ISBN 978-986-221-182-3(平裝)

1. 言論集

078 98003295

語言文學類 PG0232

**從渺小到被絆倒——雪堂讀書筆記**

作　　者 / 雪　堂
主　　編 / 蔡登山
發 行 人 / 宋政坤
執行編輯 / 賴敬暉
圖文排版 / 郭雅雯
封面設計 / 李孟瑾
數位轉譯 / 徐真玉　沈裕閔
圖書銷售 / 林怡君
法律顧問 / 毛國樑　律師
出版印製 / 秀威資訊科技股份有限公司
台北市內湖區瑞光路583巷25號1樓
電話：02-2657-9211　傳真：02-2657-9106
E-mail：service@showwe.com.tw
經 銷 商 / 紅螞蟻圖書有限公司
台北市內湖區舊宗路二段121巷28、32號4樓
電話：02-2795-3656　傳真：02-2795-4100
http://www.e-redant.com

2009 年 4 月　BOD 一版
定價：390 元

# 讀　　者　　回　　函　　卡

感謝您購買本書，為提升服務品質，煩請填寫以下問卷，收到您的寶貴意見後，我們會仔細收藏記錄並回贈紀念品，謝謝！

1.您購買的書名：________________________

2.您從何得知本書的消息？

　□網路書店　□部落格　□資料庫搜尋　□書訊　□電子報　□書店

　□平面媒體　□ 朋友推薦　□網站推薦　□其他__________

3.您對本書的評價：(請填代號　1.非常滿意 2.滿意 3.尚可 4.再改進)

　封面設計____　版面編排____　內容____　文/譯筆____　價格____

4.讀完書後您覺得：

　□很有收獲　□有收獲　□收獲不多　□沒收獲

5.您會推薦本書給朋友嗎？

　□會　□不會，為什麼？________________________________

6.其他寶貴的意見：________________________________

________________________________________________

________________________________________________

________________________________________________

## 讀者基本資料

姓名：________________　年齡：______　性別：□女　□男

聯絡電話：______________　E-mail：________________

地址：_____ ________________________________

學歷：□高中(含)以下　□高中　□專科學校　□大學

　　　□研究所(含)以上　□其他 ______________

職業：□製造業　□金融業　□資訊業　□軍警　□傳播業　□自由業

　　　□服務業　□公務員　□教職　□學生　□其他 __________

請貼
郵票

To：114

台北市內湖區瑞光路 583 巷 25 號 1 樓

秀威資訊科技股份有限公司　　收

寄件人姓名：

寄件人地址：□□□

---

(請沿線對摺寄回,謝謝!)

秀威與 BOD

BOD（Books On Demand）是數位出版的大趨勢，秀威資訊率先運用 POD 數位印刷設備來生產書籍，並提供作者全程數位出版服務，致使書籍產銷零庫存，知識傳承不絕版，目前已開闢以下書系：

一、BOD 學術著作—專業論述的閱讀延伸
二、BOD 個人著作—分享生命的心路歷程
三、BOD 旅遊著作—個人深度旅遊文學創作
四、BOD 大陸學者—大陸專業學者學術出版
五、POD 獨家經銷—數位產製的代發行書籍

BOD 秀威網路書店：www.showwe.com.tw
政府出版品網路書店：www.govbooks.com.tw

永不絕版的故事・自己寫・永不休止的音符・自己唱